本书系国家社会科学基金重大项目
"中国新移民海外聚居点调查研究与动态数据库建设"（项目号：23&ZD206）阶段性成果

移民时代的人类学

城乡融合与海外中国构建

ANTHROPOLOGY
IN THE AGE OF MIGRATION

URBAN-RURAL INTEGRATION
AND THE CONSTRUCTION OF
OVERSEAS CHINESE COMMUNITIES

周大鸣 等 著

社会科学文献出版社
SOCIAL SCIENCES ACADEMIC PRESS (CHINA)

图书在版编目(CIP)数据

移民时代的人类学：城乡融合与海外中国构建／周大鸣等著.--北京：社会科学文献出版社，2025.8.
ISBN 978-7-5228-5626-1

Ⅰ.D632.4

中国国家版本馆 CIP 数据核字第 2025KY8964 号

移民时代的人类学：城乡融合与海外中国构建

著　　者／周大鸣 等

出 版 人／冀祥德
责任编辑／刘　荣
文稿编辑／陈　冲
责任印制／岳　阳

出　　版／社会科学文献出版社（010）59367011
　　　　　　地址：北京市北三环中路甲29号院华龙大厦　邮编：100029
　　　　　　网址：www.ssap.com.cn
发　　行／社会科学文献出版社（010）59367028
印　　装／三河市东方印刷有限公司

规　　格／开　本：787mm×1092mm　1/16
　　　　　　印　张：13.25　字　数：210千字
版　　次／2025年8月第1版　2025年8月第1次印刷
书　　号／ISBN 978-7-5228-5626-1
定　　价／98.00元

读者服务电话：4008918866

版权所有 翻印必究

目录
CONTENTS

· 第一编　移民与人类学理论进展 ·

移民时代的人类学 ………………………………………………… 周大鸣 / 3
中国人类学的重塑：成为一门在世界看世界的新文科
　　……………………………………………………………………… 高丙中 / 19

· 第二编　移民与城乡融合发展 ·

人口流动背景下的中国城乡数字鸿沟 …………………………… 周　博 / 35
乡村都市化进程中的女性公共生活参与
　　——基于大陆和台湾地区的社区个案研究 ………………… 李翠玲 / 50
融入与赋能：农村女性流动人口城市适应性与社会融合策略研究
　　——以南京市 M 社区为例 …………………………………… 薛　丹 / 63
你在他乡还好吗？
　　——随迁老人社会支持困境分析 ……………………………… 李　畅 / 78

· 第三编　移民与海外中国的构建 ·

中国新移民在德国的福利嵌入与社会融入 ………… 朱　倩　王东昕 / 95
从生育旅游到生育移民：中国赴美生子家庭调查与研究
　　………………………………………………………………… 周爱华 / 113

非洲中国新移民研究综述 …………………………… 贺　越 / 131
哈萨克斯坦移民新变化及思考
　　——基于哈萨克斯坦阿拉木图市的田野调查 ……… 韩佳钰 / 148
墨西哥恰帕斯州华人移民的历史与现状：兼论
　　海外华人研究的他者化 ……………………………… 张青仁 / 159
南非华人的历史、现状与文化适应 ……………………… 徐　薇 / 170
文化的力量：跨国企业家的文化资本与制度调整的机制分析
　　…………………………………………… 游天龙　梁兆哲 / 187

第一编　移民与人类学理论进展

移民时代的人类学[*]

周大鸣[**]

摘　要：自改革开放以来，中国经历了显著的人口增长期和加速的人口流动期，在推动了国内城镇化与农业转移人口市民化的同时，也出现了大量海外移民。2019年中国海外移民总数已经超过1000万人，迈入了移民时代。这一发展过程带来了三个明显的变化：一是从农业文明向都市文明的转型；二是从地域性文化向多元一体的中华文化的转型；三是中国与全球的联系日益加强。国内人类学、民族学的研究，在研究视野上，要有全球视野；在研究取向上，要强调应用取向，积极参与社会治理；在研究方法上，应注重大数据的运用；在研究内容上，要从关注传统的迁出地到重视新兴的迁入地。

关键词：移民时代　文化转型　人类学

引　言

在全球化与数字化的时代背景下，人口流动已成为一种全球现象，对人类社会的发展产生了巨大的影响。中国自1978年改革开放以来，人口的流动不仅在规模和速度上创造了历史，也在社会结构和文化形态上引发了

---

[*] 原载于《新文科教育研究》2024年第3期。
[**] 周大鸣，云南师范大学法学与社会学学院特聘教授，中山大学移民与族群研究中心首席专家。

极速的变化，笔者在20世纪90年代就已经关注到了中国的人口流动，现在中国已经进入了移民时代。

在20世纪80年代，由于受经济发展、社会环境及户籍制度的影响，我国流动人口相对较少，改革开放后，工业化、城镇化速度加快，中国东部沿海地区的快速城市化吸引了数以亿计的农村人口向东部转移，长三角、珠三角、京津冀地区成为流动人口的聚集区域。流动人口的增加，尤其是农民工群体的壮大，对中国的社会结构和家庭模式产生了巨大的影响，形成了多元的城市文化和复杂的社会结构。人口流动带来的城乡差距、社会融合、文化认同等方面的社会问题成为民族学、人类学学科关注的焦点。当前，随着"一带一路"建设与人类命运共同体构建的推进，大量中国人迁徙海外，广泛分布在全球上百个国家和经济体中，成为中国连接世界的重要桥梁和纽带。《世界移民报告2020》指出，继印度、墨西哥之后，中国成为全球第三大移民输出国，居住于中国以外的移民人数为1070万人。[1] 海外新移民群体的涌现，为民族学、人类学研究提供了新的视角和研究对象，也使得人类学研究近十年在研究视角、研究方法、研究内容等方面产生了新的转向。

一　何谓移民时代

（一）改革开放以来国内的人口流动

为什么讲当前时代是一个移民时代？改革开放以来，我国人口总量持续平稳增长。1978年我国总人口9.6亿人，2017年达到13.9亿人[2]，增加4.3亿人，平均每年增加1000多万人。40年间，我国人口年均增长率为0.9%，低于同期世界人口年均增长率。分年代看，我国人口增长经历了速度由快变慢，增量由多到少的渐变过程。20世纪80年代人口年均增长量

---

[1] 李纯：《世界移民报告：中国是2019年世界第三大国际移民来源国》，中国新闻网，2020年8月25日，https://www.chinanews.com.cn/gn/2020/08-25/9274061.shtml。
[2] 国务院第七次全国人口普查领导小组办公室编《2020年第七次全国人口普查主要数据》，中国统计出版社，2021年。

1555万人，90年代人口年均增长量降至1273万人，而21世纪的头十年与第二个十年，人口年均增长量分别降至745万人和702万人。人口年均增速从70年代的1.9%，降至21世纪以来的0.6%，人口增速快速下降。①

改革开放后，我国经历了从很少迁移的"乡土中国"向大规模、高频率迁移的"迁徙中国"转变的过程，迅速实现了向大规模、全方位、多层次、多元化的全员迁移流动的转变。② 受经济发展水平、社会环境、户籍制度及交通不便等因素的限制，20世纪80年代初期我国流动人口相对较少。根据1982年第三次全国人口普查数据，全国有流动人口657万人，仅占总人口的0.7%。流动人口较少，对于交通工具、交通基础设施及酒店的需求自然也较低。笔者80年代去上海出差时，因为宾馆数量较少，就住在澡堂里，那时很多澡堂在打烊后会向旅客开放，提供住宿。我们可以从这些早期出行的经验中看出，当时社会流动人口较少，不足以刺激当地市场的基础设施建设。改革开放以后，全党的工作重心转移到经济建设上来，工业化和城镇化加速发展，从土地中解放出来的大批劳动力来到城镇，成为流动人口，投入城镇建设和发展的热潮中。伴随经济的迅猛发展，我国人口流动进入历史上罕见的活跃期。2000年，全国流动人口超过1亿人，10年后的2010年，全国流动人口达到2.21亿人③，10年时间增长1亿多人。现在无论我们出行去任何城市的任何片区，都有非常便利的交通设施和多样的住宿选择，这些都是随着人口流动数量的增长而产生的。从全国的人口地区分布来看，流动人口主要流向东部地区，城市群逐渐成为流动人口集聚的主要空间形态，长三角、珠三角、京津冀等三大城市群聚集了多数流动人口。根据全国人口普查数据，2010年至2014年，流动人口总量以年均800万人的速度增长，2014年流动人口总量达到2.53亿人，占总人口的18.5%④，约每5个人中就有1个流动人口。

---

① 《数看改革开放40年：GDP占世界15%，投资累计完成490万亿元》，第一财经百度百家号，2018年12月18日，https://baijiahao.baidu.com/s?id=1620189860752138445&wfr=spider&for=pc。
② 段成荣、吕利丹、王涵、谢东虹：《从乡土中国到迁徙中国：再论中国人口迁移转变》，《人口研究》2020年第1期。
③ 《改革开放40年》，中国统计出版社，2018，第192页。
④ 陈功：《我国人口发展呈现新特点与新趋势——第七次全国人口普查公报解读》，人民网，2021年5月13日，http://finance.people.com.cn/n1/2021/0513/c1004-32101889.html。

改革开放以来，我国城镇化发展经历了一个起点低、速度快的过程。我国城乡社会在政策引导下正在经历着从以乡村为中心的地域城市体系阶段到以城市为中心的移民城市体系阶段的内源性的巨大转变。从地域城市到移民城市的转变，不仅指我国城市在人口结构、文化景观、城市功能等方面的转型，更意味着我国从乡土社会向全国性城市社会的转变。[1] 1949年末，我国常住人口城镇化率只有 10.64%。2011 年末，全国常住人口城镇化率达到 51.27%，工作和生活在城镇的人口比重超过了 50%，比 1978 年末提高了 33.35 个百分点，年均提高 1.01 个百分点。2018 年末，全国常住人口城镇化率比 2011 年提高了 8.31 个百分点，年均提高 1.19 个百分点。[2] 全国将近 6 亿人从农村迁徙到城镇，这是一个非常大的人口迁徙规模。党的十八大以来，党中央、国务院高度重视农业转移人口市民化工作，把促进有能力在城镇稳定就业和生活的常住人口有序实现市民化作为推动新型城镇化建设的首要任务，提出 2020 年实现 1 亿农民工和其他常住人口在城镇落户的目标，并制定一系列举措着力落实农业转移人口市民化工作。《国家新型城镇化规划（2014—2020 年）》发布以后，国务院先后印发《关于进一步推进户籍制度改革的意见》和《关于进一步做好为农民工服务工作的意见》等一系列改革意见和政策，国家发展改革委等 15 部门也制定了《推进"三个 1 亿人"城镇化实施方案》，据此，各地纷纷制定农业转移人口落户目标。绝大多数城市放宽落户限制，全面实施居住证制度，城镇基本公共服务向常住人口覆盖，推动城乡社会保障制度性并轨。

在地理分布上，我国的西部地区相对于东部地区城镇化进程更为明显。如西安 2012 年常住人口为 914 万人，2023 年增长到了 1300 多万人。[3] 成都的增长更为明显，成都在发展的过程中，不断把周围的区和县吸附进来，目前常住人口已经超过 2000 万人。[4] 除了可以从官方数据中看到人口

---

[1] 杨小柳：《从地域城市到移民城市：全国性城市社会的构建》，《民族研究》2015 年第 5 期，第 41~51 页。
[2] 林火灿：《国家统计局发布报告显示——70 年来我国城镇化率大幅提升》，《经济日报》2019 年 8 月 16 日，第 4 版。
[3] 西安市统计局、国家统计局西安调查队编《西安统计年鉴（2023）》，中国统计出版社，2023。
[4] 《成都市统计局关于 2023 年成都市人口主要数据的公报》，成都市统计局网站，2024 年 3 月 18 日，https://cdstats.chengdu.gov.cn/cdstjj/c154738/2024-03/18/content_3bbb231cb2bc4093a30306c9f880afbc.shtml。

的增长，在个人具象的实践经验中，体验更为直观。笔者1995年去昆明做调查时，昆明市里面还有运行的环城铁路，整个城市被包裹在铁路里面，机场也在市区里面，出行非常方便，常住居民有400多万人。但是随着流动人口数量的增加，这些交通基础设施都进行了迁移，现在昆明的机场也迁移到了市区之外，需要1个多小时的车程。随着交通基础设施越来越成熟，城市的规模扩张趋势加剧。现在城区常住人口500万人以上的城市，国内已经有20多个，无论是城市人口规模，还是城市的数量，增长都很快。

改革开放以后，农业转移人口市民化的进程加快，目前国内有很多学者在做市民化的研究，其实市民化有两个部分。一部分是农村人口迁移到城市里去。另一部分是"村改居"，把村民改成城市居民。这在很多城市都是非常普遍的现象，其中珠海是最早开始进行"村改居"的。当时，国家有一个计划，要在5年之内，2亿人全部进城，从国家政策的走向上就能看出来当时农业转移人口的规模之大。珠江三角洲地区拥有改革开放以来最长时段的外来人口管理历程，实行了若干具有代表性的外来人口管理政策。外来人口从农业社会的"盲流"，到作为劳动力的"暂住者"，进而成为城市的"居住者"，最终享受到均等化的基本社会服务，珠江三角洲外来人口管理政策的迭代，反映了中国工业化与现代化的过程中，城镇居民与乡村居民、本地人口与外来人口两组利益相关者在不同社会阶段达成共识的过程。[1]

根据《中国人口普查年鉴2020》，我国2020年常住流动人口数量排名前十的城市分别是上海、广州、深圳、北京、苏州、天津、杭州、成都、宁波、东莞。其中上海与广州的常住流动人口数量超过了950万人[2]，而前四名上海、广州、深圳和北京，属于中国的经济核心城市。笔者之前写过一篇文章，指出流动人口的规模与城市的发展是有一定关联的。例如东莞原来是一个县，它是由县直接改成地级市的；还有苏州的昆山，是全国首个GDP超过5000亿元的县级市。[3]

---

[1] 周大鸣、肖明远：《改革开放后珠江三角洲外来人口政策迭代研究》，《社会科学战线》2022年第8期，第210~220页。

[2] 国务院第七次全国人口普查领导小组办公室编《中国人口普查年鉴2020》，中国统计出版社，2022。

[3] 《昆山成为全国首个GDP破5000亿元县级市》，苏州市人民政府网站，2023年1月29日，https://www.suzhou.gov.cn/szsrmzf/qxkx/202301/4219d4f3244148e6967b7c3452162bb5.shtml。

表1是2000年、2010年中国两次人口普查的数据对比情况，我们从中可以看到人口的迁移变化。相对来说，东北的流动人口区域占比较低，2000年是9.1%，2010年是7.4%，都低于10%。另外，西部的流动人口增速最高，不仅超过了中部，甚至超过了东部地区，笔者觉得这个变化是很重要的，大家以前都讲"一江春水向东流"，但在2010年以后就发生了这样一种变化。

表1 2000年、2010年我国流动人口区域变化情况

单位：万人，%

区域	2000年 流动人口	占比	占总人口比重	2010年 流动人口	占比	占总人口比重	增速
东部	7444.6	51.6	6.0	13798.4	52.9	10.4	85.3
中部	2594.5	18.0	2.1	4608.1	17.7	3.5	77.6
西部	3080.0	21.3	2.5	5754.4	22.1	4.3	86.8
东北	1320.0	9.1	1.1	1933.0	7.4	1.5	46.4
总计	14439.1	100.0	11.7	26093.9	100.0	19.7	80.7

资料来源：笔者根据第五次、第六次全国人口普查数据整理计算。

农民工群体在改革开放后不断壮大，40多年来，随着流动人口和城市化政策的变迁，农民工群体经历了从被视为社会问题的"制造者"到社会发展的"牺牲者"再到"城市新移民"的转变。[1] 表2显示了2022年外出农民工地区分布及构成情况。现在国务院每年都会发布一个农民工监测调查报告，从报告中可以看出2022年较往年有比较大的变化。2022年全国农民工总量达29562万人，比上年增加311万人，增长1.1%。其中，本地农民工12372万人，比上年增加293万人，增长2.4%；外出农民工17190万人，比上年增加18万人，增长0.1%。[2] 其中最大的变化就是现在农民工省内流动超过了跨省流动，而过去是跨省流动要多于省内流动。2022年农民工省内流动占58.9%，跨省流动农民工数量减少，占41.1%，这是一

---

[1] 孙中伟、刘林平：《中国农民工问题与研究四十年：从"剩余劳动力"到"城市新移民"》，《学术月刊》2018年第11期，第54~67页。
[2] 《2022年农民工监测调查报告》，国家统计局网站，2023年4月28日，https://www.stats.gov.cn/xxgk/sjfb/zxfb2020/202304/t20230428_1939125.html。

个很大且很重要的变化。这个变化说明了什么呢？说明省内容纳劳动力的地方增多了，而且农民工经营第三产业的比例也在增加，这是笔者发现的几个重要的变化。这与人口向东部、中部、西部、东北区域流动趋于均衡化是相关联的，人口开始以省内流动为主，而且整体的规模还在不断增长。所以笔者一直强调，大家要关注农民工群体，他们有2.9亿多人口，在中国是一个很大的群体。如果一个家庭按照三口人来算，其实中国一大半人都跟农民工有关系。另外，笔者也一直强调，无论是精准扶贫还是乡村振兴，其中农民最可靠的收入来源就是外出务工。笔者去青海调研时，发现当地打的标语就是"一人务工，全家脱贫"。

表2 2022年外出农民工地区分布及构成

单位：万人，%

按输出地分	规模			构成		
	外出农民工	跨省流动	省内流动	外出农民工	跨省流动	省内流动
合计	17190	7061	10129	100.0	41.1	58.9
东部地区	4687	703	3984	27.3	4.1	23.2
中部地区	6310	3511	2799	36.7	20.4	16.3
西部地区	5588	2657	2931	32.5	15.5	17.1
东北地区	605	190	415	3.5	1.1	2.4

（二）国际移民的变化

改革开放后，随着经济与社会的发展，中国的国际移民的群体也在不断扩大，在全球上百个国家和经济体中广泛分布。其实，中国在清末民初的时候就有大量的人移民到海外去，笔者在《凤凰村的变迁：〈华南的乡村生活〉追踪研究》这本书里就有过论述，凤凰村有大量村民移民到东南亚去，那时候出国也容易，他们到汕头，汕头的港口停着船，他们一上船就可以出去。那个时候，沿海的人移民，是为了满足资本主义市场对于劳动力的需求，因为那个时候黑奴贩卖在国际上被禁止了，全球资本主义国家需要大量的劳动力，东南亚市场就从中国寻求新的劳动力来源，所以中国大量的劳动力海外输出现象就发生在清末民初。民国时期中国是允许双重国籍的，但是在新中国成立以后，我国取消了双重国籍。当时中国与海外的联系相对较少，整体是一个海外移民的"萎缩期"，所以那个时候出国的人数很少，往海外移民的数量从整体上看是一个下降的趋势。

海外移民数量开始回升是改革开放以后，据调查，从1980年开始，中国国际移民的绝对存量发展态势出现逆转，从原来的下降态势转为上升趋势，并且呈现加速的过程。1980~1990年，中国国际移民的绝对存量出现小幅回升，10年间增长了5%，从219万人回升至230万人。此后，移民数量呈现迅速增长态势。1990~2000年，中国国际移民存量上涨了近50%，10年就增加到了343万人。[1] 这也使得中国国际移民的绝对存量在进入21世纪时，已经超过了1960年318万人的高点。2000~2010年，中国国际移民的绝对存量增加了近300万人，增长81%。这10年间中国国际移民绝对存量的上升速度是所有10年期中最快的。2010~2020年，中国国际移民的绝对存量再次增长约150万人。截至2020年，中国国际移民的绝对存量已经达到了775万人。[2] 从这个数值的增长中看出增速越来越快。笔者发现，关于中国移民人口的数量在世界的排序，主要有两种说法：一种说法是我们现在是全球第三大移民国，仅次于印度与墨西哥；另一种说法是我们是第四大移民国，俄罗斯的移民总数多于中国。两种说法的不同主要是由统计口径不同所致。据统计，2019年，全球国际移民数量达到了2.72亿人，其中，中国国际移民人数已超过1073万人。[3]

（三）中国的人口流动导致文化转型

中国人口大规模流动带来了三个明显的变化：从农业文明向都市文明的转变，从农业大国向工业大国、都市大国的转变；从地域性的文化向移民文化、多元一体的中华文化的转变；中国与全球的联系越来越紧密。

我们现在都讲"百年未有之大变局""五千年未有之大变局"，中国作为世界第二大经济体，在全球的经济体系与文化格局中，不仅面临重大的机遇，亦面临重大的挑战，而这些变化，与中国人口的全球流动与迁徙紧

---

[1] 邱玉鼎、段成荣：《1960年以来中国国际移民的变迁——以移民存量与目的地为主的分析》，《华侨华人历史研究》2023年第1期。

[2] 邱玉鼎、段成荣：《1960年以来中国国际移民的变迁——以移民存量与目的地为主的分析》，《华侨华人历史研究》2023年第1期。

[3] 《〈中国国际移民报告2020〉蓝皮书发布 亚洲国际移民增速显著》，全球化智库网站，http://www.ccg.org.cn/archives/61145。

密相关。笔者过去在作演讲的时候，经常强调这些格局的变化对于每个中国人来说都是至关重要的。

第一，从农业文明向都市文明的转变，从农业大国向工业大国、都市大国的转变。这种转变意味着我们所有的理念、计划、政策其实都要跟着改变，但是现在制度与计划还滞后于发展。

第二，从地域性的文化向移民文化、多元一体的中华文化的转变。随着流动人口数量的增加，人口流动速度的加快，这种文化的转向更为迅速，以前的移民来源地较为单一，现在更为多元。以前我们的城市基本上以讲某一种方言的人群为主体，现在我们城市的人口来自五湖四海，群体结构更为复杂，笔者觉得这是从一种地域性的文化向移民文化的转变，这也意味着很多东西在变化。比如城市中人们的通婚圈就扩大了。说不同方言的人群相互通婚，虽然表面看起来是私人问题，其实背后也意味着两种地域文化的交流和碰撞。这也影响到了我们国家最基础的婚姻与家庭关系，现在中国的结婚率与生育率逐年降低，这是一个很严重的问题，因为我们最基础的东西正在发生剧变。

第三，中国与全球的联系越来越紧密，现在我们不少家庭有海外关系，人口流动除了移民，还有出国留学、经商等。比如笔者的姐姐生活在湖南湘潭，属于中国的四线城市[①]，但她经常出国旅游，去过的国家比笔者还多。

二　近十年来人类学研究转向

（一）研究视野：全球视野、"一带一路"、人类命运共同体

关于移民时代的人类学研究，在研究视野上，需要有一种全球视野，尤其是互联网的出现、交通的便捷，使得我们前所未有地与世界紧密地连接在一起，所以"一带一路""人类命运共同体"等概念也在这个阶段被提出来。现在很多事情其实都体现了这种世界普遍联系性，例如卫生防

[①] 《重磅！2024新一线城市出炉 快看看你的城市排几线？》，搜狐网，2024年5月31日，https://roll.sohu.com/a/782846042_121123873。

疫、环境保护、文化遗产保护等，绝对不是某一个地区、某一个国家的事，这是全球都要面临的挑战。

（二）研究取向：应用、治理、铸牢、"三交"

在研究取向上，笔者认为应用性的取向更为明显，"社会治理""铸牢中华民族共同体意识""促进各民族交往交流交融"等应该是移民人类学研究的重要主题。笔者去西双版纳做调查时，看到街上有很多卖槟榔的小店，我问一位老板是谁来买槟榔，老板说是湖南人。我就问为什么会有这么多湖南人，他说："原本西双版纳大概有30万人，其中差不多有20万的湖南人。"笔者认为必须把这个问题搞清楚，就派了一位博士生去做调查。原来是20世纪50年代末60年代初，云南省要开垦边疆，保卫边疆，建设边疆，所以向中央政府求援，中央政府就让江西、湖南及四川三省支援。1959年12月，根据中共中央书记处的决定和湘滇两省的协议，湖南省醴陵县（今醴陵市）支边青壮年9227人（含家属3065人）由湖南启程，于1960年1月分12批到达西双版纳；同年10月，湖南省祁东县支边青壮年12712人（含家属5584人）分批到达西双版纳。截至1960年底，全州共有湖南籍支边青壮年21939人。[①] 现在西双版纳建得非常漂亮，准备要建设成云南省的一个特区，高铁可以直通老挝，已经成为国内的旅游胜地。

（三）研究方法：大数据、比较、整合

在研究方法上，现在强调大数据，通过手机流量看人口流动，通过导航的流量大小判断人口流动的方向、频率和规模等。广西防城港民众使用的流量超过了南宁，说明防城港的互联网活动非常频繁，这个地方为什么互联网活动非常频繁，是否和平台经济有关系，这是个值得研究的问题。在改革开放初期，我们就是通过看哪个地方国际长途使用较多，来判断哪个地方国际贸易做得好。其实，我们可以根据流量使用情况去分析很多内容。现在每一个大的互联网公司均掌握了大量人群生活的数据，人和人之间的交往似乎是很隐秘的事情，其实在互联网数据的监测下是透明的。笔

[①] 《云南省农垦总局·传承奉献——纪念湖南青壮年支边五十周年文集》，云南省农垦局内部资料，2009。

者经常讲自己是没有任何秘密的，大家只要百度一下，就知道笔者参加了哪些学术活动，更不要说那些互联网公司的大数据监测，连我们今天买了什么东西，吃了什么午餐都知道，所以我们完全可以利用大数据来研究人口的迁徙，我们可以用更多个案材料、更多的数据材料去比较分析，这也是一种研究方法。现在可以通过大数据的监测，看到城市的人口迁出量与迁入量，这些大数据是非常有用的，可以通过这些数据掌握一个城市的发展状况。现在东北是人口迁出区，广东是人口迁入区，东北是老年人口占比最高的地方，根据第七次全国人口普查数据，辽宁省是我国老年人口占比最高的省级行政区，60岁及以上老年人口占比达到了25.72%，65岁及以上老年人口占比达到了17.42%，两个占比均居全国第一。[①] 人口的迁入、迁出会对一个地方人口的结构产生影响，进而影响经济的发展。所以，在研究方法上，笔者就很自然地运用比较法。现在网上有各种各样的排名，可以从宏观上去看为什么会出现这种现象。我们要从一个全球化的角度，跟不同的国家进行比较。

（四）研究内容：从"老"到"新"，从"出"到"入"

在研究内容上，笔者觉得也有变化，我们从研究老话题到开始关注新话题，从研究老的移民到讨论新一代移民。过去我们只研究迁出的人，没有注意到迁入的人。所以研究内容上的两大变化就是从研究"老"到研究"新"，从研究迁"出"地到研究迁"入"地。

1. 中国作为国际移民、移工目的地

随着经济发展，移民输出国也会成为别的国家的移民目标国。现在，外国人可以在中国获得永久居民身份，不少非洲人、韩国人把中国作为移民或工作的目的地。

广州的非洲人一直是一个争议很大的话题。广州是我国对外贸易的重要城市，地处珠三角的核心，其地理位置的特点，吸引了大量非洲人，因数量众多，形成了广州特有的非洲人社区。[②] 义乌在外国人治理方面做得

---

① 唐佳丽：《我省公布第七次全国人口普查主要数据 常住人口为4259.1万人，占全国总人口的3.02%，居全国第15位》，《辽宁日报》2021年5月30日。
② 王亮：《全球化背景下在华非洲人社区的生成及演进路径——以广州小北非洲人社区为例》，《青海民族研究》2017年第2期，第1~5页。

比较好，他们还拍了部《我从非洲来》的纪录片，这部纪录片里讲到很多非洲人到义乌经商做得很成功，笔者也去参加了这部纪录片的首映。之前由于疫情的原因，义乌大部分非洲人都走了，没走的非洲人就发财了。原来几万人做的生意，现在他们几千人来做，他们的生意自然做得比以前大，而且比以前更容易做了。广州的情况也有相似之处，因为有些非洲国家已经习惯了使用中国的产品。例如用惯了中国的各种电子产品，不习惯换别的国家的，因为电压以及各种周边设备都不一样，所以一直有非洲人到广州来做这些生意。笔者做过相关的调查，采访过160多个非洲人，用的是滚雪球的方式，每个人滚动三个人。结果发现，我们通常把非洲看成一个整体，其实非洲内部是非常多元化的。我们访谈的这160多个人就来自50多个国家，非洲有50多个国家和地区，拥有多种语言，这说明非洲是一个很多元的地区。中国统一的税收政策、海关政策、货币兑换率等政策可以让非洲商人顺利开展外贸活动。

在广州除了有很多非洲人外还有大量的韩国人。在中国的韩国人多分布在山东烟台、青岛，北京的望京片区，以及靠近朝鲜的延边地区。在广州的日本人也很多，因为广州的日企比较多。这也是为什么广州会有很多日本和韩国的料理店，其消费群体主要是日本人和韩国人，还有中国人。但是做完调查我们才知道，在中国的日本人和韩国人除了白领，还有很多蓝领。笔者曾经到珠三角的企业里面做过调查，发现企业里面有很多来自日本和韩国的蓝领，也就是技术工人。中国缺技术工人，例如装备钳工、模具钳工，所以不少工厂都要从日本、韩国、中国台湾找。这让笔者想起了原来的国营企业，那个时候国营企业很重视工人，7级工、8级工比厂长的工资还高，高级电机工的技术很厉害，电机坏了，用手敲两下、耳朵听一下，就知道是哪里出了问题。这种工人的素质需要长期培养，现在国内严重缺乏这一类的技术人才。疫情之前，广州与日本大一点的城市，例如东京、横滨、大阪、名古屋、九州等都有直航的航班，往来相对比较频繁。国内比较知名的日系汽车在广州都有工厂，如一汽、东风、上汽的日系汽车厂都设在花都区，还有广州本身就有的广本、丰田，丰田的广州汽车厂是丰田在海外最大的一个汽车厂，其中销量较好的车型凯美瑞、卡罗拉都是在广州生产的。我们在广州也做过日本人和韩国人的研究。韩国人的民族性是比较独特的，他们只用韩国人生产的东西，韩国电器和中国电器用的电压不一样,他们日常使用的电饭煲都要从韩国运回来然后进行改装。他们不用中国生产的电器,包括他们吃的米、吃的肉都要从韩国运过来,即使韩国牛肉的价格要比中国牛肉贵好几倍。在"身土不二"思想的影响下,韩国人认为只有韩国土地生产的产品才最适合韩国人的身体,所以一切消费品都坚持采用韩国自己生产的。① 日本人跟韩国人、中国人有点类似,喜欢聚集在一起,所以日本人有自己的超市,自己的街道。

关于中缅、中越边境的"砍甘蔗大军"这一群体,他们通过合法的手续进入中国成本很高,而他们砍甘蔗的工资在 80 元/天左右,成本超过他们的收入。对于这一群体,笔者设想可以通过"组队打工"的方式来降低他们进入中国的各类成本费用。现在广西有大片的甘蔗没有人收割,中越边境又有很多中介公司帮外籍人员办签证,广西崇左的一个乡镇就有 100 多家中介公司,这提高了外籍人员进入中国务工的成本。这不仅是广西边境的问题,也是我们中国所有边境口岸面临的问题。

2. 跨境劳动的移民研究

疫情之前,笔者组织了一个团队到非洲调研。很多国企在非洲做工程,雇佣非洲的劳动力,但是他们劳动的效率相对较低,管理上也存在挑战。因为非洲人的消费观念和中国人的消费观念不一样,他们干完一天的工作就马上要领工资,领完工资就去消费,第二天可能不会继续回来工作。笔者有个堂弟在非洲做项目经理,他说只能从国内找工人去非洲工作,用集装箱把各种日用品运过去。以前,外出的工人一年才回来一次,有的工人为了节约成本几年才回来一次。现在有大量农民工前往非洲,笔者觉得这个应该要研究,因为有些外出的农民工会和当地社会产生关联,留下后代。德国当年工业化进程很快,需要大量的工人。于是德国就跟波兰、土耳其等国家签了劳动协议,协议要求这些国家的工人工作完成后需回到原来的国家。但是这些国家的工人不愿意回去了,而且有的工人跟本地人有了婚姻关系,所以有几十万土耳其人和波兰人留在了德国。德国的国籍法非常严格,要想留在德国,第一,要熟练地使用德语;第二,年收入不能低于 4 万欧元;第三,要在德国至少生活 8 年,对于这些外来工人,

---

① 周大鸣、杨小柳:《浅层融入与深度区隔:广州韩国人的文化适应》,《民族研究》2014 年第 2 期,第 51~60 页。

最难的是收入与语言问题，他们长期生活在一个自我封闭的社区里面，长期只讲本国语言，可能只会几句简单的德语口语。所以这几十万的土耳其人和波兰人解决不了国籍问题，又很难回到母国。因此对大量中国农民工去非洲的现象，我们就要在问题没有出现之前去做研究。

3. 政策移民、工程移民、族群移民史的研究

这些年有大量的政策移民，例如土地征用、建立自然保护区、扶贫政策、工程建设等。水库建设也会涉及大量的人口迁移，其中最著名的就是三峡大坝的百万移民，三峡工程是举世瞩目的大工程，其中以其移民数量之多、时间之紧被称作"世界级难题"。[①] 笔者有个博士生最开始就是做三峡移民易地搬迁的研究。他们搬迁到13个省份，其中也包括广东省，他就做了广东省三峡移民的研究，广东是安置三峡移民较多的省份之一。这些年为了保护水源、保护环境，我们国家开始实行生态移民政策。其实过去我们也做过世界银行、亚洲开发银行的相关项目，它们对重大工程都要求进行评估，包括国家发展改革委都有专门的文件提出类似要求。现在我们也做这样的一些研究。

4. 跨境民族迁移

跨境民族迁移研究是近十年来比较热门的一个研究方向。国家重大招标课题就有很多相关的研究。现在我们有很多人到乌兹别克斯坦、哈萨克斯坦、土库曼斯坦等国家经商、采矿，形成华人聚居区。中亚这几个国家的跨境民族是我们研究中一个很重要的内容。

5. 中国海外新移民研究

中国海外新移民是笔者目前正在做的一个课题，新移民主要指的是1978年改革开放以后外迁的移民。2019年，中国大陆以1073.23万人的输出移民成为世界第三大移民输出国。[②] 海外新移民的研究在中国的共建"一带一路"倡议和构建人类命运共同体的背景下尤其重要。新的移民跟过去移民有很大不同。一是背景不同，我们过去是一个很贫穷的国家，经过几十年的发展，现在已经成为一个强大的国家，这为移民提供了一个

---

① 程瑜：《从世界银行的移民安置政策看广东省三峡移民安置的问题与对策》，《西南民族大学学报》（人文社科版）2004年第1期，第345～348页。
② 《〈中国国际移民报告2020〉蓝皮书发布 亚洲国际移民增速显著》，全球化智库网站，http://www.ccg.org.cn/archives/61145。

很强大的后盾。二是迁移的动机不同，过去海外移民几乎都是为了生存迁移到海外，现在迁移完全为求生存的人很少，多是为了个人更好地发展，想过更好的生活、获得更多的知识或是去投资，这些都不是关乎生存的问题，而是一种发展的问题，与过去的起点不一样。三是迁出地的范围扩大了，过去海外移民主要集中在沿海或者沿边的地方，其主要来源地基本上是广东和福建。新移民的迁出范围扩大了，现在不再集中在沿海地区，而是往中国的腹地发展。20世纪70年代以来中国新移民基本上颠覆了过去以闽粤为主输出地的模式。

新移民的主力之一是留学移民，其来源地遍及全国各大中城市，尤其是北京、上海、广州等中心城市。[①] 大量移民都有大学本科及以上的学历，移民主要是为了追求更好的发展机会。除此以外，还有技术移民，在海外的移民群体中，其占有一定的比例。

此外，还有商业移民与投资移民。笔者曾去哈佛大学学习过两次，很明显地看到了华人地位和财力的提高。以前华人要做大的活动，都要租别人的地方，现在他们已经建起豪华的聚会场所，投资各种商业，华人的经济实力在迅速增长。浙江省有大量的人在美洲、欧洲、非洲经商，笔者曾在西班牙的一个小镇迷路了，就向长得像中国人的本地人问路，他们的西班牙语讲得很好，告诉笔者他们来自浙江温州。投资移民大多是赚了钱后到海外去投资，过去投资移民的目的地主要是香港，现在也转移到了其他地方。

还有一类移民是生育移民。现在有很多发达国家实行落地法，孩子在当地出生就能取得当地的国籍。笔者有一位博士生刚好怀孕，所以就加入这个群体展开观察研究，这个群体在过去是被忽略的一个群体。

目前在海外除了合法的移民，还有大量非法移民。但统计起来有难度，比较难以展开研究。

结　语

中国式现代化的一个特征就是人口规模巨大，而且这个规模巨大的人

[①] 庄国土：《全球化时代中国海外移民的新特点》，《学术前沿》2015年第8期，第87~94页。

口是处于流动、迁徙、变动之中的，这就给我们的中国式现代化增加了很多不确定的因素，笔者认为这既是挑战，也为每一位学者提供了丰富的研究题材和广袤的研究田野。关注人口流动带来的变化，掌握变化的规律，为人类学的传统研究题材提供新的内容，这就是移民时代人类学的使命。

　　进入移民时代，移民研究在中国将会变得比以往任何时候都更为重要，人类学在这一时代正经历着新的转向，这些转向不仅标志着学术关注点的转移，更反映出全球化背景下人类社会结构和文化形态的深刻变革。首先，从全球视野来看，人类学研究不再局限于单一文化或民族的范畴，而是将目光投向了更为多元的文化与民族。共建"一带一路"倡议和构建"人类命运共同体"的理念，使我们从全球互联互通的角度审视人口的流动，关注其对全球经济、文化、环境和卫生等各个层面的影响。这种宏观的视角为我们理解人口流动的全球性意义提供了新的维度。其次，应用性的取向日益明显。人类学不再只是书斋中的纯理论研究，而是积极参与到社会治理和民族交融的实践中。通过研究跨境民族、口岸管理、迁入与迁出等问题，人类学研究为政策制定提供了理论依据和实践指导，促进了不同民族和文化之间的和谐共处。再次，大数据的运用为人类学研究提供了新的工具和方法。人类学学者可以利用手机流量、导航数据等新型数据源，更准确地追踪和分析人口流动的模式、规模和趋势。这种方法论的创新，不仅增强了研究的精确性，也为我们理解复杂的社会现象提供了新的视角。最后，研究内容的更新也是人类学研究转向的重要体现。从关注传统的迁"出"地到重视新兴的迁"入"地，从研究老一辈的移民到关注新一代的国际人才，人类学研究不断拓展新的领域和议题。研究内容的更新，不仅丰富了人类学的研究视野，也为我们理解全球化时代的人口流动提供了新的思考。

　　现在，移民时代的人类学研究正站在一个新的历史起点上。面对人口流动带来的挑战和机遇，我们有责任深入探索其背后的社会文化动因，揭示其对个体生活、社会结构和文化认同的深远影响。通过跨学科的研究视角、创新的研究方法和多元的研究内容，人类学研究将为理解这一时代提供深刻的学术洞察，为促进不同文化之间的交流和融合、构建和谐共生的社会贡献智慧和力量。我们的研究也将继续以社会的重大现实问题为导向，服务于中国社会的变化与发展。

中国人类学的重塑：成为一门在世界看世界的新文科[*]

高丙中[**]

摘　要：中国人类学同行多年都是在中国社会科学的既定格局下呼吁人类学的学科升级的，而现实的发展显示，人类学只有在新文科建设中重塑自身并参与改变社会科学，才能够顺理成章地得到提升。置身于一个技术创新和流动性剧增的新社会，中国人类学经历了从海外民族志的开拓，到融合"家乡"与"海外"的世界社会研究的转变；而这时适逢区域国别研究的兴起，使得以在其中发挥重要作用。它为社会科学各个学科提供了参与观察的视野和方法、整体论的理念，以及比较的经验案例，由此促成中国社会科学成为中文知识共同体且在经验研究上打通中国与世界的学术领域，从而在建设一门在世界看世界的新文科中重塑自己的学术身份与学科地位。

关键词：人类学　新文科　世界社会　全球流动

社会科学的基础学科，就它们在世界上的研究型大学中开设的广泛性而言，主要包括社会学、政治学、经济学、人类学。另外，民族学、人口学、民俗学等也被视为基础学科，但是开设的大学比较少。然而，在中国的学科体制里，人类学始终未能获得与社会学、政治学、经济学同等的基础学科地位。其中的学术原因可能是人类学的作用部分地被民族学、社会学所替代，其中的思想原因可能是中国在近代以来一直坚持反对殖民主义，而人类学被贴上了"殖民主义婢女"的标签。其实，人类学最擅长的

---

[*] 原载于《新文科教育研究》2024年第1期。
[**] 高丙中，北京师范大学人文和社会科学高等研究院教授、社会学院博士生导师。

是研究他人社会、外部世界，这是研究国内（少数）民族、国内社会的民族学和社会学所无法替代的；人类学恰恰又是反种族主义、反西方中心主义和各种自我中心主义、反殖民主义的思想渊薮。人类学未获得中国社会科学基础学科的位置，这制约了人类学在改革开放以来学科重建中的发展，使人类学未能更早地发育出境外社会调查研究的共享知识成果，并由此使中国社会科学未能更早地具备以世界社会为研究对象的经验研究属性。就连人类学都局限在国内做社会调查，整个社会科学在对象范围上也不可避免地受到了限制。这个时代完全不能接受那种仅以中国为研究对象的社会科学，而是需要一种以世界为研究对象同时回应中国需要的社会科学。中国人类学的缺陷与中国社会科学的不足是密切关联的，可见，中国人类学一定要和中国社会科学在整体上共同开辟新的可能性。

中国人类学界在近20年里关于人类学从二级学科升格为一级学科的呼吁越来越急切，这是同仁会议、学者讲座的常见话题。笔者自己参加过在贺州学院举办的"2016年中国人类学学科建设座谈会"[1]，会议聚集了全国高校拥有人类学硕士和博士学位点的机构负责人和代表性学者30多人，主题是"将人类学作为一级学科建设"。在北京大学人类学本科开班典礼上笔者邀请周大鸣教授做讲座，他讲人类学是大国之学，自然也是在论证人类学应该是一级学科。

学人争取学科地位，一方面是争取资源，另一方面也是承诺更大的责任。人类学界多年费尽口舌争取一级学科地位而不得，固然牵涉学界的资源之争，也和参与论争的多学科学人对人类学的学术认识不同有密切关系。

人类学从业群体求变而难得，在现有的学科关系与学科总体结构中好像是机会渺茫的。但是，人类学的学人突破自身的努力及其取得的成果逐渐赢得同仁共识的趋势和中国社会科学的新文科建设所带动的趋势让我们看到，中国人类学和中国社会科学一起经历的改变将造就一种新的学术格局：中国人类学的海外民族志扩张正在把一门局限于境内调查研究的学科改造为以在境外开展长期的田野调查为规范的新文科。人类学成为新文科的这种过程，通过区域国别学这一直接卷入社会科学各个学科的途径，引

---

[1] 周大鸣等：《将人类学作为一级学科进行建设——2016年中国人类学学科建设座谈会纪实》，《广西民族大学学报》（哲学社会科学版）2016年第4期。

领中国的知识生产以全世界的社会生活为"作坊"现场,发挥参与重塑中国社会科学的功能,弥补了各个学科因缺乏国外扎实的案例研究而缺乏健全有效的比较维度的遗憾,与人类学一起成为与旧我告别的新文科。由此重塑的社会科学品格、学术内涵与人类学的亲和性更可能带给人类学应有的学科地位。借助新文科建设的时势,中国人类学有机会在重塑自身的过程中重塑整个社会科学体系,顺便重置学科身份与地位。

一 新文科,作为"新社会"认知下的社会科学因变创新

"社会变迁"是与现代学术从兴起时就缠绕在一起的议题,我们甚至可以说,是因为意识到要关注社会变迁才有了现代社会科学。涂尔干的《自杀论:社会学研究》《社会分工论》[①] 以法国为代表的现代社会为研究对象,讨论规范、秩序的丧失与保持所表征的内部变动;韦伯的《新教伦理与资本主义精神》[②] 以西方为例,呈现了资本主义兴起的历史必然性。其中所指的"社会"一定是一个有边界的整体,这既是逻辑完整的需要,也是经验观察的实际。但是这种"社会"实际上只是世界的一个区域,人类的一个局部。另外,社会科学的经验研究往往涉及社会之间的比较,关注的是相互之间的差异。这种比较从横向(不同社会之间)和纵向(一个社会的两个不同时期,或者说两个时期中一个社会的变与不变之间)两个维度展开,以呈现差异与变迁。学人的事实来源和言说所指的社会通常都是地方社会。

但是,当前我们所居所见的社会在人际互动、直观经验的意义上既是地方的,也是全球的。在漫长的历史里,人们生活在地方上,且只有很少的一些人有时会想象人类和世界,留下关于世界观的文献表述。今天,人们的身体生活在地方上,也在跨地区流动,在全球流动;商品在投资、设

[①] 〔法〕埃米尔·涂尔干:《社会分工论》,渠东译,生活·读书·新知三联书店,2000;〔法〕埃米尔·迪尔凯姆:《自杀论:社会学研究》,冯韵文译,商务印书馆,1996。涂尔干又译迪尔凯姆、杜尔凯姆等,本书行文中使用涂尔干。

[②] 〔德〕马克斯·韦伯:《新教伦理与资本主义精神》,康乐、简惠美译,广西师范大学出版社,2010。

计、原材料、生产地等几乎各个方面都可能具有跨国的属性；人们的信息分享与对社会事件（体育、演艺、灾难、科技等）的参与，在跨国、跨洲交通基础设施的支持下，在即时通信和现场直播的传输中，直接就是身临其境的世界经验。

人类的现状是：大众在一定的意义上生活在地方社会，又在一定的意义上生活在超地方的社会里，即生活在世界已成为一个社会的情景里。显然，当实质上属于地方的社会转变为实实在在的世界社会的时候，原来意义上的社会科学必须放弃旧的社会范式，以新视野、新理论和新方法瞄准这个新社会。由此我们应该肯定，新文科建设的提出是一种与时俱进的因变创新。我们再也不能局限于地方性的社会，而是去做真正属于这个时代的社会科学。人类经过漫长的地方性社会生活，终于置身在从未有过的世界社会中；我们寄望的新文科可能包含丰富多样的创新需求，但是其中无论如何不可缺少的创新是走出同时开展地方性社会和世界社会调查研究的路子。

二　研究对象与取向：中国人类学的三步发展

（一）在中国看中国的家乡人类学

中国人类学在现代起步，很快就达到了能够贡献经典的高度。在 20 世纪二三十年代，已经有一些中国高校开设人类学课程，培养人类学人才，其中最有成效的育人者是燕京大学的吴文藻教授。他在 1932 年邀请芝加哥大学的罗伯特·帕克、在 1935 年邀请牛津大学的拉德克利夫-布朗给学生讲课，让学生接受当时最优秀的小社区实地调查学者的当面传授，这在中国的社会学和人类学的学科史上都具有里程碑的意义。费孝通和林耀华是其中当时比较活跃、后来最有影响力的学生。费孝通从燕京大学毕业后到清华大学师从在华的俄罗斯民族学家史禄国教授攻读人类学硕士学位，利用假期和妻子王同惠一起到广西金秀做了瑶族社会调查（后来出版了《花蓝瑶社会组织》[①]），后又到英国伦敦政治经济学院在当时最负盛名的马林

[①] 费孝通、王同惠：《花蓝瑶社会组织》，江苏人民出版社，1988。

诺夫斯基指导下完成了人类学博士学位论文（后来出版的中文书名是《江村经济》①）。林耀华从燕京大学毕业后到哈佛大学攻读人类学博士学位，完成了关于福建宗族的研究，其中一部著作是对后世影响巨大的《金翼：中国家族制度的社会学研究》。②

在国际人类学学科认知里，做人类学的实地调查研究，就是到自己的社会之外的远方、外国、他乡进行，而在自己的国家、在自己本来生活的社会做调查研究是例外，而对这个例外专门提出了一个词，称为"家乡人类学"。吴文藻从国外学习社会学回国，在教学与研究中倡导社会学中国化，引入国外人类学师资传授小社区的调查研究方法，以乡村社会为对象的研究训练奠定了费孝通、林耀华一辈学人的学术和学业的根底。这批学生在出国深造之前已经具备开展国内乡村研究的基础，他们出国学习人类学，也没有按照所在学校的师生惯例去选择异国他乡作为研究对象，而是一以贯之地继续发掘自己在国内的调查积累，完成以中国社会为研究对象的学位论文。这种选择，在他们所在学校的师生看来，仍然属于典型的将他者和异文化作为研究对象的做法，而中国学生没有像他们一样选择原始社会作为研究对象，这种差别反而得到了马林诺夫斯基的高度肯定③，因为对于费先生的"马老师"来说，研究作为文明社会的中国极大地突破了人类学一直以当代原始人为研究对象的惯例。在费孝通、林耀华学成归国后，他们以自己的成功经验为示范，带领团队、培养学生在汉族乡村和西南民族地区开展认识国家、服务民生的调查研究；到新中国成立后，他们参与国家的民族识别和少数民族大调查工作，再到改革开放以后又培养学生重新开展汉族乡村和民族地区的调查研究，从而造就了"家乡人类学"的中国传统：费孝通和林耀华分别以《江村经济》和《金翼：中国家族制度的社会学研究》确立了中国的"家乡人类学"的典范，使中国学人不用做异国他乡的研究而可以主张自己的人类学身份，获得人类学的学科归属，由此形成中国人类学的学统。

令人意想不到的是，当作为国际人类学的例外的"家乡"（国内社会）

---

① 费孝通：《江村经济》，戴可景译，北京大学出版社，2012。
② 林耀华：《金翼：中国家族制度的社会学研究》，庄孔韶、林宗成译，生活・读书・新知三联书店，2008。
③ 马林诺夫斯基：《序》，载于费孝通《江村经济》，戴可景译，北京大学出版社，2012。

成为中国人类学的正统研究对象之后，从乡村到都市（曾特别被冠以"都市人类学"），从少数民族到汉族以及中华民族，中国人类学在国内的调查研究保持着持续的开拓能力，但就是不肯跨越国境走出去。国际人类学以异国他乡为研究对象的惯例就是不被我们人类学师生所尝试。研究对象的选择，作为个人偏好是无可非议的，但是作为学科的全员，如果只做一类对象的研究就显得偏狭了。

问题的严重性在于，中国人类学的这一现实也是中国社会科学的局限：应该以社会调查为第一手材料的"社会"科学诸学科都缺乏做境外调查的兴趣，尽管不是在完全统计意义上，但在一般认知上，中国社会科学就是在中国做实地调查的社会科学。正像我们的"家乡人类学"成为学统是可以理解的，我们的社会科学在某种意义上是"中国学"，也必然具有内在的合理性。也许我们可以简单一句话概括，其合理性是时代的产物。但是，时代的巨变将我们推向一个截然不同的全新社会形态，其合理性就完全失效了。

（二）从中国看海外的民族志开拓

中国高等教育和中国社会科学的知识共同体有意识地开展境外社会的实地调查研究是从北京大学人类学专业的海外民族志实践开始的。2002年，人类学专业把按照国际人类学规范培养博士生列为目标，高丙中指导博士生龚浩群做海外民族志研究，选择泰国为对象国。龚浩群开始学习泰语并修习泰国社会的知识课程，完成了泰国一个村社的一年实地调查，并以优秀成绩获得了博士学位。她的博士学位论文修改后以《信徒与公民：泰国曲乡的政治民族志》[①]为书名出版，成为"海外民族志大系"的首部作品。

我们在北京大学人类学专业中推动海外民族志研究，要求从业者必须达到四条标准：必须掌握调查对象的语言，必须在选定的境外社会蹲点调查一年，必须选择当地的主体人群，必须选择中国知识界关注的议题。这些标准在国际人类学界并不苛刻，但是对于国内已经习惯各种便易条件以图短期内集中搜集资料的"行情"来说，头两条一直都是有理由、有办法

[①] 龚浩群：《信徒与公民：泰国曲乡的政治民族志》，北京大学出版社，2009。

变通执行的。之前学界习惯的国内社会调查，要回避掌握当地人语言的烦劳，大家就回家乡做调查，或者选择年轻人已经普遍讲双语的地方。国内博士生的学制为3~4年，对他们的资助一般没有田野调查的专项，他们要做一年的蹲点调查的话，首先是大概率的延期毕业，其次就是没有经费支持。在这种制度和惯例的约束下，海外民族志启动之初需要运用创新思维寻找实现的途径。好在北京大学的老师有比较多的社会资源，学校有较多的外语语种的教学资源，尤其是北京大学人类学专业有一波又一波的学术同仁，他们是深得人类学真味的学生，对外部世界充满好奇，敢于冒险闯天下，熬过学小语种的寂寞和异国他乡一年的身心疲惫，完成了中文世界绝无仅有的特定社区的民族志成果。

中国人类学的海外民族志不仅是把中国社会科学的调查领地拓展到境外这么单纯，而是在职业精神上塑造了新一代学人。此前大家都选择在国内做调查，基本上是一种拿上单位介绍信就可以说走就走的旅行。出去做调查，好多学者都要找接待单位，很多高校都流行在各地设立调查研究基地，其目的之一就是方便接待，容易进入。这很常见，也被认为理所当然。够不上这个待遇的学生们，很多选择回家乡做调查。社会调查的第一手资料是珍贵的，高质量的第一手资料是极其珍贵的，与此相对应的代价也自然是极其昂贵的。如果对于学术规范和方法论总是便宜行事，调查质量必然难保，也必然败坏职业精神。对于一个在各种便易条件中养成了省事心性的知识界，很难生发出事先花大量时间学好一门语言的心思。只会运用汉语的学人在国内的民族地区做调查，总有不学习当地人语言的理由，也总能够回避通过本地语言与研究对象展开交流的学术伦理要求。可是，到境外可没有人接待研究者去做调查。在国内往返方便、便宜，也就很少有人愿意在调查点蹲守一年；而出入境的麻烦、往返经费的制约、好不容易融入当地的难得状态，都是让研究者坚持再坚持的现实考量。学术规范的道理不是凭空而来的，而是"其来有自"。海外民族志的学术标准和实践难度都比国内调查研究的门槛高，所以说，选择海外民族志研究，就是选择了更大的挑战。海外民族志研究正在重塑中国人类学的对象版图，也正在重塑中国社会科学的"从实求知"的职业精神。

到2012年，北京大学人类学的海外民族志事业走过了第一个十年，算是闯出了一点局面，并且受惠于国家留学基金委支持世界一流大学建设的政策，除了在泰国、马来西亚、印度、澳大利亚、德国、美国、法国、俄罗斯等国家的社区案例，还发展起来针对美国社会的民族志研究的专门序列。中国学界对于美国的研究相对是很多的，国际关系、历史、文学的译介和研究称得上很发达，但是同一个问题仍然存在，而且更显突出，那就是缺乏对于美国社会的普通人生活的调查研究。中国学界对美国的研究是对于一座砖塔的上部的研究，缺乏下沉下去对社会、国民进行观察的根基研究。到这个时期，我们能够清楚地看到，高校的可预期资源可以支持师生到世界各地开展实地调查研究：一是各种基金的课题资助力度起码足够研究者应对到周边地区进行数月到一年的调查所需的花费；二是花费比较多的是发达国家，而发达国家有比较多的"世界一流大学"，正好可以申请留学基金委的经费去对接。后者对于"985"大学的师生是比较便捷的，由此去美国做社区调查的项目数量迅速增多，再也不用像李荣荣到加州那样靠各种机缘巧合才能成行。[①]

从2012年到2014年，北京大学、中央民族大学、云南大学、中山大学、上海大学和中国社会科学院民族学与人类学研究所[②]借助教育部的研究生人才培养创新项目的资助和各机构的既有资源举办了三届暑期"海外民族志工作坊"。一共有注册学员88人，其中，除了来自主办机构的研究生和年轻教师，还有来自清华大学、新疆师范大学、浙江师范大学、温州大学、德国科隆大学、香港中文大学、澳大利亚国立大学的学人，他们感兴趣的地区在我们已有布点的国家之外还覆盖到斐济、老挝、缅甸、伊朗、以色列、加拿大、巴西和中亚地区，而且选择非洲的学员多了起来。学员们针对多个议题如文化变迁、文化传播、民族问题、人口流动、社会工作、学校教育、社会组织、社会正义和生态等展开了调查研究。这些学员中大约有25人后来出国做了调查研究。以第一届的学员为例，清华大学的和文臻在斐济开展了有关劳工及医疗问题的研究，中山大学的黎相宜在美国和马来西亚开展了有关国际移民问题的研究，云南大学的袁丁在非洲开展了有关移民问题的研究，云南大学的张雨龙和中山大学的张振伟分别在老挝和缅甸完成了跨境民族的研究。

---

① 李荣荣：《美国的社会与个人——加州悠然城社会生活的民族志》，北京大学出版社，2012。
② 相关学者是高丙中、包智明、何明、麻国庆、张江华、王延中。

海外民族志由此发展成为全国诸多高校共同的学业、事业。工作坊为年轻学人受时代激发所生成的海外研究志向建立了一个思想和心性的熔炉，大家在这里交流成长，坚定"志在必行"的求知意志，掌握出国所需的各类技术方法与实践技能。对于中国的教育事业、社会科学研究事业来说，海外民族志研究人才在众多高校中脱颖而出，不仅开拓了中国人类学的海外发展的道路，而且为后续国家倡导的区域国别学等新文科所代表的社会科学创新储备了一支在世界上有存在感的先锋队。

（三）在世界看世界的人类学新潮

从近代以来我们就习惯说"走向世界"，把中国与世界进行二分。这也是现代社会科学长期从地方性的社会获得社会知识的通用模式。如前所述，人类在当代的处境是既在特定地方生存，也生活在世界社会中。海外民族志还是沿袭了落后于时代的"中国之外是世界"的预设，一些著作受到方法和文本上应具有内在完整性的束缚，把自己的研究对象写成了自成一体的"孤岛"，而这个时代的现实是，即使是孤岛，只要有居民和生产、生活，它也都毫无例外地与外部保持着千丝万缕的联系。没有地方或人群处在世界之外。

人类学保持自己的科学性质需依赖观察社会、书写文化的现实主义。中国人口的跨国流动，世界工厂商品的全球销售，金融和技术在"一带一路"的投入，信息、文艺和体育在世界的呈现，构成了作为一个硬币两面的"世界的中国性"和"中国的世界性"。这是一个"人无分内外、地无分东西"的世界社会现实。中国人类学界在 2014 年前后开始重视世界社会的现实与概念[①]，到 2020 年前后开始用世界社会理念书写民族志，以新视野、新取向界定现实社会的经验研究。

在今天，"从中国看世界"的视角和取向将中国与世界二分，显然不足以书写当下的社会状态，值得我们探索的是"在世界看世界"的研究。这需要我们打开视野，寻找能够发挥人类学学科魅力的新范式。这肯定是一段漫漫长路。令人欣喜的是，已经有一些人类学新秀"上道"了。

[①] 高丙中：《海外民族志与世界性社会》，《世界民族》2014 年第 1 期；高丙中：《中国人类学的世界社会及其民族志实践》，北京大学 2014 年海外民族志工作坊讲座，2014 年 7 月 15 日。

谭威的研究关注了广西上林的采金业在国内和非洲加纳的发展与资金、技术、劳动力、财富的流动。[①] 上林本地有开发金矿的历史，居民有技术、人才、风险投资的社会意识，改革开放后在北方和西北的许多金矿赚得盆满钵满，有实力（企业家与劳动力、风险投资、设备和技术等）到非洲承担更大的风险，以谋求更大的收益。相较于跨国公司、精英人才流动的全球化，上林的民营企业家和矿工在非洲的冒险、牺牲和财富积累是我们需要专业研究才能够看见的"草根全球化"。谭威的民族志书写了上林的地方产业史、上林人在国内的流动、在非洲的金矿经营、在家乡的私人生活和公共生活。谭威的民族志研究对象（人物、技术、设备、财富）既在世界一隅的上林，也在这个世界。其研究对象的人物生命史、事件生成史是在全球化的流动中构造的。他同时在写上林，写中国，写非洲，写全球化。

娄缃旖以马来西亚一个小岛的居民生活为对象完成了自己的民族志研究。[②] 邦咯岛靠近马来半岛，在 19 世纪中后期形成马来人、华人和印度人共居的社会生活样态。她的研究记录了三个族群的日常生活、宗教信仰和公共活动，叙述了居民参与的社会事件。她用了一年半的时间参与观察，其间，经历了新冠疫情的流行，参与了当地的防疫志愿服务，由此有机会观察一个全球事件在岛民社会的呈现。作者分析了当地渔业的演变和当前全球流动要素组合的运作情况。如新的渔业团队增加了来自泰国、缅甸、柬埔寨、老挝等国的船老大和渔民，而配备全部通信电子设备的先进机船是国际技术、工业、贸易的集成，其渔获也是面向开放市场的。该岛被政府列为国际旅游岛，正在建设免税口岸，计划加大政策创新和基础设施建设力度，以吸引国内外客人。这个小岛因为海水与其他陆地分隔，却又借助水的航行之便与世界联通。岛屿性在以前主要被理解为分隔性、孤立性，但是其民族志呈现了岛屿的新内涵，即开放性、联通性。这是属于这个时代的现实主义民族志的写法，以小岛为对象，呈现的却是世界社会，并且是以"在世界看世界"的取向和方法写成的。

---

① 谭威：《野黄金的全球流动与小地方的财富世界》，北京大学博士学位论文，2022。
② 娄缃旖：《岛屿生活之世界性的生成：马来西亚邦咯岛社会的民族志》，北京大学博士学位论文，2023。

三 世界社会的人类学与新文科建设

中国人类学从家乡人类学的国内社会研究，到海外民族志的向外开拓，再到对世界社会研究的进取，已经在中国社会科学原有格局之外创造了新局面。它在社会科学总体中的定位和贡献正在发生变化，对社会科学诸学科更能扮演贡献者的角色。

在以前的格局内，人类学的独特性并没有，也不能被彰显：①别的学科做"中国社会"的调查研究，人类学也如此，并没有像国际同行一样拥有自己的独特研究对象；②人类学以乡村和民族地区为对象的研究有一些优势，却又与农村社会学、民族学重叠；③至于实地调查方法，如从时间投入、语言掌握、参与观察的深度等指标来看，人类学并没有表现出多少过人之处；④中国社会科学的跨文化案例一直不被看重，因此也就没有足够压力推动人类学突破现状，去提供跨文化、跨国的民族志案例。

中国人类学在过去20多年循着海外民族志所积累的学术创新足以支撑人类学学科本来应有的独特身份。人类学以最专业的田野调查方法、最有开拓性的民族志文本、最具多样性的故事为中国社会科学诸学科的比较研究提供了具有分析价值的案例，为兄弟学科的学人走向世界，开展实地调查研究提供了可资借鉴的范例和方法。一门被重塑的人类学正更好地在社会科学中发挥基础学科的作用。

中国人类学在向外开拓，也在向内整合。文化人类学、语言人类学、体质人类学、考古人类学在国内通常都是分立的，但是复旦大学、中山大学在人类学专业里为四者的贯通、整合做出了积极探索与重要突破。从考古遗骸中提取DNA进行分子人类学研究，追踪遗传物质的分布，对比历史文献和语言的记忆，确定民族源流，这是所有分支学者一起合作才能够完成的大课题。其巨大的地域尺度、时间尺度使它成为一种货真价实的"人类"研究，也是"在世界看人类"的研究。这一趋势有力地充实了中国人类学的新文科品质。以"在世界看世界"的取向和方法研究世界社会的历史源流和当代状态的人类学并不是在人类学原有的师资队伍和概论教学的条件下可以最终成就的。这种知识生产同时需要人类学的外部交叉、合作，以及内部融通、整合。其中，语言学习需要借助外语院系，分子人类学研究需要生命科学、计算机科学、考古学、民族学、历史学的人才和知识、技术的支撑，当代人口与社会的调查需要文化人类学专家的专业支持与深度参与。因此，只有人才和资源的重组才可以支持新文科建设。

一门具备新文科权能的人类学并不是可以单独建成的。我们说人类学是基础学科，既是说人类学是为高校学生、国民大众提供基本素质教育必不可少的，也是说人类学能够为社会科学诸学科提供赖以发展的基本方法和基础理论，还涉及人类学能够参与培育新的应用学科。中国社会科学增量发展的最大亮点之一是区域国别学的兴起，中国人类学的海外拓展恰好与之不期而遇。

如果我们的人类学还只是家乡人类学，它与新兴的区域国别学不会发生交集。但是，以世界社会为研究对象的人类学必然要与区域国别学"共舞"。区域国别学被界定为交叉学科，在国内经历了从从属于国际政治研究到成为社会科学诸学科交叉领域的演变。[1] 既然区域国别学不是安置在某个学科之下的交叉学科，而是在各个学科之外单列的一种交叉学科，它的交叉性就是向所有学科开放的。不过，在现阶段，还只是有限的几个学科有热心人介入，他们按照自己对美国"地区研究"（area studies）的学科结构的解析和对中国学术发展的理解，在帮忙厘清应该交叉融合哪些基础学科，人类学当然是其中必不可少的一分子。[2]

但是，人类学能够在什么意义上为交叉做出贡献呢？这首先需要明确区域国别作为研究对象的属性。近些年居于引导地位的，一直是国际关系的学者，他们从自己的学科视野展望区域国别学的前景，将国家学作为基准，再往外推，纳入组织性强的（如欧盟）和组织性弱的（如东盟）超国家体，由此解释区域国别学是国家及超国家的研究。在这个脉络里，人类

---

[1] 国别与区域的研究从20世纪50年代起，作为国际问题由政府成立机构承担研究任务，后来成为中国社会科学院的国际片研究所和少数高校的国际政治专业的研究对象。2011年底，教育部启动高校国别与区域研究专项。2013年，教育部将"国别与区域研究"作为外国语言文学一级学科下的研究方向之一。2022年9月，教育部公布的《研究生教育学科专业目录（2022年）》确定将区域国别学纳入第14类交叉学科一级学科目录。

[2] 自从国别与区域的研究从国际政治领域转向多学科的交叉领域以来，学者们都会把人类学列为重要的参与者，如王缉思《浅谈区域与国别研究的学科基础》，《国际战略研究简报》2018年12月21日；杨成《国别区域全球知识的重构与中国崛起的世界知识保障》，《探索与争鸣》2022年第8期。

学的国外调查方法和资料能够发挥辅助的作用。但是，这里有一个涉及效率和必要性的缺陷：这样的区域国别学仅仅是国际关系研究的一个专题领域，现有的国际关系研究向前走一步就可以涵盖，其他学科并没有多大必要性介入，也很难介入，而且即使介入进来也没有机会发挥这些学科的作用。我们的思考是，以"区域"为社会范畴，把它理解为"区域社会"，而"国别"则是在所指的区域社会正好是一个国家的范围时所用的概念。这里所谓的社会范畴，不是与政治、经济等并列的社会领域，而是包含政治、经济等在内的社会总体。这个新兴学科需要处理世界社会兴起之后的人类处境问题，因为在世界社会的意义上，在国家内部不能处理的问题，在国家与国家的政府之间也不足以处理，而是需要更多的主体（公民、营利和非营利的社会组织、政府等）参与进来，以多主体治理的方式和机制建构世界的秩序和维护人类的利益。国际政治仍然在其中，但是不仅如此，各种社会组织和社会机制也都参与其中，所以它是社会科学诸学科都需要参与的交叉学科。人类学当然必须参与其中，并且因为人类学具有对基层社区进行综合调查研究的专长而被指望发挥支撑大厦的基础作用。中国人类学学人过去二十年的海外民族志实践所积累的人才和成果，已经为区域国别学注入了活力。

人类学的参与为区域国别学提供了不一样的可能性，人类学由此彰显了自身在中国社会科学中的基础学科地位。在区域国别学作为新文科的建设预期和建设过程中，人类学能够与社会科学诸学科一起适应时代的社会需要，在推进中国社会科学重塑的同时成就自身。

第二编　移民与城乡融合发展

人口流动背景下的中国城乡数字鸿沟[*]

周　博[**]

摘　要：本文关注人口流动对城乡数字鸿沟的多元影响。通过对多个数据的回归分析，本文发现家庭劳动力的流动对农村家庭的互联网使用情况具有双向影响。流动有助于提升进城务工人员及其随迁子女的互联网使用率，但同时会降低留守子女及老人的互联网使用率。研究发现，农村网民更容易受泛娱乐化的影响：农村网民在网上学习、工作的频率明显低于城市网民，网上娱乐频率却与城市网民相近；流动儿童对网络游戏的成瘾程度高于城市儿童。本文发现，需要更加重视进城务工人员和农村儿童对促进互联网技术城乡传播的中介作用，并针对农村网民上网泛娱乐化的现状，提出加大手机端学习功能的开发力度等对策。

关键词：数字鸿沟　城乡人口流动　互联网使用

引　言

中国互联网络信息中心历年的统计报告显示，近十年来农村网民占中国网民总量的27%左右，中国城乡网民的数量基本保持同步增长，2009年农村网民数量为1.07亿人，到2019年已经达到2.25亿人，十年翻了一

---

[*] 本文系国家社科基金重大项目"发展分享经济的社会环境与社会问题研究"（16ZDAO82）阶段性成果，原载于《求索》2021年第6期。
[**] 周博，广州大学公共管理学院副教授。

番。① 十年间城乡互联网使用率差异持续缩小，源于多种力量的综合效用：第一种力量是国家一直推行的信息网络基础设施建设，这让农村地区互联网的可得性得到迅速提高；第二种力量是国家长期坚持的脱贫攻坚工作，数字鸿沟很大程度上反映的是贫富差异，因此农村扶贫是消除城乡数字鸿沟的有效手段；第三种力量则是地区经济差异驱使的大规模劳动力流动，进城务工的劳动力除了将劳动所得送回农村形成经济汇款外，还促进了文化、观念和技术的城乡流动，形成了影响力很大的"社会汇款"。

我国城乡间流动人口规模已经接近3亿人，这种人口流动带动大规模物质、观念、信息流动，对我国城乡的经济、文化、社会都有深远影响。值得注意的是，城乡流动对流动人口家庭不同成员的影响不尽相同，进城的家庭成员接触互联网技术的机会明显增加，但家庭主要劳动力外出会削弱农村留守成员的信息获取能力。我国涉及城乡数字鸿沟的研究对信息网络基础设施建设和农村扶贫的重要意义进行过翔实的分析，但关于劳动力城乡流动对农村互联网使用影响的研究很少，有限的几篇文章也只关注进城务工人员群体上网情况，而忽视了主要劳动力流动对整个家庭的影响。因此，本文将研究的关注点扩大到整个家庭，分析家庭劳动力进城务工对自身、对流动儿童、对留守儿童以及对留守老人的互联网使用情况的影响。

一 中国城乡数字鸿沟问题的界定

数字鸿沟（digital divide）最初被简单定义为不同群体间互联网硬件和软件获取能力的差距。阿特韦尔（Paul Attewell）划分出"第一道数字鸿沟"和"第二道数字鸿沟"，认为不同群体除了在接入和获取互联网信息方面存在差距外，在互联网使用方式上也存在系统性差异。② 魏国基等学

---

① 《第44次〈中国互联网络发展状况统计报告〉》，中央网络安全和信息化委员会办公室、中华人民共和国国家互联网信息办公室网站，2019年8月30日，https://www.cac.gov.cn/2019-08/30/c_1124938750.htm。

② Paul Attewell, "The First and Second Digital Divides," *Sociology of Education* 74 (2001): 252–259.

者归纳出三类数字鸿沟，包括数字接入鸿沟、数字能力鸿沟和数字产出鸿沟[①]，邱泽奇等学者也在前两类分析之外引入数字红利的概念。[②] 数字鸿沟除了根据差异出现环节进行分类，也可以根据鸿沟的成因分为城乡鸿沟、性别鸿沟、代际鸿沟、种族鸿沟等类别。

我国城乡间的信息获取差异来源非常多维，农村地区对互联网传播的阻碍并不局限于经济因素。费孝通先生在《乡土中国》一书中指出，中国农村文盲率高的一个重要原因是农村人接触文字的机会少，生活在熟人社会的农村人面对面接触多、需要间接传递的信息少，文字对他们而言不是一种完善而必要的交流工具。[③] 与之相类似，如今互联网的优势是信息量大、长距离交流便利，但特别闭塞的农村地区利用不到或体会不到互联网的重要作用。进城务工人员接触互联网远早于农村的亲友，早在2014年，长三角进城务工人员群体中就有58%的人使用智能手机进行在线社交。[④]

研究假设1：相对于农村非流动家庭的劳动力，进城务工人员互联网使用率较高。

父母角色的缺位容易导致多维贫困状态，留守儿童家庭各类电器（包括手机和电脑）的持有率都低于非留守儿童家庭[⑤]，这对留守儿童的信息获取非常不利。基于吉林省农村地区初中生的调查显示，留守儿童的上网频率远超非留守儿童，同时留守儿童的上网条件却不如非留守儿童，在家上网率和通过电脑上网率都较非留守儿童低。[⑥] 这个研究结果反映了留守儿童互联网使用中面临的两个典型问题：互联网接入方面硬件差，互联网使用方面缺少指导、监管。已有研究也显示，留守经历在父母返迁几年甚至十几年后仍对个体存在持续性的负面影响，以至于部分曾留守儿童抗拒

[①] K. K. Wei et al., "Conceptualizing and Testing a Social Cognitive Model of the Digital Divide," *Information Systems Research* 22 (2011): 170-187.

[②] 邱泽奇等：《从数字鸿沟到红利差异——互联网资本的视角》，《中国社会科学》2016年第10期，第93~115页。

[③] 费孝通：《乡土中国》，中信出版社，2019。

[④] 宋红岩：《"数字鸿沟"抑或"信息赋权"？——基于长三角农民工手机使用的调研研究》，《现代传播（中国传媒大学学报）》2016年第6期，第132~137页。

[⑤] 吕文慧、苏华山、黄珊珊：《被忽视的潜在贫困者：农村留守儿童多维贫困分析》，《统计与信息论坛》2018年第11期，第90~99页。

[⑥] 李广庆等：《吉林省农村留守儿童移动互联网使用情况分析》，《中国农村卫生事业管理》2016年第10期，第1335~1337页。

线下社交活动,并以上网为主要的日常消遣活动。①

研究假设2:相对于农村非流动家庭的儿童,当前留守儿童和曾留守儿童的互联网使用率较低。

研究假设3:在拥有上网习惯的农村儿童中,相对于非流动家庭的儿童,当前留守儿童和曾留守儿童的互联网使用时间较长。

罗杰斯的创新扩散理论指出,新事物要传播必须与使用者的价值观和过往经验相契合,而且必须在目标群体中有一批人率先试用并宣传其效果,而年轻人往往扮演着互联网技能推广过程中的创新者和早期使用者角色。② 已有研究显示中国五成的老人通过子女及其他亲朋中的年轻人学会上网。③ 因此缺少了外出务工的年轻人作为技术中介,农村留守老人接触互联网的机会可能少于非流动家庭的老人。

研究假设4:相对于农村非流动家庭的老人,留守老人互联网使用率较低。

互联网普及中还要重视互联网泛娱乐化问题。媒介环境学派的学者尼尔·波兹曼指出,虽然电脑是罕见的有技能要求的传播技术,但相关利益群体更倾向于让大部分电脑使用者仅作为受众、沉迷于视觉游戏,从而夺走使用者本身对电脑的控制和利用能力。④ 我国互联网中的短视频网站延续了电视环境中泛娱乐化的运营思路,各类网络游戏发挥了电脑人机互动的优势让娱乐化愈演愈烈,在互联网这种新媒介环境下克服娱乐诱惑、获取有效信息的难度非常高。2019年,中国网民19%的上网时间用于即时通信和社交应用,4.1%的时间用于阅读新闻,剩下近八成时间都花费在视频、直播、音乐、小说、游戏等娱乐软件上。⑤ 农村地区与互联网相关的基础教育比较匮乏,进城务工人员及随迁子女初次接触到网络时更容易迷

---

① Z. Liu, Z. Bo, "The Lasting Impact of Parental Migration on Children's Behavioral Outcomes: Evidence from China," *Chinese Sociological Review* 52 (2020): 438-461.
② 董丽晶、谢志远:《基于创新扩散理论的老年人数字阅读推广研究》,《出版发行研究》2021年第4期,第70~75页。
③ 王秀红等:《子女的支持与帮助对中老年人互联网使用的影响》,《绿色科技》2019年第7期,第278~280页。
④ 〔美〕尼尔·波兹曼:《童年的消逝》,吴燕莛译,中信出版社,2015。
⑤ 《第44次〈中国互联网络发展状况统计报告〉》,中央网络安全和信息化委员会办公室、中华人民共和国国家互联网信息办公室网站,2019年8月30日,https://www.cac.gov.cn/2019-08/30/c_1124938750.htm。

失于其娱乐功能之中，而忽视其信息获取功能。流动削弱了传统社会网络的保护作用，让进城务工人员对网络游戏、在线视频、听音乐等各类娱乐方式的使用缺少控制，而流动儿童时常面临父母长辈监管不足的情况。因此，互联网泛娱乐化对进城务工人员及随迁子女的影响可能会特别明显。

研究假设5：相对于城市劳动力，进城务工人员上网娱乐占用的时间比例更高。

研究假设6：相对于城市本地儿童，流动儿童对互联网娱乐功能的成瘾情况更严重。

二　流动对互联网使用影响的分析方法

（一）数据来源

本文数据主要来自三个调查（见表1）。最主要的数据来源是北京大学研究团队开展的"中国家庭追踪调查"（CFPS）。CFPS数据中包括网络行为模块，涉及很多关于受访者互联网使用情况的问题。2018年CFPS数据包括28950个成年人样本，其中18~60岁的适龄劳动力样本共21011个，根据调查时的居住地区和户口情况分为三类：4838个城市劳动力（城市居住、非农户口），9712个农村劳动力（农村居住、农业户口），以及6461个农村进城务工人员（城市居住、农业户口）。2018年CFPS数据中超过60岁的老年人样本共有7854个，根据居住地区和晚辈外出务工情况分为三类：2353个城市老人，4919个农村非留守老人（有劳动年龄的儿孙辈陪伴），582个农村留守老人（所有劳动年龄的儿孙辈均外出务工）。

由于CFPS中儿童相关信息均由家长代填，缺少儿童的互联网使用相关问题，本文另外分析了两组包含儿童受访者的数据。本文第二个数据来源是2018年中山大学团队在腾讯研究院支持下进行的青少年互联网游戏研究，该研究从广州和贵阳的10所中小学中随机抽取了316名有玩网游习惯的学生进行问卷调查，问题涵盖了青少年对网游的看法和玩网游的情况，以及监护人对网游的态度和措施，适用于比较城市流动与非流动儿童的玩网游时间和网瘾情况。第三个数据来源是西安交通大学团队主导的"留守儿童与流动儿童发展状况动态监测调查",该调查活动在 2017~2018 年于陕西、四川进行,采集了 3000 名儿童的信息,可以用于分析留守经历对儿童的互联网使用情况的影响。

表 1 主要数据来源及概况

单位:%,小时

分析对象	数据来源	比较群体	因变量(括号内为连续变量的标准差)	
			日常上网率	每周上网时间
劳动力	2018 年 CFPS 全国数据	城市劳动力 4838 人	81	12.11(13.02)
		进城务工人员 6461 人	69	9.84(12.64)
		农村劳动力 9712 人	54	7.12(11.36)
城市儿童	2018 年广州和贵阳青少年网游数据		每月玩网游时间	网瘾指数
		流动儿童 130 人	32.52(37.03)	43.32(14.70)
		本地儿童 186 人	30.84(36.49)	40.37(14.41)
农村儿童	2017~2018 年陕西留守儿童数据		日常上网率	每月上网时间
		当前留守儿童 619 人	63	20.6(42.2)
		曾留守儿童 421 人	63	21.0(44.1)
		无留守经历儿童 244 人	67	18.5(32.5)
老人	2018 年 CFPS 全国数据		日常上网率	每周上网时间
		农村留守老人 582 人	6	0.38(2.17)
		农村非留守老人 4919 人	6	0.44(2.97)
		城市老人 2353 人	29	3.92(9.11)

注:表中关于农村儿童的情况只分析了陕西一省的数据。

(二)分析方法

1. 进城务工人员

本文利用 2018 年 CFPS 数据,对比进城务工人员与城市劳动力及农村非流动家庭劳动力的互联网接入率、上网时间及上网内容。首先用 Logistic 回归模型分别分析三个劳动力群体日常上网率。然后用 OLS 回归模型分析每周业余时间上网小时数。最后用四个 OLS 回归模型分析、比较不同劳动力群体每月使用互联网学习、工作、社交及娱乐功能的时间。由于 CFPS 是全国性样本,样本来源于 28 个省(区、市),考虑到各地区的巨大差异，以上模型均为二层随机截距线性模型，以个人为第一层，省级为第二层，假设各个自变量的斜率在不同省份中保持一致。回归模型自变量包括劳动力类型、年龄、性别、婚姻状况、受教育年数等个人变量，以及家庭年收入（取自然对数）和家庭人口数等家庭变量。

2. 流动儿童

本文利用青少年网游数据比较进城务工人员随迁子女与城市本地儿童的玩网游时间和成瘾情况。首先利用OLS回归模型比较两个群体每月玩网游时间。然后用一个由16个问题组成的李克特5等级评分网瘾量表①将青少年网游数据加总得到网游成瘾指数，其最小值为16，最大值为80，平均值为41.58。利用OLS回归模型分析比较两个群体的网游成瘾指数。回归模型自变量包括是否流动、家长婚姻状况、家长受教育程度、家长网瘾情况、家长与子女关于网游的沟通情况、家庭月收入（取自然对数）、当前学校。

3. 留守儿童

由于留守经历在外出务工的父母返迁后仍可能对儿童具有持续的负面影响，本文将陕西留守儿童分为三类：当前留守（当前至少父母一方外出务工）、曾留守（父母当前没有外出，但至少父母一方曾外出务工）和无留守经历。先利用Logistic回归模型比较三个农村儿童群体的互联网接入率，再利用OLS回归模型比较每月上网时间。回归模型自变量包括留守情况、性别、主要监护人与受访者关系（母亲、父亲或祖父母/外祖父母）、家庭年收入（取自然对数）。

4. 留守老人

本文利用2018年CFPS数据分析儿孙辈外出务工对60岁以上受访者上网情况的影响。用Logistic回归模型比较农村留守老人（现住地为农村，有家庭成员外出打工，60岁以上）、农村非留守老人以及城市老人的日常上网率，并用OLS回归模型分析老人每周上网时间。同样考虑到数据来源地的系统性差异，以上两个模型均为以省级为第二层的二层随机截距线性模型。回归模型自变量包括年龄、性别、受教育年数、婚姻状况、家庭年

---

① 该量表参考经典的《成瘾严重性指数量表》，包含与网络游戏成瘾相关的16项问题，Cronbach's α 系数达到0.961，内在信度非常高。

收入(取自然对数)。

三 流动对家庭成员互联网使用的差异性影响

(一)劳动力群体互联网使用情况

2018年中国家庭追踪调查数据显示,进城务工人员的日常上网率、上网时间和对互联网各类功能的使用频率都介于城市劳动力和农村劳动力之间。表2模型1结果显示,三个劳动力群体的日常上网率差距明显。城市劳动力的日常上网率约为进城务工人员的1.4倍,而农村劳动力的日常上网率约为进城务工人员的0.85倍。由此可以看到,城市的网络环境确实对上网率的提高有较大促进作用,但同时进城务工人员与城市劳动力上网率仍存在差距,这主要源于城乡人口在使用互联网能力和意识方面的差异。推而广之,我国的农村数字信息基础设施建设及农村脱贫攻坚能够很大程度上消除城乡上网设施差异,但互联网使用能力差异仍需通过其他策略消除。表2模型2显示,城市劳动力平均每周比进城务工人员多上网1个小时左右,比农村劳动力多上网1.2个小时左右。表2结果支持研究假设1,表明进城务工人员互联网使用率介于城市劳动力和农村劳动力之间,在互联网使用方面是农村居民中的先行者。

表2 二层随机截距回归模型预测劳动力群体日常上网率及每周上网小时数

	模型1 Logistic 上网率		模型2 OLS 上网时间	
	比值比	标准误	回归系数	标准误
劳动力类型(以进城务工人员为参照)				
城市劳动力	1.433***	0.061	1.045***	0.226
农村劳动力	0.854***	0.045	-0.189	0.182
年龄(岁)	0.896***	0.002	-0.359***	0.008
性别为男性	1.114**	0.038	-0.296*	0.151
受教育年数(年)	1.203***	0.006	0.390***	0.023
婚姻状况为已婚	1.067	0.066	-1.109***	0.22
家庭年收入(取自然对数)(元)	1.520***	0.025	1.284***	0.097

续表

	模型 1 Logistic 上网率		模型 2 OLS 上网时间	
	比值比	标准误	回归系数	标准误
家庭人口数（人）	0.908***	0.011	-0.200***	0.041
截距	0.643	0.286	7.792***	1.102
省层面：截距标准差	1.369	0.049	0.894	0.157
省层面：残差标准差	—	—	10.728	0.053
卡方	248.09		71.65	
样本量（人）	20771		20771	

注：* 表示 $p<0.05$，** 表示 $p<0.01$，*** 表示 $p<0.001$，下同。

从互联网各类功能的使用频率看，城市劳动力每月通过互联网学习、工作的天数分别为 10.1 天及 12.6 天，显著高于进城务工人员（学习 7.9 天，工作 9.1 天）及农村劳动力（学习 6.1 天，工作 5.8 天）；城市劳动力和进城务工人员每月上网开展社交活动的时间分别为 22.7 天和 22.5 天，均高于农村劳动力（20.7 天）。进城务工人员平均每月有 19.1 天会上网娱乐，频率高于城市劳动力（18.8 天）和农村劳动力（17.7 天）。表 3 显示进城务工人员每月通过互联网学习、社交的天数都显著少于城市劳动力，而与农村劳动力没有显著差异。进城务工人员每月上网工作天数比城市劳动力少 1.131 天，比农村劳动力多 0.487 天。最重要的是，三个网民群体每月上网娱乐的天数没有显著差异。这意味着，进城务工人员和农村劳动力的互联网活动中娱乐占比都超过了城市劳动力。因此，不仅研究假设 5 得到了验证，表 3 结果还更进一步反映了其背后机制：即使没有进城务工、脱离传统社会网络监管、缺少互联网技能教育的农村群体本身就更容易受泛娱乐化影响。

表 3　二层随机截距线性 OLS 回归模型预测网民的每月使用互联网各类功能的天数

	模型 1 学习天数		模型 2 工作天数		模型 3 社交天数		模型 4 娱乐天数	
	回归系数	标准误	回归系数	标准误	回归系数	标准误	回归系数	标准误
劳动力类型（以进城务工人员为参照）								
城市劳动力	0.509*	0.259	1.131***	0.282	0.684**	0.263	-0.102	0.286
农村劳动力	-0.303	0.227	-0.487*	0.247	-0.210	0.23	0.13	0.25

续表

	模型1 学习天数		模型2 工作天数		模型3 社交天数		模型4 娱乐天数	
	回归系数	标准误	回归系数	标准误	回归系数	标准误	回归系数	标准误
年龄（岁）	-0.062***	0.011	-0.069***	0.011	-0.237***	0.011	-0.228***	0.012
性别为男性	0.802***	0.184	1.345***	0.201	-0.668***	0.187	0.329	0.203
受教育年数（年）	0.994***	0.03	1.326***	0.033	0.302***	0.03	0.175***	0.033
婚姻状况为已婚	-1.798***	0.258	2.066***	0.282	-0.042	0.261	-0.475+	0.284
家庭年收入（取自然对数）（元）	0.459***	0.124	1.960***	0.134	1.396***	0.126	1.561***	0.137
家庭人口数（人）	-0.166***	0.051	-0.501***	0.056	-0.189***	0.052	-0.257***	0.057
截距	-3.536*	1.389	-24.192***	1.501	13.105***	1.417	9.016***	1.54
省层面：截距标准差	0.856	0.167	0.596	0.156	1.099	0.197	1.145	0.234
省层面：残差标准差	10.549	0.064	11.542	0.07	10.687	0.065	11.625	0.071
卡方	57.98		17.51		88.14		50.02	
样本量（人）	13460		13460		13460		13460	

（二）流动儿童网游成瘾情况

2018年青少年网游数据中流动儿童平均每月花费32.52小时在网络游戏上，比城市本地儿童多1.68小时，流动儿童平均网游成瘾指数为43.32，比城市本地儿童高2.95（见表1）。通过 t 检验发现，流动儿童与本地儿童的网游时间差异不显著，但成瘾指数差异具有统计学显著性意义，从均值看流动儿童确实更容易对网游上瘾。但在回归模型中控制个人、家庭等影响因素后，流动儿童与本地儿童的玩网游时间和网游成瘾指数的差异均不具有统计学显著性意义。这说明流动儿童更易网游成瘾的问题，可以归因于流动家庭的不稳定导致父母照护不足，以及父母自身有网瘾。正如表4模型2所显示，青少年的网瘾指数与家长的互联网依赖性显著正相关，父母如果忍受不了一周不上网，子女网瘾指数会提高约5点；对于青少年玩网游时间过多的问题，如果家长采取粗暴制止的处理方式，与孩子不沟通或沟通不畅,则孩子网瘾指数会提高近 6 点。因此,回归分析结果并不支持研究假设 6,流动本身不会让孩子更容易网游成瘾,部分流动家庭中缺少亲子沟通、父母没有做好榜样才是流动儿童群体中网游成瘾问题严重的根本原因。

表 4　OLS 回归模型预测青少年每月网游时间及网游成瘾指数

	模型 1 每月网游时间		模型 2 网游成瘾指数	
	回归系数	标准误	回归系数	标准误
年龄(岁)	1.66	2.09	0.67	0.85
性别为男性	-1.66	4.59	3.51[+]	1.87
家庭月收入(取自然对数)(元)	-2.59	2.83	-0.1	1.15
家长受教育程度(以初中及以下为参照)				
高中或中专	-14.99**	4.77	-1.41	1.94
大专及以上	-7.4	6.42	0.99	2.61
家长网瘾情况(以一周不上网也无所谓的家长为参照)				
有点不舒服	-6.93	5.37	2.93	2.19
很难受或接受不了	-5.18	6.1	5.05*	2.48
网游问题沟通不畅	0.63	4.72	5.77**	1.92
流动儿童(以本地儿童为参照)	-3.75	5.29	-2.96	2.15
截距	51.06	49.98	36.47[+]	20.34
样本量(人)	248		248	
R^2	0.1383		0.1473	

(三) 留守儿童互联网使用情况

陕西农村留守儿童数据中的儿童受访者均为人口流出大县的小学四年级学生,在 1284 名受访儿童中,48%的受访儿童在问卷调查时父母中至少有一方外出务工,33%的受访儿童虽然在调查时不是留守儿童但有过留守经历,只有不到两成的受访儿童没有留守经历。无留守经历的儿童中 67%有日常上网习惯,略高于当前留守儿童和曾留守儿童(均为 63%)。无留守经历的儿童月均上网时间为 18.5 小时,低于当前留守儿童(20.6 小时)和曾留守儿童(21.0 小时)(见表 1)。

表 5 模型 1 只控制了个人变量,曾留守儿童和当前留守儿童日常上网

率都只有无留守经历儿童的约七成。模型 2 中加入主要监护人与儿童关系和家庭年收入这两个变量后,当前留守情况对日常上网率的负面影响不再具有统计显著性,但曾留守经历仍对上网率有负面影响(该影响在 0.1 水平上边缘显著),曾留守儿童日常上网率只有无留守经历儿童的 66%。儿童由祖父母或外祖父母照顾时接触互联网的机会降低近三成。表 5 结果支持研究假设 2,当前留守儿童和曾留守儿童的互联网接入率都比较低。表 5 模型 3 和 4 中,留守经历对有日常上网习惯的农村儿童每月上网时间无显著影响,研究假设 3 没有得到数据支持。

表 5 预测农村儿童日常上网率及每月上网时间

	模型 1 Logistic 上网率		模型 2 Logistic 上网率		模型 3 OLS 上网时间		模型 4 OLS 上网时间	
	比值比	标准误	比值比	标准误	回归系数	标准误	回归系数	标准误
性别为男性	1.28⁺	0.17	1.17	0.18	3.54*	1.71	3.15⁺	1.77
留守情况(以无留守经历的儿童为参照)								
曾留守儿童	0.68*	0.14	0.66⁺	0.15	-3.33	2.49	-3.06	2.55
当前留守儿童	0.70*	0.13	0.80	0.18	-1.92	2.4	-0.78	2.49
主要监护人(以母亲为参照)								
父亲	—	—	0.93	0.28	—	—	-1.77	3.45
(外)祖父母	—	—	0.74⁺	0.13	—	—	-1.68	2.01
家庭年收入(取自然对数)(元)			1.08	0.07			0	0.75
截距	2.12***	0.38	1.15	0.78	20.19***	2.94	15.90*	7.92
样本量(人)	989		754		829		754	
R^2	0.007		0.010		0.009		0.0002	

(四)留守老人互联网使用情况

从 2018 年 CFPS 数据看,60 岁受访者的日常上网率约为 18.7%,70 岁受访者为 9.6%,80 岁受访者仅为 5.5%。农村老人与城市老人的上网率差距也非常大,持城市户口的 60 岁以上受访者的日常上网率为 29%,而持农村户口 60 岁以上受访者的日常上网率只有 6%。城市老人平均每周上网时间只有 3.92 小时,但这已经是农村非留守老人(0.44 小时)的 8.9

倍，是农村留守老人（0.38小时）的10.3倍。老年人上网的主要目的是社交和娱乐，有日常上网习惯的城市老人、农村非留守老人及农村留守老人每月上网社交天数分别为17天、13天、12天，每月上网娱乐天数分别为15天、13天、12天。此外，城市老人每月上网学习的天数为7天，两类农村老人则只有3天左右。

表6模型1显示，农村非留守老人上网率比农村留守老人高近四成，城市老人上网率约是农村留守老人的3.5倍。此外，老人年龄每增长1岁，日常上网率降低约8%；受教育年数每增加一年，老人上网率增加24%。表6模型2显示，在有日常上网习惯的老人中，农村非留守老人每周上网时间比农村留守老人多约0.4个小时，城市老人每周上网时间比农村留守老人多约2.3个小时。表6结果支持研究假设4，儿孙辈外出务工不利于农村留守老人的互联网接入。

表6　二层随机截距线性模型预测各类老年受访者日常上网率及上网时间

	模型1 Logistic 上网率		模型2 OLS 上网时间	
	比值比	标准误	回归系数	标准误
年龄（岁）	0.922***	0.008	-0.069***	0.01
性别为男性	1.120	0.085	0.045	0.129
受教育年数（年）	1.240***	0.012	0.291***	0.018
婚姻状况为已婚	1.030	0.126	-0.445**	0.167
家庭年收入（取自然对数）（元）	1.336***	0.045	0.268***	0.06
老人类型（以农村留守老人为参照）				
农村非留守老人	1.388*	0.132	0.417**	0.16
城市老人	3.540***	0.122	2.252***	0.182
截距	0.133**	0.740	1.401	1.044
省层面：截距标准差	1.699	0.102	0.764	0.179
省层面：残差标准差	—		5.309	0.043
卡方	54.46		35.72	
样本量（人）	7768		7768	

四　流动导致的互联网使用问题及对策

本文通过比较进城务工人员家庭与农村非流动家庭、城市家庭的互联网使用情况，检验了农村劳动力进城对家庭不同成员的多层次影响。

第一，进城务工对农村居民数字信息获取能力有正面的影响。无论从日常上网率、上网时间还是从对互联网各类功能的使用频率来看，进城务工人员明显高于农村劳动力，但仍低于城市劳动力。

第二，互联网泛娱乐化对农村居民影响显著。持农村户口的进城务工人员和农村劳动力对互联网娱乐功能的使用频率都与城市劳动力接近，对提升社会经济水平更有帮助的互联网学习、工作功能的使用频率则显著低于城市劳动力，这种互联网功能的使用差异可能导致城乡间数字产出鸿沟的扩大。缺少与互联网相关的基础教育，农村居民的上网技能不如城市居民；而在互联网传播过程中，娱乐功能触及人性的弱点，比其他功能传播得更快。

第三，流动和农村户口本身虽然不会直接导致流动儿童更容易沉迷网络游戏，但流动家庭中更容易出现亲子沟通不足、家长沉迷网络等问题，会间接导致流动儿童对网游依赖性超过城市本地儿童。

第四，留守经历会降低农村儿童日常使用互联网的概率。当前留守儿童和曾留守儿童日常上网率都低于没有留守经历的农村儿童。父母外出务工的中长期负面影响可能来自两个方面：一方面，曾留守儿童的父母虽然回来了，但其外出务工期间家庭上网资源和上网引导不足导致曾留守儿童错过了习惯互联网的关键时期；另一方面，与当前留守儿童相比，曾留守儿童失去了父母外出务工的一些正面影响。

第五，年轻人外出务工对于农村老人的互联网接入不利。农村留守老人的上网时间低于农村非留守老人。家中年轻人的外出让老人缺少了解互联网的途径，同时也导致家庭中的上网资源和技术不足。但更大的问题在于，农村留守老人上网率约为城市老人的1/5，上网时间也不如城市老人。农村留守老人同时面对年龄、留守和城乡数字鸿沟三重不利影响，成为最难接触到互联网的群体。

本文研究显示，家庭主要劳动力的流动，对流动人口的家庭成员带来多元的影响，同时在人口流动和国家政策等多重力量的推动下，我国数字鸿沟的表现日益多元化，从能否上网的接入鸿沟拓展到涉及上网各个方面的多维鸿沟。据此，本文提出以下建议。

首先，需要更加重视进城务工人员所扮演的技术中介角色，通过对进城务工人员上网关注的内容加以引导，向他们提供培训互联网技术的机会，发挥他们在城乡间传播互联网技术的作用。在差序格局下的农村社会，进城务工人员作为农村一批"见过世面"的人，可能将妥善利用互联网的观念和技术，由近及远地通过亲属网络广泛传播，成为互联网普及宣传工作的强大助力。

其次，要继续加强农村儿童的互联网相关技能教育，尤其要关注留守儿童和流动儿童的互联网教育资源是否充足，通过教育提高下一代的数字获取能力，引导农村儿童有效利用互联网获取信息的优势。

最后，智能手机已经成为中国人主要的上网工具，农村人口基本通过手机上网，手机端的信息供应商出于利益考虑常重点开发其娱乐功能，为互联网泛娱乐化问题推波助澜，因此需要鼓励手机端开发针对农村网民的学习功能，让基本只能通过手机上网的农村网民利用互联网实现自我提升。

乡村都市化进程中的女性公共生活参与
——基于大陆和台湾地区的社区个案研究

李翠玲[*]

摘　要：在乡村都市化进程中，海峡两岸女性参与社区公共生活的意愿、能力日益增强。中国大陆都市化乡村里的女性和中国台湾都市女性广泛参与信仰仪式、文体娱乐和社区政治，在参与动机和参与困境方面表现出一定的共性，家庭责任感及其延伸是激发两岸女性参与公共生活的关键因素，但家庭角色既为女性参与社区公共生活提供了社会基础，也限制了女性社区参与水平和质量。基于性别经验和分工的女性公共生活参与，尤其是以"母职"和"照顾"为立足点的社区服务，没有动摇和挑战既有性别角色和结构，而且使女性公共参与的价值被贬低。即便是女性参政率较高的中国台湾，女性政治精英仍然无法摆脱父权和夫权影响，政治参与的主体性有待进一步提升。

关键词：乡村都市化　女性　公共参与　性别角色　性别结构

导　论

长期以来，女性的家庭角色使其活动被局限于私人领域，在公共生活中处于"缺位"状态。尤其是在封闭保守的传统乡村社会，女性是否在公共场合抛头露面成为评判其品行的重要标准之一，女性的户外社会交往和

---

[*] 李翠玲，武汉大学社会学院副教授。

公开的娱乐活动受到严格限制，仅限于一些宗教性活动。[①] 即便是在当代，农村女性参与公共生活的能力和意愿依然受到广泛质疑，农民和女性身份使得农村女性在公共生活参与中处于双重边缘地位，即农村女性的参与意愿和参与能力不但低于城市居民，其受教育程度、政治经验和公民能力也普遍不及男性农民。然而，近年来，随着乡村都市化进程不断推进，农村女性参与社区公共生活的广度和强度正在以前所未有的状态发展，女性不仅是乡村治理的重要力量，而且还是乡村环境整治的先行者、乡村文化娱乐活动的主力军、乡风文明的推动者，在推动乡村社会转型和发展过程中扮演着重要角色。这也意味着，以往有关乡村女性远离公共生活的刻板印象必须被打破，加以重新认识和审视。

本文的研究建立在一个珠三角都市化村庄[②]和一个台北都市社区的田野调查基础上。这两个社区分别处于都市化的不同阶段——前者尚处于城乡融合阶段，社会结构相当程度在原有基础上得以保持和延续，仍以乡土文化为底色；后者已经完成都市化转型，在人口、经济、组织结构等方面完全与都市社会融为一体。相应地，两个社区的女性公共生活参与也表现出不同特色：前者的女性居民参与主要集中于非制度性领域，参与动机主要在于提升个人生活品质，习得都市化和现代化生活方式和价值观念；后者的女性居民参与开始涉足制度性领域，女性成为社区政治主角。虽然两个社区的历史、地理、都市化模式和外部制度环境迥异，但相似的发展历程和社会文化基础还是令两地的女性公共生活参与具有一定可比性。

一　文献综述

当前，有关乡村女性公共生活参与的讨论大部分集中于农村女性参政议题。这些讨论主要从以下角度进行。

（一）影响乡村女性参政的制度因素

目前学界的一项共识，就是 1949 年后我国女性权利和政治地位大幅提

---

① 赵世瑜：《明清以来妇女的宗教活动、闲暇生活与女性亚文化》，载于郑振满、陈春声主编《民间信仰与社会空间》，福建人民出版社，2003。
② 因其特殊性，本文以"社区"称之。

升是国家主导的结果,国家通过意识形态、政治运动和行政干预,大力推行"男女平等"思想,使之深入人心,而且体现在社会生活的各个角落。①国家干预一方面使中国的妇女解放具有明显的"立法超前"性质,诸多女性权利在广大妇女女性自主意识觉醒之前即已获得,为女性参政提供了制度保障,另一方面也为妇女解放打上了鲜明的阶级烙印,即妇女解放运动的关注对象和主体是广大的劳动妇女,而且这种解放必须走与社会主义革命和建设相结合的道路。② 如果说新中国成立初期,农村女性在政治参与方面取得的成就离不开国家政权的介入,那么20世纪80年代以来,农村女性在政治参与方面的变迁也与制度变革息息相关。罗丽莎认为,改革开放以后,国家积极地参与到了性别差异化进程中,以使"自然的"人性和社会关系得以充分展现和释放,在国家的规训下,身体取代劳动或政治成为女性建造现代主体的场所。③ 新时期主流话语对女性气质、婚姻和母职的关注,直接将女性带离政治领域,导致女性解放进程停滞甚至"倒退"。阎云翔同样将国家和政治经济制度变革视为乡村公共生活衰落和个体化兴起的关键因素,与私人权益的地位上升相对应的是道德滑坡,"无公德的个人"中就包括在家庭生活中自私自利的年轻女性④,她们的道德品质显然与公共生活参与所要求的公共意识背道而驰。

(二) 影响乡村女性参政的结构因素

许多学者注意到,在深深刻有男性本位主义印记的村庄政治中,对妇女参与公共事务的排斥往往是结构性的。杜洁指出,农村妇女对权力的低度参与是"性别歧视和社会性别分工的结果",农村社区普遍存在"公私领域的性别区隔",即村庄公共事务被视为男性的责任,持家带孩子被划分为妇女负责的领域。这种"男主外,女主内"的家庭性别分工模式又导

---

① 李小江:《50年,我们走到了哪里?——中国妇女解放与发展历程回顾》,《浙江学刊》2001年第1期,第7页。
② 郭圣莉、杨黎婧:《底层妇女的命运:当代中国妇女解放运动及其限度》,《云南社会科学》2008年第5期,第83~87页。
③ 〔美〕罗丽莎:《另类的现代性:改革开放时代中国性别化的渴望》,黄新译,江苏人民出版社,2006,第217页。
④ 〔美〕阎云翔:《私人生活的变革:一个中国村庄里的爱情、家庭与亲密关系:1949~1999》,龚小夏译,上海书店出版社,2009,第243~245页。

致了女性在参政中面临"三重匮乏"困境：政治文化知识匮乏，因难与其他村民结成联盟而政治资源匮乏，因经济和家务双重劳动负担而时间匮乏。三重匮乏造成了她们在男女"公平参选竞选"的自治制度下难以和男性在一条起跑线上真正公平竞争。[①] 杨善华也认为，在小生产方式没有得到根本改变、传统文化保持着强大影响的前提下，农村社区的家庭制度、观念和行为规范仍会支持原有的性别分工，从而阻碍了农村妇女的社会参与……女性在角色认同和角色执行当中呈现出的与男性的差别最终影响到妇女参与公共事务的能力，从而在社会组织和权威以同样标准衡量和处理男女两性的社会参与问题时，有更多的妇女被排斥在社会参与之外。[②] 刘筱红则认为，农村以能力、权力和暴力为特征的"力治"形式以及由此产生的性别偏好和性别排斥，极大地制约了农村妇女参与乡村治理的进程。[③]

（三）影响女性参政的个人因素

这类研究试图探讨宏观制度因素之外的微观个人因素，考察结构性因素是如何与个人家庭背景、受教育程度、性格能力、生活经历等互动，来影响女性参政行为的，关注的对象主要是通过发挥个人能动性，在不利的制度环境下积极参与村庄公共事务的女性"能人"。[④] 这些"能人"不但是村庄经济、政治、文化领域的精英，在村庄公共事务中积极发挥个人影响力，而且还通过自组织、调解、修改村规民约等方式在各个层面影响村庄政治。[⑤]

以上梳理显示，乡村女性政治参与领域的研究已经具有较为深厚的积累，取得了丰富成果。但是，如果仅仅只是将女性参与局限于政治议题，则难以避免将女性公共参与狭隘化，不利于将基层农村妇女丰富多样的社会实践纳入研究视野。事实上，农村妇女在非正式和非制度性领域的公共

[①] 杜洁：《中国妇女参与村民自治状况的回顾研究》，载于谭琳主编《1995-2005年：中国性别平等与妇女发展报告》，社会科学文献出版社，2006。

[②] 杨善华：《搭建农村妇女社会参与的舞台》，《社会科学报》2003年9月4日。

[③] 刘筱红：《以力治理、性别偏好与女性参与——基于妇女参与乡村治理的地位分析》，《华中师范大学学报》（人文社会科学版）2006年第4期，第2~6页。

[④] 王伊欢、张亚鹂：《农村女性能人对于社区发展的多元意义——30例农村女性能人个案分析》，《妇女研究论丛》2009年第4期，第28~32页。

[⑤] 金一虹：《嵌入村庄政治的性别——农村社会转型中妇女公共参与个案研究》，《妇女研究论丛》2019年第4期，第10~27页。

参与中取得的成就和产生的影响已经远远超出政治领域的参与。因此，适当将女性参与内容从政治参与向日常生活参与拓展，将有助于推动研究深入。已经有部分学者开始从权力运作的非正式化角度，讨论农村妇女如何通过日常实践非正式地参与村庄公共事务和村庄治理。[1] 另外一些学者则尝试跳出权力参与框架，从农村文化、民俗、道德建设等方面考察女性在多元村庄治理活动和日常工作生活中的实质性参与。[2]

当前，学界对女性解放的关注已经从政治、经济权利向日常生活转移。郭彩霞指出，由于受到生理特征和社会观念、社会地位的限制和影响，女性成为日常生活异化和压迫最强烈的受害者，但习惯的力量却使大多数女性对这种压迫和异化缺乏自觉。只有女性意识到日常生活的束缚，从而通过知识和行动参与到公共生活中，才能真正摆脱在社会生活中的边缘化状态，真正实现解放。[3] 本文对个案社区的田野调查表明，作为乡村都市化和农民市民化的重要主体，越来越多的女性开始萌生参与公共生活的意愿，并正在或已经参与到公共生活中来。这不仅对于个体女性提升生活品质，创造个人价值大有裨益，而且对于促进社区发展和社会进步也具有重要意义。

二 女性参与公共生活的类型

田野调查表明，个案社区的女性公共生活参与主要可以分为以下类型。

（一）宗教参与型

与男性相比，女性似乎对民间信仰表现出更大兴趣，在各类庙宇仪式庆典中，参与者都以女性居多。学界对于女性更具宗教信仰的解释，一般有以下几种：①女性的心理、思维和一般生活状态决定女性更具宗教倾向；②男权社会中的妇女地位低下，饱受压迫，只能通过参与宗教活动获

---

[1] 杨善华、柳莉：《日常生活政治化与农村妇女的公共参与——以宁夏Y市郊区巴村为例》，《中国社会科学》2005年第3期，第117~125页。

[2] 郭夏娟、魏芃：《从制度性参与到实质性参与：新中国农村女性的治理参与及其地位变迁》，《浙江社会科学》2019年第9期，第15~25页。

[3] 郭彩霞：《从日常生活走向公共生活——列斐伏尔女性观对当代妇女解放的启示》，《马克思主义与现实》2016年第5期，第111~118页。

得部分情绪释放；③陷于孤独、贫困状态的妇女希望从宗教中获得支持慰藉；④沉迷宗教，逃避现实。[①] 不过，从本文案例中永宁社区的情况来看，这些解释与现实状况并不是很吻合。笔者认为，女性的性别分工和民间信仰的社会整合功能，才是当前女性从事民间信仰活动的主要原因。在"男主外，女主内"的性别分工机制下，家庭日常祭祀和到庙宇烧香拜佛都属于家庭主妇工作的一部分，这样做的目的是维持家庭与祖先和鬼神之间良好的关系，保持家运昌隆。另外，在村庄社会日益分化的情况下，民间信仰的社会整合功能就显得格外突出，它不仅能为分化的个人和家庭提供联系纽带，还能形成关系紧密的生活性信仰团体，使其成员感受到群体生活的乐趣。[②]

（二）娱乐参与型

文体娱乐活动是广大乡村妇女最热衷参加的集体活动，其中最具代表性的就是广场舞，许多农村女能人都能凭借自己的号召力组织起广场舞队，带领伙伴们在音乐和舞步中领略广场舞所具有的"集体欢腾"特质。不论是本文案例中永宁社区下辖各个小区的健身队，还是月湖村的各支文艺队，女性都占社团成员中的绝对多数，有些团队干脆就没有男性。台湾的一些女性村长、里长也常常组织妇女文体活动，将其作为社区营造的重要组成部分。一名参加过里长竞选的女性社区领导人认为，开办舞蹈班、韵律操班，参加啦啦操队，让许多社区妇女重新找回了学生时代的感觉和自信，也为其参选打下了群众基础。[③] 台北市忠顺里举办的插花、陶艺、瑜伽等兴趣班也主要面对的是社区居民中的女性。

（三）政治参与型

台北市忠顺里的女性在基层政治参与和社区治理中表现突出，具有一定代表性。忠顺里采取的是里与社区发展协会"二合一"的治理架构，里

[①] 李翠玲：《社区归来——一个珠三角村庄的公共生活与社区再造》，中国社会科学出版社，2015，第202页。
[②] 陈秋：《女神信仰民俗和转型社区生活共同体重塑——以温州S村为例》，《中央民族大学学报》（哲学社会科学版）2016年第1期，第52~58页。
[③] 涂孟妤：《她们为什么不参政?》，（台湾）世新大学行政管理学系学生学术研讨会论文，2012。

长曾宁旖女士身兼里长与社区发展协会会长两职,属于典型的中产精英女性参政类型。曾女士接受过大学教育,先生是大学教授,儿子上大学前她一直是全职家庭主妇,业余时间参加学校和社区志愿服务。儿子上大学后,有志于从事社区服务的曾女士在家人支持下参选里长,并成功当选。凭借其出色的个人能力和良好品行,曾里长在社区动员了许多伙伴参与社区发展协会,跟她一起从事社区志愿服务。这些社区志愿者主要由年龄45岁以上的中产家庭主妇组成,这一年龄段的妇女年富力强,子女已经长大成人,能够在一定程度上从家务劳动中解放出来,投身社区公共事务。这些女性大多接受过良好教育,没有太多经济压力,有能力从事志愿服务,并将其视为履行社会责任、实现自我价值的方式之一。台湾地区政府部门和一些妇运团体也鼓励妇女就近参与社区政治,以家庭为起点进入社区公共领域,以此促进女性权利提升和市民公共参与。在国家、社会和个人因素的共同作用下,部分中产主妇率先投身社区志愿服务,开启了社区公共生活的新气象。

三 女性参与公共生活的动力机制

既有研究在讨论女性公共生活参与不足的问题时,常常将其归因于女性的性别特质和职能,认为长期生活在家庭领域的女性缺乏责任感、理性和能力,只会关心日常生活中鸡毛蒜皮的小事,这就导致一方面男性排斥、反对女性进入公共领域,另一方面女性自己也缺少参与公共生活的兴趣和效能感。然而,实践表明,这种刻板印象正在日益被打破,转型时期的乡村女性不但踊跃参与社区公共生活,而且责任感正在成为推动当代乡村女性参与公共生活的重要动力机制。

研究显示,对家庭的责任感是大多数女性参与公共生活的关键因素,不论是拆迁维权、环境抗争还是信仰仪式,许多妇女参与社区公共事务的主要目的,就在于促进和保护家庭利益。[①] 在永宁社区,在各类民间信仰仪式中表现最积极的群体之一,就是中老年女性,她们参加这类活动的首

---

① 庄雅仲:《五饼二鱼:社区运动与都市生活》,《社会学研究》2005年第2期,第176~197页;陈晓运、段然:《游走在家园与社会之间:环境抗争中的都市女性——以G市市民反对垃圾焚烧发电厂建设为例》,《开放时代》2011年第9期,第131~147页。

要目的,就是为子孙祈福,希望家庭得到超自然力量的庇护。在台北市的忠顺里,为家庭提供良好的生活环境也成为"社区妈妈"参与社区志愿服务的有力支撑。一名志愿者坦承,关心孩子是她投身社区服务的直接动机:"做妈妈的总希望自己的孩子不管走到哪里,都是安全的。我虽然没有能力管到别的社区,但至少可以先从自己住的社区开始努力经营,有一天,别的社区也会跟我们一样,安全、干净、友善,那不是很好吗?"立足家园情感,动员女性参与社区志愿服务,通过社区居民的行动和努力为大家营造美好、健康、安全的居住空间,是忠顺里社区营造的成功经验之一。[①]

由于家园的范围并不局限于个体家庭,而是延伸至包括若干家庭的邻里单位,因而女性的家庭责任也常常向社区扩展。一般认为,家庭主妇在社区中花费的时间最多,最直接参与社区生活,她们对社区事务更熟悉、更敏感,因而也较男性更具关怀社区邻里的倾向。在忠顺里,以"社区妈妈"为主体的志愿者主动承担起安全巡守、社区美化、老人以及儿童照顾等工作,"用照顾家人的心照顾社区"。在永宁社区,直接与居民打交道、志愿服务社区的"街坊组长"中,也有许多热心的大妈。永宁社区农历七月十四"鬼节"前后,旨在保佑村社平安、以"社"为单位举行的"社头烧衣"仪式,需要的所有纸元宝均由各社中老年妇女志愿手工折成,仪式也由她们志愿操办。

当然,女性参与公共生活在一定程度上也是出于提高个人生活品质的需要。参与公共生活能够扩大交往范围,有效缓解日常生活中的孤独苦闷。一名邻村的企业家妻子是永宁社区下辖的东村小区健身队和曲艺团的忠实成员,她之所以不辞辛苦来永宁参加活动,就是能在这里找到"玩"到一起的人。她平时大多数时间在工厂,周围没什么熟人朋友,工人也囿于她"老板娘"的身份跟她有隔阂,但在永宁的"舞友""票友"圈,她感到很自在。另外,参与公共生活还有助于使女性身心保持健康年轻,以广场舞为例,一方面,跳舞锻炼了身体,有利于健康,而且还能满足乡村妇女对保持形体优美和时尚的追求。时下的乡村女性对身材的重视丝毫不

---

① 李翠玲:《家园认同:社区治理的台湾经验——以一个台北社区为例》,《台湾研究集刊》2018年第3期,第103~110页。

亚于城市女性，人们都希望在外貌上看起来更年轻，以保持魅力和自信。另一方面，和众人一起跳广场舞还能产生某种群体兴奋，尤其是与集体荣誉联系在一起时，行动者的成就感和自我效能感会更强烈。永宁社区东村健身队的一名队员说，跳舞得奖以后大家都很高兴，肯定会一起吃饭庆祝，很有成就感。这种精神上强烈的喜悦和满足，只有在公共生活中才能实现。

四　女性参与公共生活的特征

从个案社区的情况来看，尽管各地女性参与公共生活的形式、动机和社会背景具有显著差异，但在纷繁复杂的表象之下却又表现出一些共同特征。

首先，女性公共生活参与的非制度性。虽然转型时期乡村女性公共生活参与的总体水平有了很大提高，但绝大多数女性参与都集中在信仰仪式、文体娱乐、红白喜事和公共舆论等非制度性领域，对制度性的村庄政治低度参与和低度关注。永宁社区的妇女在公共文化娱乐活动中表现出较高的参与热情，但是在正式的制度性参与中却依然较为被动保守。这个"超级村庄"的组织领导架构与全国大多数农村无异，社区主要领导班子成员中只有一名妇女主任是女性，其余干部全部都是男性。社区中虽然也有一些女性"村民代表"，但她们从未真正代表民意提出富有建设性的意见，更多只是为了满足程序合法性而行事。作为"群众"的妇女对政治的态度更是敬而远之，她们从未试图参与制定或改变村庄规则，甚至认为女干部"混"在男人堆里会有损自己的名誉品行。对女性参政的成见也许来自当地男权制的宗族意识和社会结构，带有传统印记的村庄政治对女性参与村庄管理的排斥通常是结构性的。永宁社区虽然在经济上完成了传统农业社会向现代城镇社会的转型，但政治上的现代转型显然未能与之同步，男性本位、从夫居、建构差别化性别权益以及带有性别歧视的规范系统仍然得以运行维护。[①] 女性公共生活参与的非制度性特征在全国农村广泛存

---

① 金一虹：《嵌入村庄政治的性别——农村社会转型中妇女公共参与个案研究》，《妇女研究论丛》2019年第4期，第10~27页。

在，许多农村"女能人"宁愿组织领导妇女们跳广场舞，也不愿参与村委会选举。①

其次，女性公共生活参与受其性别身份影响。不论是活动形式、活动内容还是参与动机，女性公共生活参与都与其性别和"母职"紧密相关。在活动形式上，农村妇女之所以成为广场舞的主要实践人群，很大程度上与"舞蹈"这一活动形式暗含的女性气质相关。虽然历史上最早的舞者是男性，但现在中外的舞台却大多被女性垄断，19世纪以来，轻盈飘逸、精致唯美，以及与女性化等同起来的审美倾向和文化思想在舞蹈表演中成为主流，女性在舞蹈艺术中的优势地位由此确立。在广场舞现场，谈论身材胖、瘦是妇女们聊天最常见的主题之一，尤其是对于四五十岁的中年妇女而言，追求形体苗条优美比健康更能引起她们的关注。在活动内容上，女性的"家庭"角色常使其参与被限定在与"母职"相关的"照顾"和服务性工作上，无论是安全巡守、环境治理还是老人、儿童照顾，都没有超出女性的家庭职能。有学者认为，从事与母职和家庭照顾相关的工作，既为女性由家庭私人领域进入社区层面的公共领域提供了性别上的正当性，又能创造出以日常生活事务为基础的价值观念和公共议题；对于大多数接受了社会性别分工的女性自身而言，母亲的角色和技能不仅是她们自我认同的重要来源，而且也影响着她们参与社区事务的方式。② 在很大程度上，社区就是家庭的延伸，社区志愿服务就是母职的扩大。在参与动机上，无论是何种性质的女性参与，主要出发点都是维护个体家庭利益，且要在照顾好小家庭的前提下才能参与文体活动或参选干部，否则就会遭到丈夫或公婆反对。当前许多农村地区占主导地位的仍然是男性本位的政治传统，女性的参政能力遭到广泛质疑，男性精英对她们的排斥强烈，女性参政困难重重。

最后，女性公共参与的水平和质量较低。在大多数活动中，女性都无法掌握领导权。如前文所述，永宁社区的妇女是参与民间信仰活动的主力军，但是当地民间信仰活动的实际领导者，则是少数隐居幕后的老年男性

---

① 韩国明、齐欢欢：《农村"女性精英"广场舞领导与村委会竞选分析：动机、能力与机会——基于甘肃省16个村庄的实地调查访谈》，《贵州社会科学》2017年第2期，第85~91页。

② 曾钰琪：《逃不开的人情关系网络》，清华大学硕士学位论文（台湾），2005。

精英。庙宇重建,"社坛"拆迁维权,仪式庆典组织等需要动员、决策、沟通协商和冒风险的工作,基本是这些"民间领袖"在做,他们通常都有过担任干部或外出工作的经历,有文化,有威望,见过世面,懂得与政府权力部门打交道。相较之下,妇女承担的则多是具体的事务性工作,如打扫卫生、日常供奉、准备祭品、洗碗洗菜等"打下手"的工作。政治参与情况同样如此,郭夏娟指出,女性在公共组织机构中一直无法摆脱机会少、权力小、比例低的"三低"怪圈,以至于中国女性在全球参政地位排名中日趋下降。① 在基层,乡镇女干部大多处于权力"虚置"状态,各村通常只有一名女性委员,基本只管计划生育,开会时男村委会委员议事,女委员就负责烧开水、打扫卫生。② 与农村相比较,城市居委会的女性领导比例较高,女性在参与社区治理中的表现也更积极,城市社区女性在权力结构中通常处于实质性的权力地位。即便如此,女性的参与也仍然停留在弱势群体服务、环境卫生服务、文化建设、社区治安等领域,无法改变女性参与的"低阶政治"地位。③ 台湾地区的女性参政水平虽然整体高于大陆,但从基层女性参政情况来看,许多女性也出于各种原因不愿意参选里长或更高级别的公职,满足于以"社区妈妈"的身份从事志愿服务。④

讨论与结论:女性参与公共生活的影响及局限

女性参与公共生活,不论是对女性个人、家庭、社区还是社会,都具有积极影响。对女性个体来说,参与公共生活有助于女性开阔眼界,加强与外部世界的交流往来,提升参与能力和技巧,开创新的生活机会,发现生活意义及乐趣,实现自我价值;对于家庭而言,女性能力提升和生存体

---

① 郭夏娟:《参与并非领导:公共组织中女性地位的"三低"循环及其成因》,《公共行政评论》2013年第4期,第50~81页。
② 金一虹:《嵌入村庄政治的性别——农村社会转型中妇女公共参与个案研究》,《妇女研究论丛》2019年第4期,第10~27页。
③ 郭夏娟:《性别与城市社区安全:"低阶政治"视域中的女性参与》,《妇女研究论丛》2011年第3期,第13~21页。
④ 涂孟好:《她们为什么不参政?》,(台湾)世新大学行政管理学系学生学术研讨会论文,2012。

验改善，有助于女性以更积极正面的态度处理与丈夫和子女的关系，促进家庭内部和谐；对社区而言，女性参与公共生活，不但有利于改善社区民生和生态环境，直接为社区发展贡献力量，而且女性的心理结构和行为特质也将有助于破除地方社会治理中的父权思维模式和行为模式，开创强调对话、协商、倾听、礼貌和亲密关系的柔性治理风格，通过"细腻革命"重新界定"公共性"；对于社会而言，女性参与公共生活不但有助于促进女性发展，使其在公共参与过程中形成主体性，增强其独立性和自主性，而且女性成长也能够提升整体社会的人力资本和社会资本，为社会发展提供强大支持。由于女性通常与边缘、少数、弱势等联系在一起，因而参与公共生活也能有效为弱势群体赋权，改善其处境。

许多研究强调女性参与公共生活对于基层民主自治的价值，将社区日常生活事务视为民主的微观基础。日常生活的政治化的确为女性公共参与开辟了新渠道，一方面，这意味着婚丧嫁娶、盖房起屋、人情往来这类日常活动事实上也关系着村庄权力格局建构，而妇女在其中扮演着重要角色，许多女性有意识地通过社会交往、选举投票、制造舆论等方式，维护自己家族利益地位，从而参与到特定情境下的村庄政治之中。[①] 另一方面，一些非制度性参与，如参与各类文体兴趣团体，事实上也有助于社区自组织能力提升和社会资本积累，能够为民主的形成和运转提供深厚的社会基础。帕特南认为，这类组织尽管不具有公开的政治性，却常常与某种政治生活倾向有着密切关系。社会互动和组织技巧的运用，开阔了参与者的视野，增强了他们的政治意识，最终将促进他们的政治参与。[②]

不过，公共生活参与到底能在多大程度上体现或促进女性独立自主，学界对此尚存争议。由于女性公共生活参与在相当程度上基于其性别经验和分工，尤其是以"母职"和"照顾"为立足点的社区志愿服务，既存性别角色和结构不但没有受到动摇和挑战，甚至还在一定程度上被强化。而且照顾和服务性的参与也使女性公共参与的价值容易被贬低，陷入"有责无权"的处境。即便是女性参政率较高的台湾地区，女性政治参与的主体

[①] 杨善华、柳莉：《日常生活政治化与农村妇女的公共参与——以宁夏 Y 市郊区巴村为例》，《中国社会科学》2005 年第 3 期，第 117~125 页。

[②] 〔美〕罗伯特·D. 帕特南：《使民主运转起来：现代意大利的公民传统》，王列、赖海榕译，中国人民大学出版社，2015，第 96~97 页。

性也不容乐观。有研究指出,台湾地区的部分女性参政者,尤其是地方议员,参政的目的不是落实自己的政治理想,而是为了延续家族政治生命,或代替政治受难的丈夫参选,背后依然是男性政治势力在操纵。[①] 这种状况不禁让人怀疑,女性参政是否已成为父权结构中复制与传承权力的工具?这也表明,台湾女性政治精英对自我生命的追求和选择尚需要经过父亲、丈夫等父权主体的同意,离女性主体化仍有距离。

[①] 林宜瑾:《台湾基层女性参政困境之分析》,成功大学硕士学位论文(台湾),2012。

融入与赋能：农村女性流动人口城市适应性与社会融合策略研究
——以南京市 M 社区为例

薛 丹[*]

摘 要：在家庭化的流动模式主导下，越来越多的女性随着家庭流动到城市，成为流动人口中重要的主体。本文对国内外关于社会融合的理论和实践进行了梳理，结合问卷调查，对南京市 M 社区女性流动人口的数据进行收集，运用具有普遍适应性的单变量分析方法，从经济融入、社会融入及心理认同三个维度对南京市女性流动人口的城市融入进行观察和分析。结果发现：整体而言，女性流动人口的城市融入度仍然偏低，各个维度的融合状况都不同；女性流动人口的城市融入存在经济和就业、社会适应以及心理适应层面的困境。提高女性流动人口的城市融入度，需要从政府层面、社会层面以及个人层面来思考对策。

关键词：女性流动人口 社会融合 融合维度

引 言

作为一种客观的社会现象，流动人口普遍存在于各个国家的城镇化进程中。随着社会的发展，我国逐渐打破了城乡隔离的状态，关于流动人口的各项政策开始纷纷出台，保证了流动人口能够在城市当中享受到公民权

---

[*] 薛丹，南京邮电大学社会与人口学院、社会工作学院 2023 级硕士研究生。

利。在城镇化进程不断加快的背景下，流动人口规模呈现不断扩大的趋势，第七次全国人口普查数据显示，当前全国流动人口中人户分离人口有49276万人，其中，市辖区内人户分离的人口为11694万人；流动人口为37582万人，其中，跨省流动人口为12484万人。与2010年相比，人户分离人口增长88.52%，市辖区内人户分离人口增长192.66%，流动人口增长69.73%。① 可以看出，我国经济社会持续发展和良好的政策环境造就了流动人口迁移的基础和条件，人口流动趋势更加明显。

《中国流动人口发展报告2017》的数据显示：我国流动人口家庭化流动已经成为十分明显的趋势，其中2人及以上的流动人口家庭户数占总流动人口的81.8%，家庭化流动平均规模保持在2.5人以上，流动家庭的结构更加完整。② 在家庭化的流动模式主导下，越来越多的女性随着家庭流动到城市，同时在新时代社会经历了价值观念上的革新和转化，越来越多的女性为了自身学业、前途和实现对人生价值的追求加入流动群体，因此女性流动人口的数量逐年攀升，成为流动人口中重要的主体。

然而，女性流动人口的问题也随着社会的发展凸显出来，目前女性流动人口在经济状况上仍存在一定困境，她们经济状况并没有因为女性整体在社会上的地位提升而得到有效改善；女性流动人口还面临较为消极的身份认同问题，虽然社会观念随着社会逐渐开放而有所转变，但她们仍受到一些传统思想的制约。在以男性为主要劳动力、掌握话语权的家庭氛围中，随着家庭流动的女性人口在流动过程中面临诸多困难；在社会生存中，女性流动人口多少会受到来自社会、企业等的歧视和压迫，受到来自性别、地域差异等多方面的限制。因此女性流动人口的城市融入对于融入地的计生、就业、权利保障和社区人口管理形成了一定的挑战，加之其性别的弱势，女性流动人口的文化融合、心理融合、制度融合都需要得到更多的关注。因而本文旨在以南京市M社区女性流动人口为研究对象，从社会融合理论出发，通过实地调查和数据分析，探索女性流动人口社会融合问题。

---

① 《第七次全国人口普查公报（第七号）》，国家统计局网站，2021年5月11日，https://www.stats.gov.cn/sj/zxfb/202302/t20230203_1901087.html。
② 国家卫生和计划生育委员会流动人口司编《中国流动人口发展报告2017》，中国人口出版社，2017。

一　文献综述与理论框架

（一）文献综述

基于已有研究，关于女性流动人口的社会融合的研究，体现在以下三个方面。

第一，在流动女性的就业融合和经济融合方面，很多学者提出就业与收入是女性流动人口城市融合实现的重要因素，女性流动人口在就业时虽不缺乏就业机会，但就业选择面相对来说比较狭窄。经济能力是女性农民工实现社会融合的基础，而正是经济的异化作用导致中下层女性农民工难以融入城市[①]；谭江蓉等人研究发现，3岁以下随迁子女父职照料使流动女性就业参与的概率提升35.4%，存在显著的正向参与[②]；在当下，女性农民工虽然就业的自主意识增强了，但其就业层次仍旧偏低且就业并不稳定。[③] 由此可见，女性流动人口的职业层次大部分处在中下层，用人单位对于求职者的技术要求不高，且受到众多因素的影响，包括自身性格特质、工作技能、家庭等。除此之外，女性流动人口的经济收入也处于中下层，工作环境普遍较差。

第二，在流动女性的制度融合和社会网络融合方面，有学者认为促进新生代女性流动人口融入城市的关键在于社交范围、社区及老家的牵引力和保障成本，因此他们认为破解流动女性城市融入难题的关键因素就是针对女性流动人口的社会保障进行制度设计和完善农村家庭支持制度。[④] 马

---

① 李荣彬：《女性农民工的阶层差异与社会融合——基于2014年流动人口动态监测数据的实证研究》，《青年研究》2016年第5期，第1~10页。
② 谭江蓉、姜春云：《3岁以下随迁子女的父职照料对流动女性就业参与的影响研究——基于2016年全国流动人口动态监测数据的实证分析》，《西北人口》2021年第2期，第27~36页。
③ 姜秀花：《社会性别视角在人口学领域的渗透——"中国现代化进程中的人口迁移流动与城市化学术研讨会"中"女性与人口迁移流动"专题论坛观点综述》，《妇女研究论丛》2004年第4期，第69~72页。
④ 马健囡、徐昊楠：《新生代女性流动人口城市融合的变化轨迹及影响因素——对厦门市外来女性的案例分析》，《管理观察》2017年第11期，第94~99页。

欣欣等人认为除城市生活满意度外，影响女性流动人口融入城市的显著因素就是留居意愿，而女性流动人口的留居意愿又受到经济收入、劳动合同、未来发展前景、对城市的印象、是否得到本地人接纳、住房条件等因素的影响①；同样地，蒋美华等人分析发现女性流动人口的落户意愿受到个体特征、家庭经济状况、流动情况、社会保障状况等因素的显著影响。②

第三，在流动女性的心理融合以及文化融合方面，有学者发现农村女性流动人口由于受到身份、社会保障等方面的歧视，容易产生不健康心理，由此产生一系列问题，影响社会融合的实现。③ 本地人的歧视对流动人口的定居意愿有着明显的负向影响。④ 同时，也有研究提出女性流动人口的落户意愿高于男性，其中青年女性流动人口在城市中落户的意愿更为强烈，可以看出女性流动人口对于城市有着较强的认同感，希望融入城市。⑤ 但城市中的观念和文化上的差异及现状会使她们产生心理上的压力和问题，从而阻碍自身的城市融入。而"流入到城市后，女性流动人口的做事方式会更加理性化，但是受到自身思想的局限，她们处于城市文明中却会导致社会心理压力加剧"。⑥

综上，收入相对低下、就业不稳定、社会参与度低、社会交流网络狭窄、身份认同障碍、歧视知觉等多个因素在不同程度上影响着女性流动人口的社会融合，针对这些问题，更多的研究从实证角度出发，通过实地调查对女性流动人口在城市社会中融入的现状、困境和对策进行描述性研究，旨在全面展现女性流动人口城市融入的现实图景；或从社会学的角度出发研究女性流动人口城市融入状况，得出更加理论化的结论等。可以看

---

① 马欣欣、魏智慧：《女性农村流动人口留城意愿的影响因素研究》，《法制与社会》2019年第19期，第129~130页。
② 蒋美华、王国艳：《农村女性流动人口与城市的社会融合——基于河南省的调查与思考》，《中华女子学院山东分院学报》2009年第3期，第22~25页。
③ 林晓珊：《"边缘群体"的社会心理与社会歧视探析》，《福建师大福清分校学报》2005年第1期，第36~40页。
④ 郭云贵、张丽华、刘睿：《流动人口就业状况、歧视知觉对定居意愿的影响——基于2013年全国流动人口动态监测数据的分析》，《北京交通大学学报》（社会科学版）2017年第1期，第55~62页。
⑤ 蒋美华、王国艳：《农村女性流动人口与城市的社会融合——基于河南省的调查与思考》，《中华女子学院山东分院学报》2009年第3期，第22~25页。
⑥ 张志蓬：《试析农村女性流动人口的心理和谐》，《中共山西省委党校学报》2007年第4期，第55~57页。

出，对于女性流动人口城市融入的研究越来越细化和深入。

(二) 理论框架

关于流动人口的概念，目前学界一般有以下两种观点：一种是以户籍为标准，可以将流动人口理解为户籍不变更，但离开其户籍所在地并且在异地经商、务工等居住人群；另一种是以改变户籍状态为目的而跨越一定地区的人口，他们不仅是以改变居住地为目的，更多的是彻底地迁移或流动。因此综合来看，学者们在界定"流动人口"时，主要强调的是"户籍"和"空间"这两个因素。本文采用以户籍为标准的流动人口的界定方式，这符合多数人对于流动人口的认知，以此可更加科学和明确地对女性流动人口进行研究，因而我们将女性流动人口界定为离开其户籍所在地，并在非户籍地工作或生活且流动时间超过半年的女性。

而对于流动人口的社会融合来讲，社会融合的前提是有一定的社会环境以及一定条件的满足，比如经济条件、政治条件等，有了这些前提，流动人口才能逐渐与当前所在地相互选择和渗透，并完成社会整合。在融合的过程中，流动人口可以充分享受到公民的权利，并且能够在一定的国家制度和社会背景下，结合自身的素质和能力努力积极配合和参与主流社会，改变自身的生存状态甚至身份状态。综合来看，女性流动人口与城市社会的融合是一个双向互动的过程。一方面，女性流动人口自身需要融入当地社区，适应当地文化和生活。她们不是被动地融入城市社会。另一方面，流入地对女性流动人口并不仅仅是被动地接受，而是要通过各个层面，比如政治、经济、文化上的接纳和包容，逐步地与女性流动人口进行融合。本文认为女性流动人口的社会融合应该被定义为"女性流动人口在经济、职业、行为、价值观念等方面学习和适应当地社会，并有保留地向当地市民转变的过程"。

融合维度是社会融合的基本要素，研究女性流动人口社会融合首先要辨析其融合维度。杨菊华在研究中构建的社会融合指标体系包括"经济整合、行为适应、文化接纳、身份认同"四个维度，其中各个维度都包含了不同指标体系[1]；田凯认为社会融合包括"经济、社会、文化心理"三个

---

[1] 杨菊华：《城乡差分与内外之别：流动人口社会保障研究》，《人口研究》2011年第5期，第8~25页。

方面，同样包含不同指标[1]；陆自荣将农民工的社会融合操作化为"个人、群体和阶层"三个层面，并且每个层面又包括"文化融合、心理融合、经济融合以及制度融合"四个维度。[2] 马健囡等人从心理融合、行为融合、在流入地的生活状态三个维度，来构建女性流动人口综合城市融合度指标。[3] 因此虽然在不同研究背景下女性社会融合各个维度都有差异，但都包括经济融合、社会适应以及文化心理融合这三个大的方面，因此本文研究的女性流动人口的社会融合仍将从这三个大的维度出发构建指标体系（见表1）。

表1 女性流动人口社会融合指标体系

维度	指标	测量变量
经济融合	职业	职业结构
		职业满意度
	收入	月收入水平
		月消费水平
	住房情况	—
社会适应	政治参与	选举投票
		民主管理
	教育认同	对于教育问题的看法
	社会保障	社会保险五大险种参与情况
文化心理融合	认同感	留居意愿
	生活评价	社会交往
		社会参与

"职业流动与经济融合本身就应该是移民融合的一个最重要的指标与维度。"[4] 本文借鉴 Alba 等人对经济融合的定义，即"在主流社会中与自己社会经济背景相当的阶层相比，移民能够获得这个阶层的平均水平或者

---

[1] 田凯：《关于农民工的城市适应性的调查分析与思考》，《社会科学研究》1995年第5期，第90~95页。

[2] 陆自荣：《社会融合理论的层次性与融合测量指标的层次性》，《社会科学战线》2014年第11期，第189~197页。

[3] 马健囡、徐昊楠：《新生代女性流动人口城市融合的变化轨迹及影响因素——对厦门市外来女性的案例分析》，《管理观察》2017年第11期，第94~96页。

[4] R. Alba, V. Nee, *Remaking the American Mainstream: Assimilation and Contemporary Immigration*, Boston: Harvard University Press, 2003.

高于平均水平的社会经济地位"。经济条件作为女性流动人口生存的基本条件，是其立足城市社会的基础要素。经济情况可以从职业、收入以及住房情况出发进行分析，其中职业包括职业结构以及职业满意度，收入则包括月收入水平以及月消费水平。

社会适应不仅仅限于满足基本生活，更要在行为或生活方式上向城市靠拢。流动女性的社会适应状况可分别从政治参与、教育认同以及社会保障三个方面展开讨论。其中，政治参与包括选举投票以及民主管理，社会保障则包括社会保险五大险种，即养老保险、医疗保险、工伤保险、失业保险以及生育保险。

文化融合是"具有不同文化背景的不同群体在不断地接触以后，其中一个群体或者所有群体的原有文化特征发生变化的现象"。[1] 而心理融合是指迁入地社会移民群体在心理和情感上对自己社会成员身份和归属的认同发生变化的现象，本文综合二者提出文化心理融合概念，并从认同感及生活评价出发展开讨论。

各维度的特点和维度之间的关系反映了社会融合的基本逻辑。本文认为经济融合是女性流动人口立足城市社会的基础要素，以及实现社会融合的前提和保障；在工作中女性流动人口可以与当地一定的社交圈产生互动，这可以让女性流动人口在一定程度上参与社会生活，产生社会交往，进而促进社会适应；而文化心理融合是流动女性在城市社会融合的最高层次，是真正实现社会融合的标志。这三个维度之间存在作用和反作用的关系，并不是简单的线性关系，各维度可以同时进行、独立发展，不存在递进关系。经济融合可以推动社会适应及文化心理融合，而文化心理融合则会反过来促进经济融合和社会适应。

二 实证数据分析探索

（一）样本情况

本文发放调查问卷的目的是收集有关南京市区的女性流动人口城市融

---

[1] R. Redfield, R. Linton, M. J. Herskovits, "Memorandum for the Study of Acculturation," American Anthropologist 38 (1936): 49–152.

入的数据资料，因此本文的调查对象为南京市 M 社区的部分女性流动人口（或称流动女性）。此次问卷调查共发放问卷 75 份，回收 70 份，回收率为 93.3%，其中有效问卷为 65 份。调查对象的基本情况：在年龄上，截至 2017 年"80 后"（年龄在 28~37 岁）占 43%，其次为"70 后"（年龄在 38~47 岁），占 37%，最后是"90 后"（年龄在 18~27 岁）占 20%；在婚姻状况上，69.2% 的被调查者已婚，30.8% 的被调查者未婚；在调查资料中，来南京时间最长的流动女性为 18 年，最短也在南京工作或生活 1 年，5~10 年的居多。本次研究共访谈 8 位流动女性，具体情况如表 2 所示。

表 2 访谈对象基本情况

编号	个案 1	个案 2	个案 3	个案 4	个案 5	个案 6	个案 7	个案 8
年龄	49 岁	39 岁	41 岁	39 岁	26 岁	34 岁	24 岁	35 岁
职业	临时工	保洁员	家庭主妇	服务员	美容店职工	工厂职工	护士	水果店店主
婚姻状况	已婚	已婚	已婚	已婚	未婚	已婚	未婚	已婚
学历	小学	小学	初中	小学	中专	初中	大专	初中

（二）女性流动人口的经济融合

获得更多经济收入是女性流动人口从户籍所在地来到现居住地的主要原因和目的之一，也是她们可以在城市生存的基本前提。从经济情况中，我们可以较为直观地看出女性流动人口在城市里的生存状况。

1. 职业情况

在调查的样本中，流动女性职业构成中商业服务人员占比最高，为 43.08%，其次是个体户/私营业主以及专业技术人员，占比均为 20.00%（见表 3）。在工作中，大多数女性的工作时长在每天 8~10 小时，其次是每天 10~12 小时。可见流动女性的就业层次整体仍旧偏低。这些因素与收入直接决定了流动女性对于职业的满意度，在被调查对象中，52.50% 的人认为自己当前的工作一般，并没有达到满意的程度，37.00% 的人认为比较满意，可见大多数流动女性对工作时长和待遇并不满意。

表 3　女性流动人口职业情况

单位：次，%

职业	频次	占比
工人	8	12.31
商业服务人员	28	43.08
个体户/私营业主	13	20.00
专业技术人员	13	20.00
自由职业	1	1.54
无业	2	3.08

2. 收入与消费情况

在收入层次上，66.16%的女性月平均收入在2001~4000元；24.62%的女性月收入在4000元以上（见表4）。在消费方面，除了日常的消费外，儿女或配偶是流动女性消费支出的第一选择，占64.62%，除此之外，也有50.77%的流动女性选择了存款，养老占38.46%，娱乐生活占27.70%（见表5）。

表 4　女性流动人口收入水平

单位：次，%

收入水平	频次	占比
2000元以下	6	9.23
2001~3000元	22	33.85
3001~4000元	21	32.31
4000元以上	16	24.62

表 5　女性流动人口消费情况

单位：次，%

消费情况	频次	占比
儿女/配偶	42	64.62
存款	33	50.77
养老	25	38.46
娱乐生活	18	27.70

自2016年1月1日起南京市最低工资标准上调到1770元/月，从表4

可以看出，90%以上的流动女性的收入水平在2000元之上，可以在城市中有一个基本的生活保障。但在城市中生活，这些薪资仍旧不够理想。在收入与需求的关系中，42.6%的流动女性表示目前的收入刚好够用，27.8%的人表示稍有结余，也有29.5%的流动女性表示不够用，非常富足的几乎没有。也就是说大部分流动女性进入城市之后，她们的收入是能够保证自己基本的生活需求的，但并不富足。

3. 住房情况

调研数据显示，在居住环境方面，67.2%的女性流动人口住在私人出租屋中，已婚的女性大多数都是家庭整租，30%的流动女性住在集体宿舍或者自己购买的住房中，这基本与她们本身的收入和生存状态相符。

职业状况是影响女性流动人口收入的决定性因素，而收入水平又决定了女性流动人口的消费状况和消费方式，经济水平也间接决定了女性流动人口的生存状况。职业、收入以及住房情况是研究女性流动人口经济融合的重要参照指标。同时从上述数据中我们不难看出女性流动人口在经济与就业方面存在一定的困境，如就业层次低、就业不稳定、收入不能满足需求等，其影响因素有职业类型、职业环境、自身的素质等。

（三）女性流动人口的社会适应情况

从流动人口角度出发，流动女性作为城市中的新市民不仅需要在行为上向城市社会靠拢，更需要在观念上认同城市社会的制度、文化、价值观念等，从而与城市社会产生良性互动；另外从城市角度来看，城市的服务和本地居民对于流动女性也应接纳和包容。

1. 政治参与

政治参与指标的调查数据显示，88.50%的女性流动人口表示自己并没有参与过选举活动，仅有11.50%的女性参与过，参与过选举的这部分女性表示自己只是选别人而很少被别人投票。除此之外，也仅有16.40%的人参与过社区组织的居民会议，参与社区的民主管理。妇女参与决策管理是衡量妇女的社会地位以及社会文明进步的尺度，同时流动人口的政治参与从微观层面来说是保护流动人口自身合法权益的有效形式。但当前受到户籍制度、选举制度以及自身素质等因素的影响，女性流动人口的选举权和被选举权以及参与民主管理的权利都难以得到有效保障，下面的两个个案访谈可以反映相关情况。

个案 4　39 岁，服务员："没有参加过什么选举或者会议，不知道住的地方在搞这个，平时上班很忙，没时间的，也没人跟我们讲。"①

个案 7　24 岁，护士："我感觉可能我们不是本地人吧，这些（选举活动和居民会议）像我们外地来的是不是参加不了？我也不清楚。"②

2. 社会保障

社会保障是影响流动女性社会融合的重要因素，从数据中可以看到，医疗保险和养老保险是女性流动人口大多会选择的险种，分别占 66.15% 和 49.23%；但没有买任何险种的流动女性也占相当大一部分，占 33.85%。而在这些保险所占比重中，购买失业保险和生育保险的人占比是最低的，如表 6 所示。

表 6　女性流动人口参保情况

单位：次，%

社会保险	频次	占比
养老保险	32	49.23
医疗保险	43	66.15
工伤保险	26	40.00
失业保险	15	23.08
生育保险	14	21.54

3. 教育认同

教育问题是流动女性更为关心的问题，随迁子女的教育均等化是流动人口在城市中受到公平对待的重要维度和指标。③ 42.54% 的流动女性选择如果有条件就会把孩子留在南京上学，仅有 18.46% 的流动女性表示以后可能会回老家。由此可以看出，城市中良好的教育环境会让已婚并且有孩子的流动女性更愿意将孩子留在城市中接受教育。

---

① 2023 年 10 月 15 日于 M 社区对该服务员的访谈。
② 2023 年 10 月 15 日于 M 社区对该护士的访谈。
③ 黄匡时、嘎日达：《社会融合理论研究综述》，《新视野》2010 年第 6 期，第 86~88 页。

(四) 女性流动人口的文化心理融合

心理以及文化的融入程度是女性流动人口真正融入城市社会并适应城市生活的标志，在这个层面上，本文选择了留居意愿、社会交往以及社会参与这三个指标来进行考察。

1. 留居意愿

52.5%的女性流动人口表示自己的城市生活一般，而仅有1.5%的女性流动人口对自己的城市生活很满意，可以看出女性流动人口在整体上对于在城市生活并没有太大的排斥，但对于城市生活的满意度也并不高。而城市生活的满意程度直接影响了女性的留居意愿，35.38%的流动女性表示未来会回老家，35.38%的女性选择了视情况而定，29.23%的女性选择留在南京，安家落户（见表7）。

表 7　流动女性的留居意愿

单位：次，%

未来去向	频次	占比
回老家	23	35.38
留在南京	19	29.23
视情况而定	23	35.38

本文将留居时间、经济状况和留居意愿分别进行交互对比，结果发现留居时间对于女性流动人口的留居意愿的影响并不是特别明显，但女性流动人口的经济状况对其留居意愿有一定的影响，在收入为2000元以下的女性流动人口中，选择在以后回老家的占83.33%，选择视情况而定的占16.67%；收入在4000元以上的女性流动人口中，选择回老家与视情况而定的都占12.50%；而选择留在南京，安家落户的则占75.00%。

2. 社会交往

社会交往也是衡量女性流动人口对城市生活心理认同的重要指标，主要表现为社会交际网络的范围会影响女性流动人口参与社会活动的数量，会直接影响到女性流动人口与本地人的交往情况。如有45.9%的女性流动人口表示自己很少或是仅在工作中接触到部分本地人。作为城市的流动人口，她们与真正的城市社交圈有着一定距离，而且可以看出她们与本地人的交往层次很浅，有时候只能在工作过程中接触到，所以职业类型对流动女性与本地人的交往频率产生一定的影响，下面的个案访谈材料可以展现这一情况。

个案2　39岁，保洁员："我来这边应该有三四年了，平常就在住的旁边的一家超市里当保洁员，我身体不太好，来这里也只是临时工，家里有老人和孩子，都在老家，老公在工厂里，我也是为了能多挣一点钱。平时不太跟周围人讲话，也没啥好说的，大家都在工作，下班了就在家做饭等我丈夫回来。没啥社交，出去也不知道去哪，又花钱。之后也是跟他（丈夫）商量回老家，老人年纪大了，孩子也需要有人管。"①

3. 社会参与

在参与社会活动方面，53.85%的流动女性表示自己从不参加社区或社会组织组织的社会活动，经常参加的仅占9.23%（见表8）。而在询问原因时，77.1%的女性流动人口表示自己没有时间参与，22.9%的女性表示对参与社会活动没有什么兴趣。

表8　女性流动人口的社会参与情况

单位：次，%

社会参与（情况）	频次	占比
经常参与	6	9.23
偶尔参与	24	36.92
从不参与	35	53.85

由此可以看出不少女性流动人口有参与社会活动的愿望，但是限于自身因素不得不放弃参与。另外，笔者也调查到社区针对女性尤其是针对流动女性所开展的项目很少，并且没有专门以流动女性为服务对象开展活动的社会组织。这与我们社会客观现实是相对应的，从整体上来看，我国针对流动人口尤其是细化到针对流动女性的社会组织的数量很少，而且这些

---

① 2023年10月15日于M社区对该保洁员的访谈。

社会组织并不能依据流动女性自身的需求来设定或开展相应的社会融合活动。

三 相关对策及改善措施

（一）制度层面：加强顶层制度设计

不论从哪个角度来看，"影响流动人口社会融合的最重要的就是户籍制度"。[1] 因此，在新时期政府要进一步实行户籍制度的改革，以"公平"思想为基础和指引，推动流动人口城市融入相关制度新设计，着力让流动人口尤其是女性流动人口平等地参与到城市社会的发展过程当中，能够享有基本的权利。同时完善社会保障制度，保障女性流动人口的生存权益。针对女性流动人口的社会保障问题应通过立法进行社会体制上的完善。在制度设计方面，一方面要进行科学设计，将女性流动人口享受社会保障各方面相关制度纳入其中；另一方面要更加有针对性，针对女性流动人口进入城市的首要需求，比如住房、保险等进行针对性满足，保护女性流动人口的合法权益。同时政府要加大对相关社会组织的支持力度，建立更多社会组织机构，针对女性流动人口的实际需求设计相关项目活动，实际解决女性流动人口在融入城市当中的问题。

（二）流入城市：加强社会基本服务供给

流入城市的状况直接决定了女性流动人口的生存基本状况，对于流入城市而言，在接纳更多女性流动人口的同时，首先在制度上就需要对政府的政策文件进行响应，具体落实各项政策，完善社会基本服务体系和社会福利制度；其次在城市规划上要对城市社会的公共资源进行更加具体的规划，同时要加大意识宣传力度，增强本地居民的现代公民意识，对外来人口有着更加包容的态度，更应该在全社会范围内宣传男女平等观念，为女性流动人口营造更加平等和宽容的社会氛围。

---

[1] 周依苒：《析论城市户籍制度改革与流动人口社会融合》，《湖南科技学院学报》2019年第1期，第110~112页。

（三）流入社区：增强社区服务供给能力

女性流动人口在城市中基本的居住空间和社会空间载体就是流入社区，其是女性流动人口在进入城市之后与城市产生互动和交往的基本场所和平台。作为政府政策执行的基本载体，流入社区首先需要准确将政府制定好的政策下达给女性流动人口；其次要将政策落实于有需求的女性流动人口，将真实有效的服务落在她们身上。同时关注女性流动人口的就业和计生问题，在就业问题上，社区可以开展针对女性流动人口的技能培训或者再教育活动；在计生问题上，要关注女性流动人口的健康状况，提高流动女性的保险参保率，努力实现计生基本公共服务均等化。社区要充分发挥基本服务和管理功能，将流动人口纳入社区服务管理体系当中，从各个层面对女性流动人口进行帮扶和支持。

（四）社会组织：完善社区社会工作发展模式

女性流动人口的城市融入，除了在宏观上需要政府的政策支持，在微观上还需要专业社会组织的介入，提高流入地社区服务管理质量。建议完善社区社会工作发展模式，加强社会工作专业人才队伍建设，组建专业的社会组织机构。

（五）个人层面：提升自身能力

女性流动人口要提升自身的职业技能，主动参与到社区或工作单位组织的职业技能培训当中，从而增强对职业的适应性，在工作中不断提升自己的知识与技能水平，实现自身的经济融入；为了更快融入居住的城市社区当中，女性流动人口要尝试拓展自身的交际圈，与本地人保持良好的互动；同时也要注重政治参与以及保险参与，积极学习自我保护方面的知识；转变自身的观念，要对自己的职业、身份等有清晰的认知，认同和接纳城市的生活方式和文化价值观，改善自身的生活环境。

你在他乡还好吗？

——随迁老人社会支持困境分析

李 畅[*]

摘 要：随着人口老龄化的加剧和城镇化进程的加快，各大城市的随迁老人群体日益庞大，成为社会关注的热点。随迁老人是出于照顾子女生活、照料孙辈、养老等原因跟随子女迁移到城市的移民群体。本文基于对文献的阅读和分析，以社会支持理论为理论基础进行研究，选取S市的12名随迁老人为研究对象，运用访谈法，探讨随迁老人存在的社会支持困境，发现随迁老人的正式社会支持和非正式社会支持都较为薄弱。在正式社会支持层面，有关随迁老人的政策支持较为单一，侧重于物质层面，无法满足随迁老人的情感和个性化需求；在非正式社会支持层面，随迁老人的家庭、同辈支持都较为薄弱。本文认为随迁老人的社会支持困境与政策缺失、社区支持不健全、代际中心下移以及自身社交主动性较差等相关。因此，社会工作者及相关机构在帮助随迁老人构建社会支持网络时，需要以问题为导向，回应随迁老人的个性化需求。在正式社会支持层面，社会工作者及相关机构可以调查报告等形式，向相关部门提出建议，推动出台相关政策，强化社区对随迁老人的工具性支持；在非正式社会支持层面，可完善已有的家庭支持模式，建构新的同辈群体支持模式，解决随迁老人情感性支持缺失的问题，为随迁老人增权赋能。

关键词：随迁老人 社会支持 社会工作 老龄化

---

[*] 李畅，南京邮电大学社会与人口学院、社会工作学院2024级硕士研究生。

一 问题提出与文献综述

(一) 问题提出

当前,国家工业化和城镇化进程的加快,不断驱动着整个社会从"乡土中国"向"城乡中国"转变。[①] 随着全社会逐步向老龄化、少子化过渡,城乡二元结构下劳动力跨区域流动带来的社会问题也引发了公众的关注。随迁老人承担起家庭代际照料的责任,成为流动人口中特殊而又不可忽视的群体。党的十九届五中全会首次将应对人口老龄化问题提高到国家战略层面,提出"实施积极应对人口老龄化国家战略",党的二十大报告进一步明确了相关任务部署,凸显了对老年人群体及其社会影响的重视程度,也催生了研究老龄人口和老龄社会现象的学术需求。在此背景下,研究随迁老人的社会支持困境及其影响因素具有积极的理论价值和现实意义。[②]

一般而言,随迁老人往往是出于养老或隔代抚育的考虑,选择进入子女家庭生活,面临新环境的适应和生活方式转变的过程。一方面,随迁老人往往是独自一人离开家乡,与伴侣分居两地,来到新城市,脱离了原本熟悉的社交网络,受年龄、语言和生活习惯的限制,难以建立新的朋友圈,与子女两代人之间也会存在育儿观念、生活习惯等的差异,极易产生代际冲突;另一方面,受中国传统文化(如重视子孙满堂,儿女承欢膝下)的影响,随迁老人也能够享受天伦之乐。

本文以社会支持理论为理论基础,选取 S 市的 12 名随迁老人为访谈对象,对随迁老人社会支持网络困境进行分析并尝试提出对策与建议,帮助解决随迁老人情感性支持、工具性支持及社区认同感、归属感缺失的问题,修复其因随迁而断裂的社会支持网络,促进其积极地融入社区,从而保障他们随迁后的生活质量。

[①] 刘守英、王一鸽:《从乡土中国到城乡中国——中国转型的乡村变迁视角》,《管理世界》2018 年第 10 期,第 128~146 页。

[②] 张文武:《天伦之乐还是孤独乡愁?随迁老人城市融入的多维测度与影响因素分析》,《人口与发展》2023 年第 5 期,第 91~104 页。

（二）文献综述

1. 关于随迁老人的相关定义

随迁老人是在当下中国快速社会变迁过程中由于经济、政治、文化和社会等多种结构性力量的综合作用而形成的一个中国式家庭生命周期历程中的特殊群体。[①] 随迁老人是为了帮衬子女尤其是照顾孙辈，从自己生活的农村来到子女工作和生活的城市居住达半年以上，户籍仍保留在外省区市农村，且经常往返于现居住地和户籍所在地之间的，年龄在50周岁及以上的准老年人和老年人。[②] 随迁老人大规模产生和不断增加的原因有：老龄化程度加深、城镇化速度加快、流动人口规模扩大，以及帮助子辈打理生活、照顾孙辈、养老和实现家庭团聚。[③] 20世纪70年代开始实施的计划生育政策和我国独特的养老模式也是大量随迁老人产生的重要原因。[④]

2. 关于随迁老人社会支持困境的研究

根据社会支持理论可知，随迁老人的社会支持系统分为正式社会支持系统和非正式社会支持系统。研究发现，随迁老人社会支持现状总体较差，与流入地当地老人相比，其自评社会支持得分较低。[⑤]

在正式社会支持方面，首先，在医疗保障制度上，随迁老人中有医疗费用压力的人比没有医疗费用压力的人更容易抑郁和感到焦虑。[⑥] 其次，部分社会保障制度的安排阻碍了随迁老人适应城市生活，尤其是随迁老人在流入地养老和医疗待遇方面受到了户籍制度的制约。[⑦] 最后，属地化管

[①] 毕宏音：《"老漂族"：中国式家庭生命周期历程中的特殊群体》，《中国社会科学报》2015年3月13日。

[②] 许加明：《"老漂族"的城市适应问题及社会工作介入探析》，《社会工作》2017年第4期，第96~107页。

[③] 王建平、叶锦涛：《大都市老漂族生存和社会适应现状初探——一项来自上海的实证研究》，《华中科技大学学报》（社会科学版）2018年第2期，第8~15页。

[④] 王雅铄、殷航：《社会支持网络视角下"老漂族"的社会融合状况研究——以广州市为例》，《老龄科学研究》2016年第10期，第53~64页。

[⑤] 董博等：《城市社区随迁老人应对方式、社会支持与主观幸福感的关系研究》，《护理研究》2019年第5期，第766~769页。

[⑥] H. Li et al., "Effects of Health Service Utilization and Informal Social Support on Depression, Anxiety, and Stress Among the Internal Migrant Elderly Following Children in Weifang, China," *International Journal of Environmental Research and Public Health* 22（2022）.

[⑦] 吴香雪等：《"老漂族"城市适应困境与帮扶对策研究》，《重庆工商大学学报》（社会科学版）2021年第4期，第108~121页。

理让随迁老人无法享受与本地老人相同的福利待遇，随迁老人无法享受现居地的社会关爱。[1]

在非正式社会支持方面，在子女支持上，没有子女支持的随迁老人比有子女支持的随迁老人更容易抑郁、感到焦虑和有压力。在社区支持上，通过对芜湖随迁老人的问卷调查发现，有54%的老年人参与社区活动不够积极，理由包括没时间、不感兴趣以及没有认识的人等。[2]而有些随迁老人虽有结识本地朋友的意愿，但是社区排斥现象仍然存在，制约着老年人参与社区活动的热情。[3]

3. 关于社会工作介入随迁老人社会支持困境的研究

社会工作介入随迁老人社会支持网络构建时，通常会采取以下三种路径：个案社会工作介入、小组社会工作介入和开展社区活动介入。

第一，个案社会工作介入，通常用于修正随迁老人的不合理认知，减少案主的负面情绪，使其能够积极乐观地生活。[4]通过家庭治疗法介入辅导，其家庭支持得到有效发挥。

第二，小组社会工作介入，帮助随迁老人建立新的社会支持网络体系。小组为随迁老人提供人际交流平台，在组内建立人际支持网络，从而探索随迁老人社区融入的途径与可能性。[5]

第三，开展社区活动介入。一方面，社区能够为有需要的老人提供社区照顾、社区服务、社区教育和就业资源等外部支持；另一方面，通过开展活动，增加随迁老人与城市居民的互动机会，改善随迁老人与其他同辈群体的关系，从而增强社会支持网络的广度和强度，使之更好地融入社区。[6]

---

[1] 史国君：《城市"老漂族"社会融入的困境及路径选择——基于江苏N市的调查与分析》，《江苏社会科学》2019年第6期，第83~87页。

[2] 孙丽、包先康：《随迁老人城市适应状况及社会工作介入研究——以"城市性"兴起为背景》，《广西社会科学》2019年第7期，第62~72页。

[3] 杜启霞：《多维度视角下"老漂族"社会融合现状与对策研究》，《现代交际》2022年第3期，第76~85页。

[4] 刘炎：《社会工作介入随迁老人负面情绪问题研究——以深圳市S社区为例》，安徽大学硕士学位论文，2019。

[5] 王丹：《随迁老人社会交往困境的个案工作研究——以惠州市S社区为例》，青海师范大学硕士学位论文，2020。

[6] 金晟洁：《"候鸟老妈"社会支持网络建构研究——以S市A社区为例》，沈阳师范大学硕士学位论文，2023。

二 理论基础与研究方法

（一）理论基础

从社会支持的定义来看，林南指出社会支持即"意识到的和实际的由社区、社会网络和亲密伙伴提供的工具性或表达性的资源"[1]，这一观点强调了社会支持的功能性作用，即社会支持能够为有需要的他人提供资源。Cohen 和 McKay 认为，社会支持是能够保护人们免受外界不良压力影响的有益人际交往，这一观点强调了社会支持中人际关系的重要性。[2] 由上可以看出学者们认同社会支持对个体在物质和精神上都是有益的。

从社会支持的类型来看，社会支持分为正式支持和非正式支持，正式支持包括政府支持，社区、社会组织和社会工作者形成的机制支持，非正式支持包括朋友、亲人等群体提供的情感和经济支持。[3] 提供社会支持的主体往往是国家、社会组织和个人，社会支持的客体为社会支持的受益者。[4]

学者们在以社会支持理论为指导进行研究时，往往侧重于对弱势群体，尤其是失独老人、留守儿童和流动人口这类易与社会脱节，难以与社会融合的人群的帮扶。

（二）研究方法

为了了解 S 社区随迁老人社会支持网络情况，本文主要采取了半结构式访谈法和结构式访谈法，该访谈于 2023 年 9 月进行，对社区工作者进行半结构式访谈，在访谈过程中了解社区的基本情况，确认可访谈的

---

[1] 转引自周湘斌、常英《社会支持网络理论在社会工作实践中的应用性探讨》，《中国农业大学学报》（社会科学版）2005 年第 2 期，第 80~85 页。

[2] S. Cohen, G. McKay, "Social Support, Stress and the Buffering Hypothesis: A Theoretical Analysis," *Handbook of Psychology and Health* 4 (2020).

[3] 刘敏、熊琼：《社会支持理论视角下失独家庭抗逆力的生成机制——基于上海市 W 镇的考察》，《云南民族大学学报》（哲学社会科学版）2021 年第 6 期，第 80~90 页。

[4] 周林刚、冯建华：《社会支持理论——一个文献的回顾》，《广西师范学院学报》2005 年第 3 期，第 11~14 页。

对象；对访谈对象进行结构式访谈，了解访谈对象的基本信息、社会支持现状。

在与这12名随迁老人完成访谈后，访谈对象的基本信息如下：年龄在50~69岁，刚刚完成社会撤离，一定程度上期待实现再社会化，需要社会支持网络的重建。这12名随迁老人大部分是跟随儿子来到城市的，来到城市的原因有：老伴去世，进城由子女照顾；照顾孙辈。在迁移距离上，大部分都是省内迁移，少部分是省外迁移；从迁移时长看，大部分访谈对象的迁移时间都超过了3年；在夫妻双方是否共同迁移的问题上，大部分随迁老人选择了否，为独自迁移，这说明相较于共同迁移的老人，他们更加需要情感支持；在是否会回到户籍所在地的问题上，除一位老伴去世的访谈对象和一位离异的访谈对象选择考虑留在S社区养老外，大部分访谈对象都选择了回户籍所在地养老，可见他们在S社区没有养老方面的需求，未以养老为目的进行居住，这也会造成其对当前城市和S社区的归属感和认同感较低（见表1）。

表1 调查对象基本信息

单位：岁

序号	年龄	婚姻状况	是否省内流动	流动时长	是否夫妻双方共同移动	是否回到原居住地
1	50	已婚	是	1年	否	是
2	57	丧偶	是	3年	否	不确定
3	54	已婚	否	半年	否	是
4	62	已婚	是	5年	是	是
5	64	已婚	是	10年	否	是
6	59	离异	否	4年	否	否
7	61	已婚	是	5年	是	是
8	63	离异	否	6年	否	是
9	52	已婚	否	1年	否	是
10	59	丧偶	是	3年	否	否
11	69	已婚	是	15年	否	是
12	64	已婚	否	4年	是	是

三 随迁老人社会支持问题分析

（一）被忽视的"附加物"：正式社会支持网络体系不完善

随迁老人作为青年流动劳动力的"附属物"，各类正式社会支持不足。我国的行政部门与准行政部门多从宏观上为随迁老人提供行政性服务，在这方面各部门职责分工并不明确，可能会出现支持重复或支持不足的现象。同时，正式支持网络提供的支持多为有形支持以解决实际问题，例如相关福利政策以及送温暖工程等，这样的服务提供方式类似于家长式的支持，支持内容较为单一且服务对象参与度不高，使得随迁老人的个性化需求无法得到充分的满足，且该类支持以物质支持为主，无法满足随迁老人深层次的情感需求。此外，S社区在对随迁老人的关注度上稍显不够，可为随迁老人提供的社会支持也不足。

> 我们每个月都有退休金，在家乡是每个老人到了一定的年纪，逢年过节的能领到一点米、油，这里我们也不太清楚，都是我儿媳在管。①

（二）圈子隔阂：非正式社会支持网络体系不完善

随迁老人进城，脱离了原本社交网络圈，与丈夫（妻子）和家乡同辈群体的关系逐渐疏远，而在城市中，随迁老人不仅与子女有着观念上的差异，也与当地居民间存在语言、文化上的隔阂。

一方面，家庭支持网络薄弱。其一，代际支持缺乏，随迁老人与子女之间两代人的成长环境和生活习惯不同，在育儿观念上也有较多不同。在双方遇到矛盾冲突时，受自身身份和子女较为强势的影响，老年人往往会选择妥协，这在一定程度上导致他们在家庭中的地位有所下降。在家庭生

---

① 2023年9月6日于S社区对受访者4的访谈。

活中，子女更加关心的是自己的下一代而非父母，对父母的精神需求往往有所忽视。

> 年轻人啊，动不动就说孩子，我不让他们说，让他们好好说，不要动不动发脾气，他们就说我宠孩子。反正我也只是奶奶，说到底决定权还是在他们自己手上，他们爱怎么办就怎么办吧。①

其二，夫妻关系疏远，大部分随迁老人都是独自迁移，往往和伴侣两地分居，虽然网络技术能够在较大程度上方便夫妻间进行交流，但是老年人数字鸿沟的存在仍然使得伴侣提供的情感支持有所削弱。

> 我丈夫虽然退休了，但是他这个人闲不下来，是不可能来这边和我一起带孩子的，他现在还经常和邻居一起去人家工地上做工呢，我一年前刚买了个智能手机，我学不会啊，还是不会用，而且平时也没有手机随身带的习惯，有的时候，家里人打电话根本就接不到。②

另一方面，同辈群体支持网络匮乏。随迁老人进城后，与户籍地同辈群体分隔两地，生活在不同的社会文化背景中，双方无法做到互通有无，共同话题减少，再加上对数字产品的不熟悉，彼此间联系变少；随迁老人与城市居民在生活习惯、语言交流等多方面存在较大差异，再加上照顾孙辈闲暇时间较少等因素，他们无法在城市构建新的、稳定的社交网络。

> 我来这边好些年了，上次我哥住院，五个兄弟姐妹，我居然是最后一个知道的，要不是我打电话回去，还被蒙在鼓里呢。③

---

① 2023 年 9 月 6 日于 S 社区对受访者 5 的访谈。
② 2023 年 9 月 6 日于 S 社区对受访者 3 的访谈。
③ 2023 年 9 月 6 日于 S 社区对受访者 5 的访谈。

四 随迁老人社会支持问题成因

(一) 异客排斥:正式社会支持网络层面

一方面,政策不够完善。属地化管理影响了随迁老人医疗养老方面的待遇,随迁老人在就医地办理医保报销的手续还有待完善。再加上有些随迁老人为了省钱,在身体出现状况时,往往会选择拖延治疗。

> 我在 S 市根本就不想去医院,我的医保都在老家,现在身体上除了有一些小问题小检查在这里看,其他的我都会等孙子放假,然后回家看,在家里医保报得多。①

另一方面,社区支持体系不健全。S 社区娱乐活动量少质低,社区自身服务能力和自主意识不强,难以为随迁老人提供针对性较强的服务,再加上随迁老人自身对外部环境的陌生,使得随迁老人难以跳出社区这一活动范围,这制约着随迁老人的城市融入。

> 社区有哪些活动我根本就不了解,又没人告诉我,我不识字,就算社区里的人在手机里面发一些活动信息,我也根本就看不懂,哪里有机会参加这些活动。②

另外,托幼服务机制不健全。虽然我国已经实施了三孩政策,但是市面上的托幼机构参差不齐,质量难以保障。再加上大众对托幼服务的认可度不高,很少有人会将后辈送入托幼机构,使得随迁老人终日只能围着孙辈打转,无暇构建稳定的社会关系。

> 市面上的那些机构哪一个是好的,没事花钱让别人带孙子干什

---

① 2023 年 9 月 7 日于 S 社区对受访者 8 的访谈。
② 2023 年 9 月 8 日于 S 社区对受访者 12 的访谈。

么，而且我儿子儿媳一个月工资本来就没多少，哪送得起。①

（二）话语权失落：非正式社会支持网络层面

1. 家庭支持薄弱

本文认为随迁老人家庭支持薄弱，最主要的原因是代际矛盾与代际中心下移。其一，随迁老人和子女在生活习惯、育儿观念等方面有所不同，经常会产生矛盾；其二，随迁老人难以融入子女和孙辈所组成的核心家庭，子女会将更多的关心给孙辈，势必导致随迁老人产生心理落差；其三，在经济权力的掌控上，随迁老人由子女经济来源的提供者转变为子女的经济依附者，经济基础决定上层建筑，这一变化，会导致随迁老人在各项决策上依靠子女，进而丧失话语权，家庭地位下降；其四，子女工作繁忙，对父母有所忽视，随迁老人出于不给子女添麻烦的心理，在遇到问题时，往往不会选择向子女求助，而随着随迁老人年龄的增长，子女往往忽视了在城市中，父母不仅是家庭的照料者，也应当是家庭的被照料者。

另外，随迁老人来到城市后，长期与自己的伴侣分居，两个人的生活环境不同，伴侣无法切身体会对方所处的环境，也就无法理解随迁老人遇到的困境，进而导致伴侣无法给随迁老人适当的情感反馈。久而久之，双方由于互不理解，会造成倾诉欲的下降，丧失倾诉烦恼的对象，夫妻间缺少情感支持。

> 孩子们大了，都有自己的生活，现在我说话，我儿子也不听了，我老伴又在老家，平时除了打视频电话，也没有交流的机会，哎，在这边一个人辛苦得很。②
>
> 我现在是一个人，家里的那个老早就走了，平时也没什么好说的，就是孙子上学，我一个人在家的时候有点无聊，其他时候还好，有些事情也没必要和子女说，和他们说有什么用呢，他们工作那

---

① 2023 年 9 月 5 日于 S 社区对受访者 2 的访谈。
② 2023 年 9 月 7 日于 S 社区对受访者 9 的访谈。

么忙。[1]

2. 城市同辈支持网络建构困难

城市同辈支持网络建构困难主要有以下原因。其一，忙于照顾孙辈。随迁老人来到城市后，每天都要照顾自己的孙辈，做家务，没有空闲时间参与社区活动。调查发现，越来越多的老年人由于带娃压力大而精神焦虑。[2] 其二，语言交流障碍，大部分随迁老人只会说方言，且听不懂迁入地的方言，因此在与当地居民沟通时存在障碍。其三，社区未正确发挥自己的功能，未给随迁老人和当地居民构建良好的交流平台。其四，随迁老人属于中老年群体，在年龄增长与环境变化的双重作用下，他们的社交能力有所下降，无法融入新的社交圈。

> 我儿子他们其实也没让我做家务，但是他们一个个都要上班，白天孙子上学，我没事干，肯定要多帮帮忙。[3]
>
> 这边人说话语速特别快，就像在念咒一样，根本就听不懂，他们本地的人是一个小团体，根本就不带我们玩。[4]

（三）主动性较差：随迁老人个体层面

随迁老人个体层面存在社交主动性较差的问题。首先，从定居意愿上看，大部分随迁老人表示在孙辈长大，子女有时间照顾孙辈后，他们就会回到户籍地，说明其对迁入地的认同感不够，主观上他们认为没有必要与居住地的居民建立联系；其次，随迁老人进城主要是为了照顾孙辈，缺乏社交的动机与必要性；最后，随着三孩政策的放开，不少随迁老人为了照顾孙辈再次选择留在城市，而子女为了提高生活质量，有时会选择搬家，频繁的搬家使得随迁老人原本已经适应的生活环境不断变化，很难快速地

---

[1] 2023年9月7日于S社区对受访者10的访谈。
[2] 穆光宗：《"老漂族"的群体现状与社会适应》，《人民论坛》2021年第12期，第64~66页。
[3] 2023年9月8日于S社区对受访者11的访谈。
[4] 2023年9月5日于S社区对受访者3的访谈。

与他人建立信任关系。

三年前,我儿子生了二孩,家里空间不够,就搬了家,刚和那里的邻居混熟了,就搬来了这里,我现在住在26楼,上下楼根本就不方便,我现在除了买菜,每天根本就不想下楼,而且我现在年纪大了,腿脚也不方便,不想再到处走了。[①]

五　社会工作介入随迁老人社会支持困境

社会工作者应当以问题为导向,以社会支持理论为指导,从个人、家庭、社会等层面帮助服务对象建构社会支持网络,回应随迁老人的个性化需求。

(一) 自我赋能:提高自我信念感

针对随迁老人个人,社会工作者可以通过叙事治疗法,从优势视角出发,给予服务对象足够的理解与尊重,挖掘随迁老人自身的优势,引导随迁老人正确认识目前面临的城市适应困境,增强主体意识;通过生命回顾的方法鼓励老年人找回人生中的自尊与荣耀,让老年人重新构建完整的自我;开展以"随迁老人社会支持网络构建"为主题的小组工作,鼓励有相似情况的随迁老人给予彼此情感支持,相互分享经验,使他们有能力解决自己面临的困难;在条件允许的情况下,带随迁老人多进行户外活动,领略城市中的美好,增强随迁老人对城市的认同感,进而鼓励其外出开展社交活动。

(二) 近亲近邻双管齐下:构建非正式社会支持系统

针对家庭层面,社会工作者要了解家庭成员的关系,通过家庭形态、家庭结构系统的弹性、家庭生命周期以及家庭成员的交往方式几个角度对

---

① 2023年9月8日于S社区对受访者11的访谈。

家庭进行评估。① 以家庭整体为介入对象，鼓励子女了解老年人的生活状况，认识到老年人也应当是家里的被照料者，尊重随迁老人的价值观念与生活习惯。尤其可以通过情景模拟的方式，帮助子女更好地了解随迁老人身心方面的需求与他们面临的困境；通过组织家庭会议，鼓励随迁老人参与到子女的家庭决策中，增强对子女家庭的认同感；在随迁老人的经济支持上，社工可鼓励子女采取适当的方式，为随迁老人提供独立的经济来源。

针对同辈群体支持层面，社工可在随迁老人小组工作的过程当中，让随迁老人彼此认识，在小组工作结束后，彼此也能够经常联系与交流；鼓励子女在带孩子去社区公共区域休闲娱乐时带上老人，帮助父母与同样带孙辈出来休闲的老人建立联系。

(三) 场域包容：构建正式社会支持系统

针对社区层面，一方面，社区可建立随迁老人档案，了解他们的情况和需求，为有需要的老人提供社区服务；另一方面，关注阻碍随迁老人社会支持网络构建的因素，在社区开展有关随迁老人的宣传活动，消除城市居民对随迁老人的偏见，对社区工作人员开展相关的技能培训，帮助他们更好地开展工作。另外，社会工作者应鼓励社区通过举办老年人感兴趣的活动，吸引随迁老人与当地居民一起参与社区活动，增强对社区的认同感。

针对社会层面，社会工作者及相关机构应以调查报告等形式，向相关部门提出建议，推动出台有关随迁老人的社会政策，为随迁老人的正式社会支持提供制度保障。社会工作者可以通过拍摄短视频的方式，呼吁新闻媒体、社会大众关心和了解随迁老人，使大众在观念上认同和接受随迁老人。

另外，针对随迁老人隔代照料的压力问题，社会托育服务的完善能够在一定程度上解决该问题。当托育机构的价格合理、基础设施完备、服务人员资质合格时，子女会愿意将孩子送去托育机构，随迁老人只需负责接送，将会有更多的私人时间，这不仅能够满足孙辈自身发展的需要，也能

---

① 刘庆：《"老漂族"的城市社会适应问题研究——社会工作介入的策略》，《西北人口》2012年第4期，第23~26页。

够在一定程度上缓解随迁老人隔代照料的压力，提高隔代养育的质量。

总　结

随着城镇化进程的加快，随迁老人的总量也随之增加，已成为一个不容忽视的群体。随迁老人数量的增加对社会服务提出了多元化和细致化的要求，其面临社会支持网络缺失的问题，反映出随迁老人存在代际冲突、情感支持缺失和社区归属感缺失等问题。鉴于此，积极引入社会工作专业力量显得尤为重要。社会工作系统的介入，可以帮助随迁老人逐步构建起包括家庭、朋友、邻里在内的非正式社会支持网络，以及包括社区机构、政府在内的正式社会支持网络，从而全方位、多层次地满足随迁老人在精神慰藉、心理调适以及日常生活照顾等多方面的需求，促进随迁老人的社会融入与生活质量提升。

第三编　移民与海外中国的构建

中国新移民在德国的福利嵌入与社会融入*

朱 倩 王东昕**

摘 要：福利是现代化的重要维度，关乎人权和经济社会发展的根本目标，是社会文明程度的重要标识。作为研究国际移民在移居国社会融入情况的重要标志，福利制度涵盖了医疗、养老、教育等方面的保障。本文通过对德国的中国新移民群体的参与式观察与访谈，剖析其医疗和养老福利嵌入与社会融入的情况。研究发现，中国新移民作为一个复杂多元的群体，对德国社会福利的利用多为被动嵌入而非主动嵌入，导致其社会融入程度较浅，且国际流动性较强。本文为理解福利制度与中国新移民的关系提供了新的视角，也为探讨福利与移民关系中的德国式现代化提供了实证案例。

关键词：福利国家 福利嵌入 福利压缩 社会融入 中国新移民

引 言

福利是现代化的重要维度，关乎人权和经济社会发展的根本目标，是社会文明程度的重要标识。德国是世界上第一个通过立法实施社会保障制度的福利国家，于1883年、1884年和1889年分别颁布了《健康保险法》

---

* 本文系国家社会科学基金重大项目"中国新移民海外聚居点调查研究与动态数据库建设"（23&ZD206）阶段性成果。
** 朱倩，广西民族大学民族学与社会学学院副教授；王东昕（通讯作者），云南民族大学社会学院教授。

《工伤保险法》《老年和伤残保险法》三部法律。德国实行以法律为基础，以社会健康保险为主，辅之以商业保险的强制性医疗保险制度。这种强制性的社会健康保险制度覆盖了德国91%的人口，加之商业保险的作用，德国整个健康保险制度为其99.8%的人口提供了医疗保障。[1] 德国不仅对本国居民实行社会保险制度，而且要求境内移民缴纳社会保险。

在德国移民史上，二战后进入联邦德国的移民主要是年轻劳动力。[2] 移民改变了德国的人口年龄结构，延缓了老龄化社会的到来。这些移民在德国工厂、服务业、护理等部门就业，成为德国的缴费性社保人员，即通过个人缴费以获得社会保障的人员，而不是非缴费性移民，即福利资格不依赖个人缴费，而是基于特殊的社会保护或难民身份而享受福利的人群。[3]

德国的中国新移民主要是缴费性社保人员。截至2023年12月，德国的中国移民有155955人，65岁以上的人口有3615人，平均年龄34.4岁。[4] 2020年，有10300名中国人移民到德国，同年有14508名中国人迁出德国，移民净增长量为-4208人，20年来首次出现负增长，2020年德国给中国人派发签证的对象前三位分别是留学、工作和家庭团聚移民。[5] 2022~2023学年，中国留学生有42541人，中国成为德国主要的留学生来源国。[6] 根据德国统计部门数据，截至2021年底，在德国持有蓝卡（技术移民）的专业人士中，最大的群体是印度人，占总人数的28%，约19900

---

[1] Destatis, "Weniger Menschen ohne Krankenversicherungsschutz," https://www.destatis.de/DE/Themen/Gesellschaft-Umwelt/Gesundheit/Gesundheitszustand-Relevantes-Verhalten/_inhalt.html.

[2] 李欣:《二战后德国移民潮流》,《德国研究》2005年第3期。

[3] A. Conte, J. Mazza, "Migrants and Welfare Dependency: Evidence from the EU," European Commission, 2019, https://knowledge4policy.ec.europa.eu/sites/default/files/tr_final_after_last_revision_21052019.pdf.

[4] Destatis, "Migration und Integration: Ausländische Bevölkerung nach Altersgruppen und ausgewählten Staatsangehörigkeiten," https://www.destatis.de/DE/Themen/Gesellschaft-Umwelt/Bevoelkerung/Migration-Integration/Tabellen/auslaendische-bevoelkerung-altersgruppen.html.

[5] 王慧:《中国在德技术移民与高技术移民情况调研》,太和智库,2022年8月24日, http://www.taiheinstitute.org/Content/2022/08-24/1716385402.html.

[6] DAAD, "Ausländische Studierende in Deutschland: Anzahl & Entwicklung," https://www.daad.de/de/der-daad-was-wir-tun/zahlen-und-fakten/mobilitaet-auslaendischer-studierender/.

人，紧随其后的是中国人，占总人数的6%，约4200人。[1]

对于国际移民而言，福利嵌入是使自己整体嵌入的重要面向，如何在移出国脱嵌后实现在移居国有效嵌入是衡量其社会融入情况的重要表征。本文以德国的中国新移民为研究对象，探讨中国新移民与社会福利的关系，分析中国新移民在德国的福利嵌入与社会融入之间的关系。文章采取跨学科和交叉学科的研究方法，通过海外民族志的形式[2]，通过实证研究，探讨中国新移民在移居国的福利制度参与度、社会环境的适应度和疾病治疗的便捷度。笔者分别于2023年7月至8月、2024年1月至2月、2024年7月至8月在德国进行调研，并通过间歇性地在线访谈，采访了不同的中国新移民群体，重点分析新移民在德国的医疗养老体验。中国新移民作为移居国社会制度的直接参与者，他们的医疗实践和具身体验更好地说明了他们的跨国行为与社会融入情况，为进一步探讨福利制度与社会现代化的关系提供了一个实证研究案例。

一　文献回顾

（一）福利制度与国际移民

在国际移民理论中，推拉理论、新古典经济均衡理论、双重劳动市场理论等考虑更多的是经济因素，缺乏对其他因素的考量。但是，越来越多的实证研究开始调查移民与福利制度的相关性[3]，即移民领域的研究者认为福利制度越好的国家，其对移民的吸引力越大。福利制度是欧洲国家吸

---

[1] Destatis, "70000 Fachkräfte mit Blue Card arbeiteten Ende 2021 in Deutschland," https://www.destatis.de/DE/Presse/Pressemitteilungen/2022/04/PD22_168_125.html.

[2] 高丙中、谭萌：《中国人类学海外民族志的知识演进》，《中南民族大学学报》（人文社会科学版）2024年第6期，第1~11页。

[3] A. Ponce, "Is Welfare a Magnet for Migration? Examining Universal Welfare Institutions and Migration Flows," *Social Forces* 98 (2019): 245-278; F. Dellinger, H. Peter, "The Impact of Welfare Benefits on the Location Choice of Refugees Testing the Welfare Magnet Hypothesis," *WIFO Working Papers* 626 (2021); J. Ferwerda et al., "Do Immigrants Move to Welfare? Subnational Evidence from Switzerland," *American Journal of Political Science* 68 (2024): 874-890.

引和限制移民采取的重要策略。[1] 近年来,在有关移民与福利关系的理论中,影响比较大的是福利磁吸假说(Welfare Magnet Hypothesis),该假说提出个人的迁移决策受目的地国家福利体系的影响。[2] 福利磁吸假说影响丹麦等福利国家的移民政策与措施。[3] 事实上,在国际移民成为全球化主要标志的今天,福利移民问题具有重大的社会、政治与经济影响。

从"摇篮到坟墓"的福利制度一直被视为德国式现代化的重要标志。德国在现代化进程中不断推进福利制度改革,旨在保障基本人权,促进社会公平。在医疗领域,联邦德国早在20世纪80年代就开始控制医疗成本和增强个人责任意识。1982年,联邦德国首次引入个人自付药品制度,这标志着患者开始承担更多医疗费用。1989年,联邦德国又实施药品参考价格制度,并进一步将部分牙科服务、医疗救护设备、普通感冒以及部分非处方药品排除在医保福利包之外,以削减医保支出。这些措施在短期内确实起到了控制医疗成本的作用。[4] 与此同时,个人的药品费用负担也逐步加重。例如,在1997年7月1日之前,药品的个人支付额度按照包装大小分为8马克、6马克、4马克;而自1997年7月1日起,这一标准被上调至13马克、11马克、9马克。[5]

进入21世纪后,德国医疗保障体系的结构性改革进一步深化。2009年,德国设立国家层级的健康基金(Gesundheitsfonds),统一了法定医疗保险(GKV)的缴费率,并通过统一缴费率和补偿机制实现医保资源的再

---

[1] H. G. Brücker et al. , "Managing Migration in the European Welfare State," G. H. Boeri, B. McCormick (eds.), In *Immigration Policy and the Welfare System*, Oxford: Oxford University Press, 2002, pp. 1-167; G. De Giorgi, M. Pellizzari, "Welfare Migration in Europe," *Labour Economics* 16 (2009): 353-363.

[2] G. J. Borjas, "Immigration and Welfare Magnets," *Journal of Labor Economics* 17 (1999): 607-637; C. Giulietti et al. , "Unemployment Benefits and Immigration: Evidence from the EU," *International Journal of Manpower* 34 (2013): 24-38; C. Giulietti, "The Welfare Magnet Hypothesis and the Welfare Take-up of Migrants," *IZA World of Labor* 37 (2014); A. Razin, W. Jackline, "Welfare Magnet Hypothesis, Fiscal Burden and Immigration Skill Selectivity," *Scandinavian Journal of Economics* 117 (2011): 369-402.

[3] O. Agersnap et al. , "The Welfare Magnet Hypothesis: Evidence from an Immigrant Welfare Scheme in Denmark," *American Economic Review: Insights* 2 (2020): 527-542.

[4] 房珊杉、孙纽云、梁铭会:《德国医疗保障体系改革及启示》,《中国卫生政策研究》2013年第1期。

[5] 李加里:《对德国医疗保险与药品价格的考察》,《价格理论与实践》1999年第5期。

分配，强化了制度的互助共济功能，建立了"富人帮助穷人、年轻人帮助老年人、就业者帮助失业者"的制度框架。① 尽管这些改革在制度设计上体现了公平与效率的平衡，但其后果之一是个人医疗负担的持续上升，这也引发了社会关于医疗公平性的持续讨论。自2009年设立健康基金以来，德国福利制度特别是医疗保障体系的改革并未止步，而是持续推进，呈现"控支—公平—数字化—老龄化应对"多线并行的改革趋势。如2015年推出附加费机制，2015～2017年实施长期护理改革，2019年提出数字医疗法案，2022年起开始医院与数据改革，推出数字化公共卫生平台等，这都体现出德国对其福利制度不断调适、精细化管理和现代化升级的努力。

与此同时，二战后，联邦德国逐渐从一个移民流出国变成移民流入国，从单一民族国家向移民国家转变。德国真正的移民多元化源于战后"莱茵奇迹"的工业发展对年轻劳动力的需求增加，由于德国实施了客工政策，外籍移民数量不断增长。20世纪90年代，东西德统一后，前苏联地区的伏尔加德意志人回流和南斯拉夫的难民流入德国。② 移民改变了德国的人口结构和社会文化，促使德国开始修订其法律。2001年，德国颁布了《国籍法》和《外国人居留法》③，首次废除了国籍与血缘绑定的规定。自2010年以来，德国每年有超过10万净流入移民人口，2015年其净流入移民高达百万。④ 2015年，曾经否认德国是移民国家的默克尔总理正式宣布："德国是一个移民国家。"⑤ 次年的统计数据显示，德国已成为全球第

---

① 朱明君、潘玮：《德国法定医疗保险的现状》，《中国医疗保险》2012年第2期。
② 陈英、钱伯彦：《第四次移民潮要来了？德国移民政策的前世今生》，界面新闻，2018年10月27日，https://m.jiemian.com/article/2567037.html。
③ 《外国人居留法》共规定了外国人七种不同的居住许可：居留许可、欧盟蓝卡、信息和通信技术卡（ICT卡）、移动信息和通信设备卡（移动ICT卡）、欧盟永久居住许可、定居许可和签证（Visa）。
④ Destatis, "Migration Flows: Migration between Germany and Foreign Countries, 1950 to 2023," https://www.destatis.de/EN/Themes/Society-Environment/Population/Migration/Tables/migration-year-01.html.
⑤ A. Merkel, "Rede von Bundeskanzlerin Merkel beim Festakt zum 40-jährigen Bestehen des Amtes der Beauftragten der Bundesregierung für Migration, Flüchtlinge und Integration," https://www.bundeskanzler.de/bk-de/aktuelles/rede-von-bundeskanzlerin-merkel-beim-festakt-zum-40-jaehrigen-bestehen-des-amtes-der-beauftragten-der-bundesregierung-fuer-migration-fluechtlinge-und-integration-1560794.

二大移民净流入国。2023年,德国净流入移民为652184人。①

移民问题影响德国的福利制度的改革。德国的多元移民群体演变与国家认同、劳动力市场分割和福利制度改革等问题成为社会舆论讨论的热点。② 当前,难民福利问题困扰着德国。2021年,德国报告其收留了近124万名难民和23.3万名寻求庇护者,使其成为欧洲最大的难民收容国,其中一半的难民来自叙利亚。③ 2022年3月至2024年4月,德国收容了116万名乌克兰难民。④ 难民是非缴费性移民,其巨量的涌入对德国福利制度产生了冲击。为了在源头上管理难民,德国政府将难民的福利制度与保险制度并轨,并将福利资源与社会保障资源整合在统一的制度下进行管理,通过严格难民申请条件等措施,降低了社会福利支出水平。⑤ 尽管德国的难民政策在不断完善,但是庞大的避难申请者数量给德国的政治、经济、社会和文化带来很大挑战。⑥

（二）海外中国新移民研究

海外中国新移民是指改革开放后移居海外的大陆移民。⑦ 随着研究的深入,中国新移民内部的多元性和差异性不断凸显,主要有专业技术移民、投资移民、留学移民、家庭团聚移民、非法移民⑧、劳工移民、生育移民。⑨

---

① Destatis, "Migration Flows: Migration between Germany and Foreign Countries, 1950 to 2023," Statistisches Bundesamt, 2024.

② 黄叶青、彭华民:《迁移与排斥:德国移民政策模式探析》,《欧洲研究》2010年第5期,第113~129页。

③ UNHCR, "Germany," https://www.unhcr.org/countries/germany#:~:text=In%20the%20middle%20of%202021%2C%20Germany%20reported%20almost, Syria.%20Germany%20also%20hosts%2027%20000%20stateless%20persons.

④ Statista, "Gesamtzahl der offiziell gezählten Kriegsflüchtlinge aus der Ukraine in Deutschland von März 2022 bis Juli 2024," https://de.statista.com/statistik/daten/studie/1294820/umfrage/kriegsfluechtlinge-aus-der-ukraine-in-deutschland/.

⑤ Flüchtlingsrat Baden-Württemberg, "Soziale Integration," https://aktiv.fluechtlingsrat-bw.de/sozialleistungen-fuer-fluechtlinge.html.

⑥ 唐艋:《德国难民政策的历史与现状》,《德国研究》2015年第2期,第45~57页。

⑦ 张秀明:《国际移民体系中的中国大陆移民——也谈新移民问题》,《华侨华人历史研究》2001年第1期,第22~27页。

⑧ 赵红英:《近一二十年来中国大陆新移民若干问题的思考》,《华侨华人历史研究》2000年第4期,第7~16页。

⑨ 周爱华:《生育移民:中国大陆家庭赴美生子研究》,中山大学博士学位论文,2022。

海外中国新移民的特征包括：精英移民有扩大趋势[1]，新移民对母国更忠诚[2]。

已有研究侧重对新移民融入移居国情况的分析。宋全成认为中国新移民的大众传媒意识和参政意识强烈，华人政治地位显著提升[3]。Suryadinata提出，许多中国新移民并没有很好地融入他们所移居的国家，全球化世界的通信和交通便利使他们能够保持与母国的联系并保持移民心态[4]。李明欢提出，中国新移民对彻底融入所在国主流社会多持保留态度[5]。对彻底融入的保留还体现在新移民的跨国主义实践上。相应地，跨国主义被越来越多地用来研究海外中国新移民[6]。跨国主义是研究中国新移民的一个重要视角。新移民并不像老移民那样要么落叶归根，要么落地生根[7]，而是过着一种双重生活，在两边安家，充分利用双边的市场、资源和资本谋生[8]。

（三）嵌入理论的发展

嵌入理论对国际移民实践的强大解释力让学术界运用嵌入理论研究海外华人的成果增多[9]。游天龙和周敏基于全球化的背景和跨国主义的视角，立足于国际移民创业的实践，超越"混合嵌入模型"等理论，提出了"并行嵌入"模型，即移居国和祖籍国两地的微观社会关系网络、中观市场结

---

[1] 庄国土：《全球化时代中国海外移民的新特点》，《学术前沿》2015年第8期，第87~94页。

[2] M. Thunø, "Reaching out and Incorporating Chinese Overseas: The Trans-territorial Scope of the PRC by the End of the 20th Century," *The China Quarterly* 168 (2001): 910-929.

[3] 宋全成：《欧洲的中国新移民：规模及特征的社会学分析》，《山东大学学报》（哲学社会科学版）2011年第2期，第144~150页。

[4] L. Suryadinata, *The Rise of China and Chinese Overseas: A Study of Beijing's Changing Policy in Southease Asia and Beyong*, Singapore: Lseas Oublishing, 2017.

[5] 李明欢：《逐梦留根：21世纪以来中国人跨国流动新常态》，《华侨华人历史研究》2023年第3期，第1~11页。

[6] 周敏、刘宏：《海外华人跨国主义实践的模式及其差异——基于美国与新加坡的比较分析》，《华侨华人历史研究》2013年第1期，第1~19页。

[7] 许肇琳：《从"落叶归根"到"落地生根"看海外华侨华人社会的演变和发展》，《八桂侨史》1993年第2期，第9~13页。

[8] A. Portes et al., "The Study of Transnationalism: Pitfalls and Promises of an Emergent Social Field," *Ethnic and Racial Studies* 22 (1999): 217-237.

[9] 陆益龙：《嵌入性适应模式：韩国华侨文化与生活方式的变迁》，中国社会科学出版社，2006；张一力、张敏、李梅：《对海外移民创业网络嵌入路径的重新审视——从"走出去"到"走进去"》，《科学学研究》2016年第12期，第1838~1846页。

构和宏观制度大环境的并行嵌入对国际移民创业具有影响。[①] 陈肖英发现荷兰华人"开薯条店的经济行为深深嵌入于制度、市场、关系、文化构建的社会关系网络之中，每一类型的嵌入都对华人开薯条店产生了挤压机制或牵拉机制"。[②] 此外，对中国新移民的社会福利嵌入的研究更多地集中在教育领域。[③] 学界对中国新移民的医疗和养老问题的关注相对较少。王思萌对比了法国巴黎中国技术移民和工人阶级移民及其孩子在接受心理咨询方面的差异，她提出工人阶级在治疗方法上主要是药物治疗，而富裕阶级大多去私人诊所，他们的治疗更多的是基于谈话的心理咨询。[④] 在以往的研究中，经济嵌入、制度嵌入、文化嵌入得到了充分的研究，可是对福利嵌入的研究，特别是对医疗嵌入对社会融入的影响的研究还比较缺乏。本文主要基于实证研究，探讨中国新移民在德国的医疗福利与养老嵌入及对其社会融入的影响。

二 强制性福利嵌入与中国新移民的社会融入

（一）德国强制性社会福利体系及其变革

社会福利制度是德国社会治理的基石。德国的社会福利制度，不仅在保障公民基本生活需求、促进社会公平和稳定方面发挥了重要作用，还对整个国家的经济发展和社会治理产生了深远影响。经济合作与发展组织（OECD）发布的各国公共社会支出占 GDP 的比重显示，排名前三的国家分别为法国（31.6%）、意大利（30.1%）和奥地利（29.4%），德国（26.7%）

[①] 游天龙、周敏：《并行嵌入：国际移民创业理论的新模型》，《世界民族》2022 年第 3 期，第 1~15 页。

[②] 陈肖英：《移民族群经济行为的多元嵌入——以荷兰华人薯条店为例》，《华侨华人历史研究》2023 年第 4 期，第 1~11 页。

[③] 周敏、王君：《中国新移民的教育期望及其面临的挑战、制度限制和社会支持——以美国和新加坡为例》，《华侨华人历史研究》2019 年第 4 期，第 1~9 页；王君、周敏：《中国新移民对子女教育的期望、挑战与应对策略——来自新加坡的个案研究》，《广西民族大学学报》（哲学社会科学版）2021 年第 6 期，第 16~21 页。

[④] S. Wang, *Chinese Migrants in Paris: The Narratives of Illusion and Suffering*, Leiden: Brill Publisher, 2021.

排在第七位。① 稳定的公共社会支出是德国社会福利保障的资金来源。

德国社会福利强调社会公平，以税费调整社会收入差距。德国的税制分为六级，从14%到45%不等。个人所得税在2024年起征点改为年收入11604欧元，相比2023年提高了696欧元。② 个体收入顶级税在北莱茵-威斯特法伦州的起征点调整为66761欧元，对于超过277826欧元的收入部分征收45%的富人税。③ 目前，为了吸引更多的技术移民，2024年7月初，德国对外国移民中的技术工人实行三年税收减免的福利计划，即"新移民过来的技术工人在前三年可以分别申请享受其工资总额的30%、20%和10%的免税额"，但这招致国内舆论的批评。

德国福利公共支出以税收为主要来源。德国法定健康保险由国家健康基金提供资金，所有公民都要参加公立或私立健康保险，健康保险占个人税前收入的14.6%，养老保险占18.6%，护理保险占3.4%，失业险占2.6%。④ 对于投资移民或者创业移民来说，德国的税费结构十分复杂。中国居民赴德投资主要面对18种税种。⑤ 创业要缴纳的税费比个人报税更多（由于中国创业者习惯于把创业公司的财产视为自身的财产，企业的支出也认为是自己的支出），包括企业所得税（税率为15%）、营业税（营业税是市镇一级的专享税，统一税率为3.5%）、增值税（该税种由消费者承担，税率为19%，对于食品、书籍等商品适用7%的优惠税率）、部分个人所得税（主要指员工的工资税，由企业在工资中扣除代缴）、团结互助税（在所得税的基础上乘以5.5%的税率，自2021年起免除90%的团结互助税）等。⑥ 在获得合法的签证后，中国新移民才能够以个人的名义正式创

---

① OECD, "Social Expenditure Database," https://www.oecd.org/social/expenditure.htm.
② Bundesministerium der Finanzen（BdF）, "Das ändert sich 2024," https://www.bundesfinanzministerium.de/Content/DE/Standardartikel/Themen/Steuern/das-aendert-sich-2024.html.
③ "Einkommensteuertarif," https://www.finanzamt.nrw.de/steuerinfos/weitere-themen/steuererklaerung/einkommensteuertarif.
④ "Wie sind die aktuellen Beitragssätze in der Sozialversicherung?", https://www.tk.de/firmenkunden/versicherung/beitraege-faq/beitragssaetze/aktuelle-beitragssaetze-in-der-sozialversicherung-2031554?tkcm=aaus.
⑤ 《中国居民赴德国投资税收指南》，https://www.chinatax.gov.cn/chinatax/n810219/n810744/n1671176/n1671206/c2352715/5116161/files/72b16e47556f4f99a6e0b5652f71a17e.pdf。
⑥ 《德国税制知多少?》，商务部网站，2020年7月10日，http://www.mofcom.gov.cn/article/zwjg/zwdy/zwdyoz/202009/20200902999011.shtml。

业和居留，这是一种强制性的社会福利体系。

（二）中国新移民被动福利嵌入与主动经济融入

在强制性的社会福利制度下，移居德国的中国新移民无论愿意与否，必须先缴纳各种税费，以获得合法居留资格，从而被动嵌入社会福利体系。20世纪中后期的德国，报税满5年的移民才有资格申请长居和永居签证，获得正式的稳定的身份。因此，移民德国，需要先找到工作，以实现按时报税，这是新移民高就业率的原因之一。就业后的连续合法报税让中国新移民获取了合法的身份，也为他们的创业铺平了道路。创业是中国新移民提高经济能力的主要方式，是他们实现社会阶层向上流动的途径，是一种主动的经济融入。经济融入是社会融入和政治融入的基础，也是文化融入的前提。

二战后，联邦德国经济迅速腾飞，早期来到联邦德国的中国新移民一般在老移民开设的餐馆打工获得收入。由于经济好，德国人外出用餐的机会多，开餐馆的老移民挣到了第一桶金。改革开放后，中国新移民通过在老移民企业工作的方式，学到了不少企业经营方式和技能，他们复制老移民的方法，开餐馆、超市，以及从事贸易批发、运输与旅游等行业，成为当地外国移民中的高创业率群体。以中餐馆为例，2018年，据德国中餐协会的统计，德国中餐馆数量为10345家，中国餐饮业雇用50000多名全职员工和75000名兼职员工，中餐业每年的总营业额估计超过36亿欧元。2022年，德国超过1万家中餐馆吸纳了约10万名就业人员。中餐业作为传统的族裔经济，是德国华人的主要立足点，是新移民创业的集中领域，现在很多华侨华人社团与协会的负责人来自中餐及相关产业。

在调研中笔者发现，来德国的中国新移民看重的是德国上升的经济形势和稳定的社会环境，这有利于他们创业的成功。"来德国放着好好的生意不做，难道要领低保吗？20世纪70年代末80年代初，我在广州从事服装生意，每个月收入上万元。来德国一方面是当时国内发展情况不确定，另一方面是看到了创业机会，这也是当时不少广州人的选择。一句话，这么辛苦来到这里，肯定不是为了领取德国的低保，主要是为了创造财富。"这是1988年从广州来德国，经营过5家餐馆的丽莎谈起她的创业初衷时说的。她的餐馆在生意好的时候，每个月的报税额能够达9万欧元。"餐馆一开,来吃饭的德国人排队就排到了街上,挣钱就如扫落叶一般。"这是祖籍浙江温州的廖老板的创业经历,他不仅自己开餐馆,还帮助弟弟妹妹在德国从事餐饮业,形成家族生意。这种以血缘、地缘和业缘为主的创业模式,促进了中餐业在德国大中小城市的布局。

高就业率和高创业率的"两高"经济活动形成了良性循环,中国新移民通过"两高"成为德国社会福利体系的贡献者,为他们融入德国社会创造了良好的条件。经济融入最突出的表现是经济机遇比社会福利对中国新移民更有吸引力,即自我创造财富比领取救济金更有吸引力。可见,德国的高福利水平并不是中国新移民移居德国的最主要原因。"98%的中国人不会领取德国低保,除非是有困难的婚姻移民,"全德华侨华人联合总会执行副主席告诉笔者。疫情之后,德国有一些企业倒闭,包括一批中餐馆,但是,这批老板并没有去领取德国低保,而是在德国重新创业,或者联合起来创业。

福利磁吸假说并不能解释中国新移民选择德国的原因,因为福利磁吸假说直接把移民(难民)和福利画等号,而忽视了其他因素的影响,比如经济、社会、文化和政治等因素。此外,福利磁吸假说忽视了中国新移民的创造力、向上流动的动机和实现个人价值的欲望。研究发现,德国的创业和就业机会是中国新移民看重的因素。

(三)浅融入:族群区隔与福利压缩

中国新移民对德国社会的融入比较浅,在德国福利压缩后,情况更不容乐观。浅融入的原因比较多,首先是语言隔阂。对德语的掌握程度影响移民的融入程度。德国的中国新移民群体比较复杂,其中人数最多的是浙江籍移民,接着是福建籍移民,然后是广东、湖北、北京、湖南、四川、广西等地的移民。[①] 虽然新移民的文化程度较老移民已经有很大提高,但是我们调研接触的地域性移民群体以中小学文化程度为主,他们在德国接受过基础德语培训,但是由于文化程度不高,只能进行基本的德语交流,由于工作需要,有些移民对行业语言比较熟练,比如熟悉餐馆日常德语会话。有的中国新移民即使在族裔企业打工获得了合法身份和开办公司的资

---

① 朱倩:《德国中餐馆的规模化发展与族裔经济的"竞争性"问题的探讨》,载于王辉耀、刘国福主编《流动与治理:全球人才、移民与移民法》,世界知识出版社,2019。

格，但由于语言能力不强，而无法独立开办企业，比如上文提到的廖老板的弟弟因为无法流畅使用德语而无法创业，廖老板告诉笔者，弟弟连电话号码和菜名都记不清楚，只能一直在厨房工作。而一些投资移民一般会雇用当地的中国留学生进行日常的德语翻译，处理家庭和工作上的各项事务。德国不少社团需要留学生或者德国毕业的年轻移民处理各种社团对接事务，包括德语邀请函的撰写和发言或者通信的翻译等。看病的时候，有的人时常听不懂医生的专业术语。德语成为中国新移民融入德国社会的一道鸿沟。

其次是华人族裔文化影响。新移民多在族裔企业工作。在这些企业中，无论是老板还是员工，一般都比德国人的工作时间长，工作强度大，工作内容繁杂。在这种"勤劳"文化，或者我们说族裔经济内卷文化的影响下，生病是奢侈的。在德国卡尔斯鲁厄经营餐馆20年的黄老板是广东佛山人。他自认为他的工作并不比员工轻松，餐馆的事情需要亲力亲为，不仅自己采购原料，而且自己兼职做大厨和跑堂。每天早上6点多起床，忙到凌晨，日复一日。黄老板说他在德国"看病没有超过10次"。这基本上是餐饮经营者的集体画像："忍一忍""忙到没有时间生病"。小病就自己吃药解决，这些药一般是从国内带过来的常备药，从国内带常备药和中成药是不少新移民的习惯。

来自广州的丽莎说："每年夏天，餐馆不忙的季节，我就回广州，关起门来睡觉，一睡就是10天。"在德国人夏天家庭休闲出游的日子，来自广州的丽莎保持夏天回国补觉度假的习惯。"少生病，多挣钱"成为不少创业者的切身体验。但是，高强度的工作让中国新移民身体健康受损，比如过度跑动让膝盖磨损，端酒水让手关节磨损，厨房炒菜吸入过多油烟，等等，工作时间一长，他们身上就有不同的伤病。其他族裔的人极少能够胜任中国族裔企业的工作。综上，中国新移民的经济融入变成了浅融入，与德国社会保持着某种距离。

在德国获得经济成功的中国新移民倾向于买房置业，拥有自己的财产，这种置业偏好让中国新移民无缘偏重保护无产者和穷人的德国福利体系。相反，"过多的税费让人入不敷出"，高税额让中国新移民感觉压力较大，笔者采访的技术移民群体都认为纳税后他们的收入很低。技术移民一般是在德国的企业上班，他们的收入相对高，报税的基数和税率相对也高。德国的税制分为六级，从14%到45%不等。一级税是税率最高的税制。单身的技术工人需要缴纳一级税。中国留学生成为技术移民后，很多人都是单身，需要缴纳一级税，收入的小一半交给了德国财政。结婚后，他们的缴税级别可以调整为三级、四级或五级，一般收入高的一方会交三级税，如果双方收入差不多，都调整为四级税。即便如此，个人工资收入的接近1/3也给了德国财政。在收入不多的情况下，有些人还要供房养车，退休后，收入减半，目前有人出租房子养老，或者卖房养老。要不然无法支付养老院至少2000欧元一个月的费用，而拥有资产者，无法申请国家补助。

再次是德国社会潜在的种族歧视。种族歧视问题是一个有争议却对中国新移民影响深远的话题。德国医院区别对待不同族群病人的情况在移民中影响比较大。疫情期间，很多人都担心种族歧视，如果移民感染病毒与德国人同时进入医院抢救，在呼吸机不足的情况下，德国人会得到优先救治。[①]

最后是医疗福利压缩。福利水平降低既受到庞大难民数量的影响，也受到德国经济增速放缓、人口老龄化、失业率上升和欧洲局势的深远影响，财政赤字、公共债务压力、物价上涨让号称"均富社会和避免冲突的理想模式"的德国出现了社会福利压缩现象，这种压缩影响到国际移民的流动。其中，人口老龄化是影响德国经济发展与福利体系的重要因素。近年来，德国正经历日益严峻的人口老龄化趋势，人口结构的变化给经济社会带来诸多挑战。德国联邦统计局近期公布的数据显示，德国65岁及以上人口已从1991年的1200万增至2023年的1889万，并且由于德国新生人口呈逐年下降趋势，目前65岁及以上人口在总人口中所占比例已从1991年的15%增至2023年的22%。[②] 适龄劳动力人口的快速减少使得养老金缴纳人数变少，这扩大了养老金池的缺口。再加上德国医生和护士短缺，德国医疗体系日趋低效。

---

① Q. Zhu et al., "The Role of Social Networks for Combating COVID-19 Pandemic: A Study with Reference to the Chinese New Immigrants in Germany," *International Journal of Anthropology and Ethnology* 7（2023）.

② 陈希蒙:《德国稳健施策应对老龄化》,《经济日报》2024年9月23日,第4版;《德国国家概况》（最新更新时间：2025年4月）,中华人民共和国外交部网站, https://www.mfa.gov.cn/web/gjhdq_676201/gj_676203/oz_678770/1206_679086/1206x0_679088/。

调研发现，中国新移民在德国的医疗体验越来越差。德国看病实行预约制度，目前的预约等待期比较长，少则3~5周，多则3~6个月。受访者王姐最讨厌的就是德国的预约制度。来德国26年的王姐回忆指出，她2013年做过腰部手术，当时找了德国著名的骨科医生动手术，在腰部放了2块钢板，可是钢板放歪了，王姐不仅需要重新手术，而且手术后仍无法蹲下，只能跪着，身体越来越差。2023年，她的家庭医生让她拍片检查身体，可是拍完片后再次预约还要两个月才能让医生看拍片的结果。除此之外，不少德国家庭医生实行半天工作制，工作时间缩短，让病人更难预约。疾病缠身的王姐经常得不到有效的治疗，有一次看医生，血压过高，但医生只让她回家等待。

陈老师旅德30年，她是婚姻移民，嫁给了德国人而留在德国，做过中文学院的老师，在波恩大学讲授过粤语。陈老师说德国家庭医生一般都是内科医生，德国缺医生，她的家庭医生原本有3个，都做了20年了，比较有经验，经营者是两兄弟，他们继承了父亲的诊所，同时还聘任了一个女医生。可是，前段时间那两兄弟去世了，只剩下女医生，看病非常难约，急诊不给约，让病人直接去医院，可是去医院却被医生骂。

福利压缩还体现为药价只升不降，自费比例越来越高，医生主要开的是自费药。霞姐是来自广西的婚姻移民，她说："德国医保局限越来越多，以前我们拿药真的一分钱都不用付。我6年前高血压，每一种处方药都要支付5欧元，非处方药要全付。昨天我买眼药水花了11欧元，口腔溃疡药膏很小就15欧元一支，相比之下，国内的西瓜霜便宜还有效，普通滴眼液就很好。"[①]

张哥是一名已入籍的技术移民。张哥认为，在德国，就医程序受德国保险制度的影响很大。德国医疗资源受限于保险品种，购买私人保险的患者可以直接找私人医生和私人诊所就医，这些私人医生和私人诊所往往是非常有实力有名气的专科医生和团队。公保并不受医生的欢迎，在医疗体系内使用公保的患者存在就医难、等待就医时间长等问题，有些病还没等到就医可能就好了，当然也有可能会恶化。比如身体检查这块，本来通过公保一年可以免费查一次，但是新冠疫情以来从一年一次变为两年一次，

---

① 2024年6月24日在德国科隆市对霞姐的访谈。

再到后来变为三年一次，检查的项目也非常有限。张哥最早用的是私保，私保检测项目比公保多很多。但是现在不管公保还是私保，看病要等的情况都存在，只是公保要等更久。

（四）跨国主义与回国养老

跨国主义是中国新移民的日常实践，很多新移民都是跨国主义者，他们分别在中德安家、投资和发展。根据调研，中国新移民每年在中德之间多次流动：有的回国进行投资或者购买资产；有的回国进行采购和商业洽谈；有的是回国探亲访友；有的回国度假和调理身体；等等。

对于德国的中国新移民而言，虽然他们在德国的创业率和就业率比较高，但是，德国的中国投资移民、创业移民的报税非常低。由于企业利润问题，新移民创业者普遍的做法是低报税，以降低企业成本。低报税会带来负面后果，缴纳养老保险费过低，严重影响从业人员的退休收入。比如在中餐馆工作的人员，无论是老板还是打工者，绝大部分采取低报税的方式来获取更多的现金收入，这样做的后果是退休后的养老金非常低。有些在德国开中餐馆几十年的老板，退休金不到200欧元/月，而且退休金中还需要缴纳每个月10%的医疗费。目前，退休的中国新移民不多。笔者采访了6个退休的餐馆老板，他们的退休金是每月约150欧元。这个收入都不够支付药费，更不用说支付养老院一个月2000多欧元的费用了。[①] 同时，申请退休金需要比较烦琐的手续和较长时间的审批，对需要照顾的老人造成非常不好的体验。

德国的福利体制注重公平，有固定资产的人难以获得社会福利资助，即领取救济金，而中国新移民基本倾向于在德国购房置业，出租余房养老和卖房养老就成为不少人的选择。如果回国养老，就需要在中国进行前期投资，包括购房置业，这样更方便退休后回国养老，或者卖掉德国的房子回国养老。不少新移民认为，在德国养老不划算，回国养老性价比更高，因为在中国保姆的月工资5000元人民币左右，可是德国的养老院一个月的费用至少14000元人民币。

[①] NDR，"Pflegeheim：Wie Hoch Sind die Kosten?"，https：//www.ndr.de/ratgeber/gesundheit/Pflegeheim-Wie-hoch-sind-die-Kosten，pflegeheimkosten100.html。

对于技术移民，德国的养老环境也不容乐观。技术移民每月收入的 1/3 或者一半以税费的方式上缴国家，以缩小社会收入差距，补充养老金池。但是，被抽走一半或者 1/3 的收入后，技术移民的纯收入所剩不多，有的难以实现每个月收支相抵，靠银行贷款在国外购房是普遍的选择。对于在中餐馆工作的员工来说，技术移民的优点是报税较高，退休后每个月可以拿到 1500~2500 欧元的退休金。从 2012 年开始，德国延长了退休时间，67 岁才可以退休，这降低了新移民对养老福利质量的期待。

德国吸收大量难民导致社会环境恶化是中国新移民情感难以融入的重要原因。他们发现不仅道路越来越脏，而且社会治安越来越糟糕。前几年，难民只是挨家敲门求施舍，近期却发生了好几起入室盗窃案件。来自广西的霞姐表示对德国真的是越来越失望："我打算以后回国养老。德国现在真的没有 20 多年前那种安定和谐的氛围了，难民太多，城市脏乱差，（难民）以前是偷窃，现在是明抢，朋友圈经常会听到哪家门又被撬了……"随着国内房价的下降，2024 年初，霞姐回国在南宁买了房子，她说以后还是打算回国养老。相对于霞姐而言，丽莎的家已经两次被盗，损失了一些现金和首饰。2019 年她回国期间，笔者帮她看家时发现她家地下室杂物房的锁被人剪断，她本人和家人都已见怪不怪了，因为已经不是第一次发生这种事了，所以才让笔者在其回国期间帮忙照看，没有想到真的发生如此情况。

讨论与总结

中国新移民作为一个复杂且多元的群体，在德国社会福利体系中的融入带有"强制性"色彩，而非主动选择。福利嵌入为移民提供了基础保障，帮助其获得了合法身份，从而有助于他们进一步融入经济；而经济嵌入则反过来加强他们对福利体系的贡献，实现长远的社会融合，福利和经济嵌入之间存在辩证关系。然而，受限于德国的结构性因素和族裔经济内卷文化，其经济融入呈现浅融入特征。这种浅融入对其文化融入与社会融入产生深远影响，导致较强的跨国主义和有限的社会参与。

德国的福利制度并非新移民移居的主要动因，经济稳定和就业机会才是关键。中国新移民多为税费贡献者，而非主要福利受益者，且其对养老基金和福利体系的贡献长期被忽视，在政治和社会危机状态下，中国移民群体和留学生群体常常成为德国社会的发泄对象。同时，养老金低、医疗资源紧张等问题令中国新移民面临养老和医疗困境，部分移民依赖华人社区应对这一局面。

中国新移民作为德国社会福利体系的直接参与者，其医疗实践和生活体验揭示了这一体系对他们的影响。田野调研发现，几乎所有中国新移民都认为德国的医疗体系在走下坡路。德国的医疗资源公私结合带来了医疗资源分配问题，正在人为地摧毁长期以来公平、公正、互助的医疗和福利体系。德国的家庭医生制度在减轻医院和专科医生压力的同时，也剥夺了病患求医的自由，拖延了治疗的时间。德国公私医院结合的方式造成了公立医疗水平下降问题，一方面病患不断增多，等候医疗时间过长；另一方面诊所和药房在减少，大批的医学专业学生无法获得行医的资格。医生缺乏和无法对病人进行正常救治的现状使得福利水平日趋下降，民众的不满情绪日益积累，这让很多中国新移民无法有效享受医疗资源，也影响了中国新移民的社会融入。在极端民族主义的煽动下，新移民作为外来者，需要承担更多的压力和歧视，无形中再次形成"我"与"他"的族群隔阂，而不是社会与文化融合。

面对大量移民和难民，德国的社会福利制度出现了"移民磁吸"与"福利紧缩"现象。尽管强制性福利嵌入保障了基本福利，但主流社会对移民和难民的接纳度不高，不同语言和文化背景的移民未能很好地融入德国社会，进而难以形成有效的社会凝聚力。

德国以公平公正为核心的福利制度改革对中国具有重要借鉴意义。德国的福利体系展示了如何通过扩大社会福利覆盖面来确保社会公平，这在中国推进共同富裕和中国式现代化进程中尤为重要。随着中国从传统地域社会向移民社会转型[①]，如何保障流动人口的基本权益，促进其与常住人口的多层次融合，形成强大的社会合力，仍是需要进一步探索的课题。

研究中国新移民在德国的福利嵌入和社会融入情况，不仅可以看到福

---

① 周大鸣：《从地域社会到移民社会的转变——中国城市转型研究》，《社会学评论》2017年第6期，第3~10页。

利制度对移民生活的影响，也可以为中国式现代化进程中应对类似挑战提供新的视角和思路。德国的经验表明，完善的福利制度不仅可以促进社会稳定和经济发展，还可以为不同群体提供公平的机会和保障，从而推动整个社会的可持续发展。中国在推动现代化的过程中，应借鉴这些经验，努力实现社会公平与共同富裕，确保所有公民都能享受到现代化带来的成果。

从生育旅游到生育移民：中国赴美生子家庭调查与研究

周爱华[*]

摘　要：本文提出"生育移民"这一概念来描述和分析中国大陆家庭赴美生子这一特殊的人口流动现象。生育移民的主要特征是以获得出生地国籍为动机、门槛较低、以中产阶层为主力、多为双重移民、内部存在多元的流动模式等。本文运用跨国多点民族志的研究方法，聚焦赴美生子不同层面的跨国运作机制，涵盖从签证入境到待产生产再到回国和实施移民计划等阶段。研究发现：对签证和入境政策与形势的灵活应对，展现了个体和家庭在面临结构性限制时的能动性；跨国族裔经济为生育移民与洛杉矶华人社会牵线搭桥，使待产女性能远涉重洋并适应当地社会；这些家庭在赴美生子后，通过弹性公民策略，实现了未来利益的最优安排。

关键词：生育移民　赴美生子　跨国族裔经济　弹性公民

一　问题的提出

自 2008 年美国对中国居民放开赴美旅游签证以来，中国赴美生子的家庭逐渐增多，成为除墨西哥外到美国生育旅游人数最多的国家。2013 年香港特区政府执行"零双非"政策，赴美生子的主力由中国台湾居民变为中国大陆居民。高峰时期，洛杉矶有上千家华人月子中心接待中国孕妇。2020 年 1 月，特朗普签署行政命令导致人们获得旅游签证的难度加大，赴

---

[*] 周爱华，广东省社会科学院助理研究员。

美生子的人数开始下降。① 由于美国政府不要求医院追踪在美国生孩子的母亲的国籍，目前没有相关的官方统计数据。笔者通过洛杉矶月子中心的数量、接待能力和从业者提供的数据，大致估算出自2008年美国开放旅游签证以来中国大陆至少有20万个家庭赴美生子。

赴美生子在媒体报道、美国官方文件和已有研究中被称为生育旅游（birth tourism），只涵盖了这些家庭在美国待产和生产的过程，并不包括后续的抚养和教育等，而生育包括生殖和抚育，是环环相扣的连续事件。该命名只强调了自由和轻松的旅行，不足以传达这些家庭赴美生子最主要的目的和结果，即为孩子乃至整个家庭申请美国公民身份，因为美国现行移民政策允许年满21岁的公民为父母申请绿卡。已有研究从东道国的角度来看待赴美生子行为，与"锚婴儿"（anchor baby）、签证欺诈、占用福利、链式移民等污名和刻板印象联系在一起②，转向捍卫宪法和美国公民身份的神圣性。③ 罗德里格对《纽约时报》报道中国妇女生育旅游后的在线评论进行内容分析，发现大部分网络评论者将中国妇女的生育旅游妖魔化为对美国的威胁。④ 这种叙事将公民与移民、临时移民与永久移民、短时性游客与移民视为二元对立的人群，显然难以适应当今日益复杂多样的跨国人口流动形态。

本文关注的是中国赴美生子家庭，使用生育移民而非生育旅游的概念，特指持商务/旅游签证到美国生下孩子以使子代获得美国国籍的中国家庭，限定在夫妻双方均未获得美国绿卡或公民身份的家庭。生育移民

---

① 美国东部时间2020年1月23日，联邦公报网站上刊出《关于休闲与商务临时访客签证的说明》，明确规定以获取美国国籍为目的的B类签证申请将被拒签。参见 The Daily Journal of the United States Government, "Visas: Temporary Visitors for Business or Pleasure," https://www.federalregister.gov/documents/2020/01/24/2020-01218/visas-temporary-visitors-for-business-or-pleasure。

② S. H. Wang, "Fetal Citizens? Birthright Citizenship, Reproductive Futurism and the 'Panic' over Chinese Birth Tourism in Southern California," *Environment and Planning D: Society and Space* 35（2017）：263-280.

③ J. K. Kim, E. Sagás, K. L. Céspedes, "Generacing Immigrant Subjects: 'Anchor Babies' and the Politics of Birthright Citizenship," *Social Identities* 24（2018）：312-326.

④ C. Rodriguez, "Chinese Maternity Tourists and their 'Anchor Babies'? Disdain and Racialized Conditional Acceptance of Non-Citizen Reproduction," T. Taylor & K. Bloch（eds.），*Marginalized Mothers, Mothering from the Margins*, Emerald Publishing Limited, Bingley, 2018, pp. 91-106.

是以家庭为单位的移民行为，包括在美国出生的孩子及其父母。生育移民作为一种新移民类型，相较于传统移民研究中"单向流动—定居融入"的经典模型，这些家庭作为跨国移民，其流动实践正突破民族国家地理边界的束缚，构建起独特的流动性生存策略。生育移民追求的不是"换"一个选择，而是多一个选择，刻意寻求一种移民的可能性或者说居间性。

二 文献综述

已有研究对国际移民的常见界定标准主要是跨越主权国家边界、在异国居住的时间跨度、迁移的目的性。[①] 这种以民族国家为中心的研究视野关注的是移民在迁出地和迁入地之间从流动、定居到融入的单向过程，基于此产生了人群划分的对象。这种研究以静止、二分的观点来认识和解释移民的范式，将赴美生子等跨国流动人群排除在外。20世纪90年代，尼娜·格里克·席勒等人突破民族国家的框架，用跨国主义来说明移民在形成与维系原籍地和移居地之间的多重社会关系时的情况，对传统移民流动模型进行重构。在空间上，他们从线性流动转向多节点的跨国网络；在时间上，不以定居为目标，移民的"临时性"与"永久性"界限被打破。"跨国移民""离散""漂移移民"[②]"灵活公民"[③]等一系列概念的提出，显示当代社会人类学对跨国人口流动的多样性、不稳定性形成广泛的共识。李明欢指出，当今中国人口跨国流动出现以"逐梦留根"为总体特征的新动向，移民从个人和家庭策略出发对移入国持"临时观"。[④]空间的流动不再成为跨国移民的必要条件，公民身份商品化使得公民与移民之间的界限变得模糊，在中国第三次移民潮中"移民不移居"成为一种新的趋

---

① 李明欢：《国际移民政策研究》，厦门大学出版社，2011，第5页。
② 周聿峨、郭秋梅：《跨国主义视角下的华人环流思考》，《八桂侨刊》2010年第3期。
③ A. Ong, *Flexible Citizenship: The Cultural Logics of Transnationality*, Duke: Duke University Press, 1999, p.6.
④ 李明欢：《逐梦留根：21世纪以来中国人跨国流动新常态》，《华侨华人历史研究》2023年第3期。

势，投资移民等只获得国籍而不在国外定居。[1]

当前跨国主义研究主要聚焦的是移民在"移居国—祖籍国"之间的循环往返。[2] 作为拥有一定经济、文化和社会资本的群体，生育移民并非以经济利益为迁移动机，而是在不断跨国的迁移或流动中实现家庭利益，如规避计划生育政策、追求全球教育资源等，其跨国实践呈现非连续、不定向、暂时性的显著特征。生育移民主动破坏身份的稳定基础，在法律、社会和时空维度上处于悬而未决的阈限状态。福尔斯（B. J. Folse）提出"期望的移民"（aspirational migration）这一概念来描述生育旅游，强调这些赴美生子的家庭渴望通过获得美国护照而实现的未来生活仍未到来。[3] 在美国生下的子女在18岁之后才有选择放弃美国国籍的权利[4]，这意味着他们将长期拥有事实上的双重国籍。他们同时跨越中国和美国两个社会，跟两个社会都有联系，但是又似乎随时准备分离。生育移民不仅是传统移民从原籍地到目的地之间的单一线性活动，而且他们的迁移意愿和轨迹时常发生变化，具有流动性、开放性、不确定性的身份及文化取向，正因为如此，生育移民难以被放进以往二元取向的移民定义和分类框架中。

本文的研究对象即生育移民包括：一是赴美生子的孕妇及陪产家属，他们在非祖籍国待三个月以上，属于宽泛意义上的移民；二是在美国出生的婴儿。生育移民作为一种特殊的移民类型为何被忽略？一是命名的问题，这种现象时常被界定为生育旅游，而被移民领域的研究者忽略，从移民视角来重新看待这一现象，可以拓宽研究视野；二是人群具有隐蔽性，难以接近。本研究长期的参与观察和深入访谈恰能弥补这一方面的空白。本文的论述将围绕生育移民的特征、过程和机制展开。

---

[1] G. Liu-Farrer, "Migration as Class-based Consumption: The Emigration of the Rich in Contemporary China," *China Quarterly* 226（2016）：499-518.

[2] 黎相宜、陈送贤：《浅层融入、深层区隔与多层跨国实践——以牙买加东莞移民为例》，《华侨华人历史研究》2019年第4期。

[3] B. J. Folse, "Aspirational Migraton: The Case of Chinese Birth Tourism in the U. S.," MA Dissertation, University of Oregon Graduate School, 2017.

[4] 美国国务院网站上说明"除非有紧急情况，父母不得放弃其未成年子女的公民身份。未成年子女年满18岁时可以选择是否放弃公民身份"。参见 https://travel.state.gov/content/travel/en/legal/travel-legal-considerations/us-citizenship/Renunciation-US-Nationality-Abroad.html。

三 研究方法与田野点概况

本文以人类学的田野调查与跨国多点民族志研究为基础，借助文献收集法、参与观察法与结构（半结构）访谈法来获得关键信息。笔者2018年9月至2019年1月在洛杉矶地区开展海外民族志研究，2019年6月至10月、2020年4月至6月、2022年8月又在国内访谈了回流的家庭。笔者在医生诊所、医院和一些月子中心集中的社区如比较有名的罗兰岗市孔雀园和尔湾市凤凰园蹲点调查，并逐步扩大范围，通过这种方式，笔者认识并访谈了上百个赴美生子的家庭，访谈对象还包括月子中心的经营者、月嫂、厨师、司机、医生和其他医院工作人员、产后护理机构等。本文采用次级数据分析方法，广泛收集相关管理机构发布的文件和新闻稿。本文引述的访谈资料都来自受访者述说的文本，基于学术伦理，文中受访者姓名均进行了匿名化处理。

洛杉矶、旧金山、圣地亚哥、西雅图、休斯敦、塞班等地都是赴美生子常见的目的地，大多设有华人月子中心，但从人数、规模和服务上看，洛杉矶地区占有优势。因而本文选取的海外民族志研究地点为美国加利福尼亚州的洛杉矶地区。"洛杉矶"有三个地理概念：一是大洛杉矶地区（Greater Los Angeles Area），指的是美国加利福尼亚州南部的一个横跨5个县的大型联合统计区（一组联系较为紧密的大都市地区），包括洛杉矶县（Los Angeles County）、橙县（Orange County）、河滨县（Riverside County）、圣贝纳迪诺县（San Bernardino County）和文图拉县（Ventura County）等5个县131个城市，是全美最大的城市群。二是洛杉矶县，洛杉矶县是美国最大的县，由88个城市组成，涵盖洛杉矶市。三是洛杉矶市。根据美国的行政区划，最高一级行政区划是美国联邦（Federal），接下来是州（State）、县（County）、市（City），大洛杉矶地区是介于州和县之间的一个概念。本文的田野点是指大洛杉矶地区，月子中心目前集中在洛杉矶县和橙县，河滨县和圣贝纳迪诺县也有零散分布。洛杉矶地区属于地中海气候，夏季温热少雨，冬季温润凉爽，一年四季阳光充足，华人最为集中，优越的气候和环境是洛杉矶地区成为赴美生子大本营的原因之一。

四 生育移民的主要特征

生育移民作为一种特殊的移民类型，具有以下特征：以子代获得出生地国籍为最主要动机，相较其他移民方式门槛较低，以大陆中产阶层家庭为主力，受教育程度高，多来自东部沿海地区且为双重移民，具有多元的流动模式。

（一）以子代获得出生地国籍为最主要动机

"给我10万元，还你一个价值980万元的美国宝宝""美国产子，投资回报率超过抢银行"等是一些代办赴美产子业务的中介机构常见的广告词，它们准备的是一套标准化的说辞："让孩子获得美国国籍、进入世界名校学习的机会、免试上清华北大、享受180多个邦交国入境免签证、享有各项美国社会福利措施、父母以监护人身份申请移民、无痛分娩、躲避计划生育政策、另类旅游、一对一月嫂服务"等。"让孩子获得美国国籍"是赴美生子家庭的共同动机。笔者在调研中经常听到赴美生子家庭提起的一个词是"美国户口"，而不是"美国国籍"，在中国语境下，户籍制度与教育、就业、生活等权利绑定在一起，在他们看来，持有一个发达国家的"户口"意味着更多的福利，特别是教育。来自江苏无锡的XC在美国生了两个孩子，大儿子是2015年在园林医院出生的，小儿子是2019年在皇后谷医院出生的。丈夫是私营企业主，做的是服装生意。XC谈到为什么赴美生子：

> 到美国（生孩子）就是为了一个美国户口，主要考虑的是孩子的教育，想让孩子接受西式的教育，回去的话也想上私立学校，考虑让孩子早点到美国读书。接受什么教育对孩子来说影响很大，完全不一样。但是现在有了更好的选择，全球排名最靠前的学校大都在美国，实在不行，还可以免试上清华北大，国内高考的压力太大了，有了美国户口，可进可退，生在哪里很重要。①

---

① 2019年1月20日在美国洛杉矶市区对XC的访谈。

这些家庭试图通过将孩子生在美国而获得美国国籍，期望改变孩子的出生地，使他们赢在起跑线上。然而多数人并不了解在申请大学时美国国籍具体而言有什么优势，"免试上清华北大"这种说法并不属实，如果长期生活在中国而没有在美国纳税，其所能享受到的社会福利也是有限的。

（二）与法律政策紧密相关

生育移民是与法律政策紧密相关的移民渠道。生育移民利用中国和美国两国国籍制度的漏洞获取双重身份，其受美国的移民政策、对华签证政策和赴美生子政策等影响较大。

第一，由于中国和美国对国籍的处理原则不同，这些家庭拥有事实上的双重国籍。美国采用基于出生地主义原则的国籍制度，出生者的国籍为其出生地所在国家的国籍，与其父母的国籍无关。我国的国籍制度采用以血统主义为主、出生地主义为辅的混合主义原则，即以出生者父母的国籍来界定其国籍，同时辅之以出生地主义原则。因此，这些父母将孩子生在美国，既可以基于出生地主义获得美国国籍，又可以基于血缘关系通过办理旅行证回到中国而实质上取得中国国籍。让孩子多一个国籍选择。

第二，美国移民政策日益排外，中国居民移民美国的通道越来越窄，促使人们选择赴美生子这种回报率比较高、具有相对确定性的移民途径。中国人获得美国永久居留权主要有几条途径：一是通过技术移民；二是通过投资移民；三是通过难民或庇护移民；四是通过家庭关系移民。[1] 技术移民和投资移民对个人的素质和经济条件要求高，且配额有严格限制，相较之下，赴美生子可以直接让孩子无条件获得美国国籍，之后还能为父母及兄弟姐妹等其他亲属申请美国永久居留权。

第三，美国签证政策直接影响有意赴美的家庭能否成行。奥巴马执政时期相对宽松的签证政策促进了赴美生子行业蓬勃发展；而特朗普政府在签证政策上遏制生育移民，导致赴美生子行业开始步入衰落。

第四，中国香港、美国、加拿大等地由于实施出生地主义原则而成为我国内地居民境外生子的主要目的地，这三者为替代关系，某一个目的地

---

[1] 罗杨：《美国技术移民政策综述》，《华侨华人历史研究》2014年第3期，第34~41页。

的政策收紧，可能会导致其他目的地的生育移民数量增长，赴美生子的兴起与2013年香港停止接收"双非"孕妇有直接关系。

2025年1月20日，美国总统特朗普在白宫签署一项引发全球关注的行政令，宣布终止非法移民或持临时签证者子女的出生公民权，意在终结出生公民权引发的"移民漏洞"，这些政策最终能否落地是影响生育移民的决定性因素。生育移民的身份受政策影响较大而体现出脆弱性，随着美国移民政策的收紧，获得签证、过海关乃至子女成年后申请依亲移民等的不确定性显著增加。

（三）以中产阶层为主力

本文主要通过职业和收入来定义中产阶层。中产阶层是指从事白领职业、受过良好教育、经济条件优越的人群。赴美生子的产业化使移民成本大幅降低，中产阶层家庭逐渐成为主力。中产阶层家庭中主要收入者职业多为企业主、专业人士（工程师、医生、教师、金融及投资人员等），学历通常在本科及以上，父母的国籍以双方为中国籍为主。赴美生子圈子内将父母双方都是中国国籍而在美国生下的孩子称为"双非美宝"，一方获得美国绿卡或国籍的家庭占少数，亦出现少量跨国家庭，比如中韩、中印、中非等。中产阶层意味着他们有足够的经济条件参与休闲消费，在子女教育上进行投资。笔者在长期跟踪调查中发现多数家庭重视下一代的英语教育、运动类及艺术类兴趣培养、跨境旅游等，通过消费和投资将经济优势转换为阶层再生产的社会资源。

（四）多为"双重移民"

从地域分布来看，这些新移民大多是来自北京、上海、广州、深圳等一线城市的中产阶层家庭，通过赴美生子，他们跨越国家边界，成为国际移民，具有"双重移民"特征。这些群体将国内流动当成向国外迁移的准备动作。[1] 跨国生育策略与阶层的社会流动相互关联，国内的迁移经历给他们带来了收益，使他们第一次实现了阶层跃升。在掌握一定资源后，可以支付生育移民的费用，他们选择通过赴美生子为子女赢得下一次社会流

---

[1] 〔美〕孔飞力：《他者中的华人：中国近现代移民史》，李明欢译，江苏人民出版社，2018。

动的可能性。XB 是沈阳人，目前与他人合伙在北京经营一间影像工作室，2018 年 11 月，他让怀孕 32 周的妻子在拉斯维加斯入关，随后在洛杉矶生下他们的第一个孩子。夫妻俩至今未取得北京户口，这是他们渴望获得美国国籍的重要原因。

（五）多元的流动模式

传统研究关注移民"到达前—适应期—稳定期"的线性过程，而生育移民所处的时空和身份状态呈现一种暂时的、流变的"居间性"。[1] 从居留时间来看，大部分家庭在洛杉矶居住 3 个月左右，待产 2 个月，坐月子 1 个月，一般是在孕妇怀孕临近 32 周时出发，最晚不迟于 36 周出发。这跟航空公司关于孕期乘坐飞机的规定有关，通常在孕 32 周以内按照一般旅客运输，孕 36 周（一些航空公司规定 35 周）以上不予运输，孕周介于这两者之间的需要开具适宜飞行的医疗证明。少数家庭会因特殊原因延迟出发，或提前返程，居住时间少于 3 个月，比如工作原因不能请假、早产、节省开支等。2013 年之前绝大多数家庭都是以旅游为由申请签证和入境的，孕妇都会提早出发以便遮盖孕肚过关。旅游签证一般给 6 个月的停留期，大部分家庭停留时间都不超过 6 个月。这个群体内部不仅在居留时间上存在差异，赴美产子之后的流动轨迹也不同，如回流、定居、曲线移民等。这也说明了迁移者并不总是对在美定居等有明确的计划或意愿，现实的迁移轨迹也并非只有从起点到终点的单向流动。

五　生育移民的过程机制

中国家庭赴美生子一般流程包括办理美国签证、入境、待产、选择医生和医院、生产、办证、回国等。生育移民可以视为宏观与微观结构互动产生的结果。宏观结构指的是国家政策、国家关系和具体国际形势等，这里集中体现为输入国对签证和入境的控制；微观结构指的是个体对输入国

---

[1] 〔加〕郭世宝：《从国际移民到跨国离散：基于北京的加拿大华人研究的"双重离散"理论建构》，丁月牙译，《华侨华人历史研究》2017 年第 3 期。

签证和入境政策的灵活应对，以及运用弹性公民策略同时拥有中国国籍和美国国籍。在宏观与微观之间，还有一些机制将二者联系起来，在洛杉矶由海外华人主导形成了完整庞大的赴美生子跨国产业链，这种跨国族裔经济为生育移民与当地社会牵线搭桥，有利于待产女性远涉重洋并适应当地社会。

（一）签证和入境：政策变化与个体变通

结合已有数据和田野调查，中国家庭赴美生子的历程可以分为以下四个阶段，分别是起步期、加速期、收紧期、衰落期。

20世纪90年代到2007年是起步期。由于台湾地区居民入境美国免签90天，台湾地区居民是这一时期赴美生子的主力，大陆居民较少，赴美生子是少数人的"特权"，以明星和精英阶层为主。随着人数增多，当地华人开始尝试将其变成一门生意，聘请专门的厨师、司机等，月子产业因此渐渐成形。在地区上零散分布，蒙特利公园市、阿凯迪亚市等老牌华人城市是主要据点。

2008年至2012年是加速期。2008年6月，中国公民获准可以办理赴美商务/旅游签证，停留期限为6个月，此后，旅游签证政策逐步放宽。[1]签证的放开为孕妇在美国待产、生产和坐月子提供了必要条件。2013年香港特区政府执行"零双非"政策，内地居民赴港生子的大门关闭，于是不少人转战美国。[2]横向上，赴美生子的中国大陆孕妇人数迅速增加，2015年前后人数达到峰值。洛杉矶的月子中心数量也随之暴涨，形成一条完整庞大的产业链，这个链条上的各个环节几乎都是华人，包括经营者、顾客、厨师、月嫂、司机、医生、办证人员等。月子中心在地区分布上扩展到大洛杉矶地区的多数华人城市，可谓遍地开花，其中以罗兰岗和尔湾两个城市较为集中。纵向上，赴美生子的成本因产业化而降低，获得签证的门槛降低，人群从明星、富人逐渐拓展到中产阶层。由于2008年金融危机的影响，台湾地区孕妇赴美生产的人数锐减，大陆家庭成为赴美生子的主

---

[1] 徐一凡：《美中签证期限延长 美国12日开始发放新签证》，中国新闻网，2024年11月11日，http://www.chinanews.com/hr/2014/11-11/6766557.shtml。

[2] S. Stuteville, "Movie Romance Wooing Chinese Tourists to Seattle," https://www.seattletimes.com/seattle-news/romance-from-movie-wooing-chinese-tourists-to-seattle/.

力军，月子中心经营者也以来自大陆的华人为主。

2015年"突击检查"[①]至2019年是收紧期，这一阶段由于美国当地居民对赴美生子的反对，加之2017年特朗普政府上台之后实施强硬收紧的移民政策，中美关系日趋紧张，旅游签证通过难度增加，赴美生子的人数下降，月子中心从业更加规范，从布局上进一步分散，以免引起当地居民举报。

衰落期是2020年至今，特朗普政府颁布新规：赴美生产的申请者需要提供她们寻求医疗服务以及支付能力的证明，如果被认定利用申请的短期商务/旅游签证进行"生育旅游"，就会被拒签。之前已获得签证的孕妇仍可入境，但受疫情影响，入境人数大幅减少，洛杉矶的相关产业备受打击，许多月子中心倒闭或者濒临倒闭。疫情之后，赴美生子人数有所恢复，但已远不如前。

在不同时期赴美生子的家庭针对不同的政策环境会进行灵活应对，采取不同的签证和入境策略。在2013年前，准妈妈在怀孕之前或者早期需尽快在美国驻中国的使领馆申请旅游签证，避免签证官看出怀孕迹象而暴露其真实目的，准备材料证明自己的经济能力和不具有移民倾向。一般需提早到美国待产，同时在入境时需要遮挡孕肚以防止被遣返。2013年美国海关首次以书面形式发布孕妇入境程序，指出并没有任何法规能用以禁止怀孕的外国人进入美国国境。赴美生子业界由此发明一个术语——"诚实签"，即在申请旅游签证时诚实告知赴美生子的真实目的，需要准备生育的医疗保险、医生预约单、资产证明等证明自己有能力支付生产费用，不占用美国福利。2020年起，美国国务院不再向寻求进入美国进行"生育旅游"的外国人发放旅游签证，中介回到2013年之前的运作思路，让孕妇在申请旅游签时隐瞒怀孕事实和真实目的。

ZAN和妻子都是河南人，现在住在海南海口，ZAN在某民航当飞行员，妻子为全职家庭主妇，大女儿在国内出生，她于2019年1月在洛杉矶

[①] 2015年3月3日，移民和海关执法局（Immigrations and Customs Enforcement, ICE）在洛杉矶地区进行了一系列的突击检查，主要集中在3个月子中心，签发了37份搜查令，多个华人月子中心被怀疑涉及一系列犯罪，包括窝藏非法移民、签证欺诈和逃税，搜查了50多个地点。参见 M. Martinez & A. Meeks, "Feds Fight 'Maternity Tourism' with Raids on California 'Maternity Hotels'," http://www.cnn.com/2015/03/03/us/maternity-tourism-raidscalifornia/。

生下二女儿。妻子是第一次到美国，从未办过签证，英语水平有限，所以通过朋友推荐找了中介公司办的诚实签。中介收取一家三口的服务费是2800元，帮其父母也办了签证，中介让她提供了10万元存款证明和在美国期间他们会照顾父母的证明。他们和中介公司都是通过网络和电话联系，中介在培训时说，要到广州办签证，因为广州的签证通过率高，面签的原则是随机应变，不要说假话就行。他们在拉斯维加斯入境，在过海关时就被卡住了，问妈妈来多久以及女儿在这边上学的问题。由于不会用英文表达自己的意思，妻子被带到了"小黑屋"。她说：

> 我来之前也看了网上的攻略，并没有其他人说得那么恐怖，灯光很明亮，里面就像平时去的银行柜台一样，工作人员问孩子怎么上学，我说到私立学校自己掏钱，说完会有人帮我翻译。当时特别害怕会被遣返回国。①

（二）待产和生产：跨国族裔经济的助力

"坐月子"是指中国传统的产后护理模式，包括产后卧床休息、严格控制饮食和穿着等一系列的实践活动。② 尽管中国在生育保健方面有自己的传统，但前往美国的孕妇必须在一个陌生的医疗体系中分娩。研究者认为，月子中心有助于孕妇在不同文化之间互动和调适。③ 美国民间并无"坐月子"习惯，美国政府从未颁发过月子中心的执照，政府监管缺位导致华人月子中心处于灰色地带。

洛杉矶的月子中心为赴美生子家庭提供接送、食宿、旅游、购物、产检、生产、产褥期护理等服务，除此之外，一些月子中心还提供试管婴儿、代孕、协助办理签证和延期、协助入学和入托、投资房产等周边服务。这些机构按照规模和经营模式大致可分四种。一是私人民宿，规模较

---

① 2019年1月16日在美国罗兰岗市对ZAN的访谈。
② Barbara Pillsbury, "'Doing the Month': Confinement and Convalescence of Chinese Women after Childbirth," *Social Science and Medicine* 12 (1978): 11-22.
③ J. Yadong, R. B. Benjamin, "'Better Than Bank Robbery': Yuezi Centers and Neoliberal Appeals to Market Birth Tourism to Pregnant Chinese Women," *Health Communication* 33 (2018): 443-452.

小，接待能力在5人以下，经营者只提供住宿，产妇若需要司机、月嫂或月子餐服务，则需另付费用或自行安排，和一般民宿不同，其以接待孕妇为主，在设备上配有产前产后所需的各种设施，特点是房子多属于自有产权，门槛低，费用较低。二是家庭作坊，接待能力为10人以下，同时提供自助和半自助的服务，以独栋房屋和公寓为主，家庭经营，费用低。三是中型自营机构，接待能力在30人以下，特点是提供全面服务，雇用劳动力，以独栋房屋、公寓为主，在多个城市或社区设有月子中心、部分在国内设办事处，费用中等。四是大型连锁机构，雇有司机、厨师、月嫂等，分工明确，销售与经营分离、在洛杉矶多个城市设有月子中心，在国内注册中介公司，在国内多个一线城市设有办事处，费用较高。由于顾客群体是常居在大陆的家庭，洛杉矶的月子中心需要国内中介提供客源，通常要从套餐费用中分出30%~40%作为佣金。

MYU籍贯为天津，通过跨国婚姻来到美国，丈夫是当地拉美裔，两个儿子都已经上高中，她之前做华人地产经纪工作，拥有四套自己的房子，全都用来接待孕妇。她开的月子中心分布在东谷、罗兰岗和尔湾这三个城市，用来接待不同消费能力的孕妇，她会在旺季租一些房子以应对客流，淡季则退租。罗兰岗市的月子中心价格为十几万到二十几万元人民币，属于经济适用型，通常是三四个人住一栋别墅，坐月子期间一个月嫂照顾几个孩子。尔湾市的月子中心是二十几万到四十多万元人民币，属于中产舒适型，坐月子期间月嫂提供一对一服务。她雇用了一些华人做厨师和月嫂，司机则是外包的，早期的月嫂多来自天津、上海、青岛、大连等地方，现在来自中国各地的月嫂都能见到。她信奉一个当地基督教派，有时会带孕妇去教堂，有时会安排司机带孕妇到洛杉矶热门景点参观，了解美国文化。MYU介绍自己招揽顾客的渠道：

> 主要有几个渠道，一是在洛杉矶华人资讯网付费登广告，这样排名比较靠前，二是靠之前的妈妈推荐朋友过来，三是在一线城市设了办事处，北京、上海已经有了，广州还没有。[①]

[①] 2019年1月6日在美国东谷市对MYU的访谈。

除了月子中心，洛杉矶的华人妇产科医生和医院亦是赴美生子产业链中的重要环节。接待赴美生子家庭的医生以华人医生为主，多是从中国香港和台湾移民到美国的，多数能用中文与孕妇沟通，亦雇用华人助理以帮忙翻译、接待、沟通和招揽客户。H医生是祖籍台湾的华裔妇产科医生，从业超过20年，中文流利，2012年之前就开始接待赴美生子的孕妇，诊所内的工作人员基本上是华人。H医生的助理介绍，H医生基本没有休假，一些孕妇告诉笔者，产检经常需要排队，H医生一个月接生的孕妇平均下来有几十人。H医生的诊所在哈仙达岗市，合作的医院是惠提尔医院，位于惠提尔市，华人工作人员带领孕妇参观医院、办理入院手续等，在生产时有翻译电话等设备帮助孕妇和医务人员沟通。由于赴美生子的家庭持有的是短期签证，不能在当地购买医疗保险，医生和医院专门为孕妇提供了比当地保险价格更低的生产费用，但是需要通过现金支付。医生和医院是合作关系，分开收费，医生拥有自己的诊所，顺产费用从1800美元到6000美元不等，剖宫产的费用通常稍高一些，医院的收费差异很大，顺产在蒙特利公园医院的费用是1400美元，剖宫产是3500美元，而霍格医院则分别是13500美元和17500美元。孕妇平时到医生诊所产检，需要特殊检查或生产时才去医院。一些月子中心和医生合作，月子中心将顾客介绍给医生，从中收取回扣，医生则会给予月子中心的顾客一些便利。

洛杉矶地区的华人社区为月子中心提供了必要的人力、物力、信息等资源，络绎不绝的中国孕妇则为这些月子中心的存续提供了市场动力和储备力量，这些赴美生子的家庭与当地华人社会所建立的各种经济、社会、文化等联系，使得月子中心在洛杉矶产业化、规模化。洛杉矶地区的月子中心主要的服务人群是大陆孕妇，总体而言是一种外向型的族裔经济。当地华人社区与赴美生子的家庭之间存在经济联系，围绕生育实现了市场化和跨国分工，赴美生子的家庭通过消费获得生育移民的渠道，当地华人则提供信息和服务以获得生计来源，这两者处于一种动态的供求平衡状态。华人月子中心和赴美家庭也存在文化、社会等层面的联系，赴美家庭借由华人适应移居地社会，比如在待产期间了解当地文化、适应当地医疗制度，甚至获得移民渠道进而留在美国。

（三）回国及移民计划：弹性公民策略

王爱华（A. Ong）在《弹性公民：跨民族的文化逻辑》（*Flexible Citi-*

zenship: *The Cultural Logics of Transnationality*）一书中将关注点聚焦在"促使个体以投机和流动的方式来调适不断变化的政治经济形势的文化逻辑"。她举出典型案例，一些香港精英拥有多个国家的护照，在各国间往来穿梭，他们已不是某国传统意义上的公民。[①] 孩子在获得美国护照后，大多数家庭会通过办中国旅行证的方式回国，给孩子在国内上户口，使其拥有事实上的双重国籍。生育移民的跨国实践意在充分利用不同民族国家在世界体系中的落差，通过家庭成员的跨国安排实现家庭整体利益的最大化。这些家庭经常提及的一句话是"多一个选择"，而不是"换一个选择"，意味着他们并没有放弃原有的选择。

生育移民按照赴美生子家庭在移出地和移入地之间的流动模式可以分为直接移民、渐进式移民、观望型移民和回流移民，其中以观望型移民为主，不同类型的移民意愿不同，生活轨迹也不同。

大多数移民家庭属于观望型移民，并无在旅行目的国长期居留的计划，他们通过付出旅费和医疗费来使后代获得新国籍后，将新生儿带回中国，在孩子成年之前再观望是否移民。笔者在罗兰岗孔雀园社区（洛杉矶的一个公寓社区，因接待大量中国孕妇而闻名）遇到 WX 和她的丈夫。WX 和丈夫是高中同学，浙江嘉兴人，现在杭州有一家外贸工厂。WX 说：

> 在这里经常看到梅西店（美国当地百货店），才知道我们工厂生产的毛衣和围巾都到美国来了。我们以前也想去香港的，后来不能去了，发现到美国生孩子那么方便，不会英语也完全没有问题。我们想让孩子拿着美国国籍去上海读国际学校，中国户口也是要上的，不然也不方便，万一中国以后发展比美国好呢。我们是一代要比一代好，我们比我们爸妈那一代人好了，我的孩子多一个选择就比我们更好。我们杭州还有工厂，暂时没有移民打算，如果将来不移民到美国，那说明我们在国内混得更好，混得不好就到美国。[②]

渐进式移民指的是生育之后通常采取陪读、工作等方式逐渐实现移

[①] A. Ong, *Flexible Citizenship: The Cultural Logics of Transnationality*, Duke University Press, 1999, p. 6.

[②] 2018 年 12 月 23 日在美国罗兰岗市对 WX 的访谈。

民，移民意愿较强。LQL来自新疆乌鲁木齐，是一名律师。考虑到工作原因，他们一家仍生活在深圳，并在乌鲁木齐给孩子上了户口。她已经为以后全家的移民之路做好了详细的规划。她说：

> 因为我们的业务主要面向到境外投资的中国人，我们到了美国做不了当地人的业务，甚至做当地华人的法律业务我们都没有优势。我们的孩子上的是最好的国际学校，上公立学校担心英语不好，最晚在孩子上九年级之前我们就要到美国生活，这正好是申请大学的关键节点，在此之前我们还要解决两个大人的移民问题，我们准备办特殊人才移民，这些材料我们都可以提早准备。我先生最近还考了纽约州的律师执照，如果办不了移民，我们还可以拿工作签证过去。①

直接移民指的是生完孩子不久之后全部或部分家庭成员移民到美国。FJ籍贯为河南，目前在美国罗兰岗市经营一家民宿。丈夫目前仍在北京经营一家旅行社，专门接待外国旅行团，一年仅到美国看望她和孩子一次。2013年，她办了旅游签证，到美国生孩子。她想带着孩子到美国读书，于是2014年她到了洛杉矶，刚开始在华人快递公司打工，后来租了一套房子接待孕妇，自己和孩子住一间，其他四间都租给来美国生孩子的家庭，带洗手间的房间月租金1500美元，需要共享洗手间的房间月租金800美元。② 目前洛杉矶月子中心的经营者超过一半都是之前赴美生子的家庭，他们生完孩子不久就努力获取美国人身份以便长期留在美国，少数则持旅游签证往返中美之间。

回流移民指的是生育之后家庭成员均返回国内，一部分家庭在赴美生子时并未制订移民计划，移民意愿较低。移民的最终目标是获得地位和各种形式的资本，在回流移民看来，这些资本在国内往往比在国外更有价值。

来自浙江衢州现居深圳的HX表示暂时不考虑移民到美国，其在国内有稳定的事业和社会网络，但她正对如何教育和引导六岁半的儿子感到困惑：

---

① 2020年6月23日在广东省深圳市对LQL的访谈。
② 2018年10月16日在美国罗兰岗市对FJ的访谈。

从生育旅游到生育移民：中国赴美生子家庭调查与研究

我的儿子最近对军事很着迷，他上的是公立学校，学校也会进行爱国主义教育，他回来跟我说他是中国人，为什么要把他生在美国，我们不知道怎么解释。我们在深圳奋斗了20年，看着深圳改革开放之后越来越好，其实我们觉得深圳挺好的。当时只是听朋友说起赴美生子，我们没有多想也跟着去了。[①]

不少赴美生子家庭生下孩子后的目标并非立即移民，而是通过"预备性身份"为未来铺路，依据子女成长阶段动态调整策略。许多家庭都用"进可攻，退可守"来说明自己希望获得的有利立场。这四种移民类型之间是可以相互转换的。同时拥有两个国家的合法公民身份是这些家庭在跨国流动中进退自如的资本。这些家庭通过灵活的策略，将自己置于可进可退的境地。再迁移的终点也不一定就是定居。大多数受访者送孩子出国留学是希望拥有发达国家的居留权、获得国际认可的文凭和技能，这不意味着他们将留学的国家作为最终移居地。留学之后也可以回国谋求更好的发展。总体而言，迁移者的身份和处境不再是固定标签，而是通过各种实践持续自我调适的动态过程。同时，让子代获得美国公民身份是一个充满焦虑的过程。从一开始冒着跨国生育的风险获得身份，到之后跨越阈限处理两种身份带来的差异、冲突，这些父母在子女的培养策略、身份引导和教育迁移决策上总是伴随着矛盾、模糊与不确定性，子代也面临"双重局外人"的困境。

结　语

在短时性旅游和永久性移民之间的流动性谱系中，存在多种形式的旅行和移民行为。[②] 生育移民是介于两者之间的一种重要的人口流动类型，其群体内部异质性较大。跟永久性移民相比，他们大多数并不以直接定居为目的，生完孩子后又回到中国，流动成为一种常态，又因迁入地具有良

[①] 2019年11月9日在深圳市对HX的访谈。
[②] 吴悦芳、徐红罡：《基于流动性视角的第二居所旅游研究综述》，《地理科学进展》2012年第6期，第799~807页。

好的环境资源，使得生育移民在某种程度上具有类似游客的特征。这一复杂的移民现象使得旅游和移民之间的界限越来越模糊，因而不能将其简单视为"生育旅游"，同时需要明确其与传统移民之间的区别。生育移民是对过往狭义"移民"概念的反思和批判，迁移并不总是以定居为最终目的的一次性事件，而是一个在生命历程中多次重新被评估的持续过程。

生育移民可以被视为跨国移民群体，但不同于传统跨国移民在"移居国—祖籍国"之间来来去去，其跨国流动实践呈现非连续、不定向、暂时性等特征。他们"悬浮"在两个社会中间，大部分家庭到美国生下孩子获得国籍后没有永久定居，而是回到祖籍国居住，极小部分家庭生完孩子留在当地。他们回到国内也并不一定永久定居，而可能因为子女的教育需求，选择再次迁移，在迁移中其身份在不断地形塑和再造。进入抚育期，子女的教育和成长需求成为家庭的重心，这些父母希望子女在中美两种教育体系中寻求一种平衡位置，追逐全球教育资源，导致一些家庭加速再移民进程。

从生育移民的主要特征来看，赴美生子既是一条向外移民的通道，亦是中产阶层谋求向上层社会流动的通道。正如项飙指出的那样："中国富有的精英阶层和正在成长的中产阶级在收入不断增长的推动下，正在不断地为其自身和家庭创造海外教育和工作的机会。"[①] 这些家庭选择了一种门槛相对较低的方式，期望通过跨境流动将子代出生在发达国家以实现阶层再生产。本文聚焦赴美生子的跨国运作机制，赴美生子的家庭面临诸多结构限制，获得签证和入境是第一步，需要灵活应对签证、入境政策和形势的变化，在待产和生产期间跨国族裔经济助力这些家庭在经济、社会、文化等各方面适应当地社会，回国后则运用弹性公民策略同时拥有中国国籍和美国国籍，以为家庭谋求最大利益。

---

① 项飙：《中国的海外移民趋势和政策：富裕和高技术人群的迁移》，任娜译，载于暨南大学华侨华人研究院主办《海外华人研究》第 1 辑，暨南大学出版社，2017，第 110 页。

非洲中国新移民研究综述

贺 越[*]

摘 要：随着经济全球化的深入推进，全球范围内的移民成为当前社会发展的一个突出现象。近年来，随着中国国际地位的提升，以及中非关系的发展，非洲也成为中国移民的重要流向地，对于非洲中国新移民的研究成果也不断涌现。本文梳理了1978年改革开放后国内外学者对非洲中国新移民的研究。研究发现，1978年后，国内外学者对非洲中国新移民的研究涉及背景研究、非洲中国新移民的生活状态与发展状况研究、非洲中国新移民的影响研究三类。然而，现有对非洲中国新移民的研究缺乏对比研究和时空的整体性、系统性、深入性研究，针对非洲中国新移民研究中的不足，本文指出，应当加强对非洲中国新移民的"多维度"、"跨学科"与"比较"研究；此外，学界应当对非洲中国新移民及聚居点开展深入的田野调查，如此，不仅可以丰富中国新移民研究的内涵外延，还可以团结海外中国新移民，促进中国国际影响力的提升，为推动构建人类命运共同体贡献中国力量。

关键词：非洲 中国新移民 研究综述

引 言

近年来，国内外学者对国际移民的关注持续走高。随着中非关系全面

---

[*] 贺越，浙江师范大学外国语学院2023级博士研究生。

升温、合作逐步深入,非洲吸引了大量中国新移民,在非中国移民受到了学术界的关注。

改革开放前,非洲的中国移民在所有中国移民中占比较小,国内外学者对此关注较少。其中,西方学者的研究重点为"南非华工问题"。20世纪初到20世纪70年代,受到英国在南非引进华工开采金矿及美、澳等国排华运动的影响,西方学者多关注华工的待遇、引进华工对本地的影响及定居国的移民政策等问题。相比而言,国内学者对非洲中国移民的研究较为滞后。中国学者对非洲中国移民的研究多集中于南非金矿华工,主要从宏观的角度对华工出国的原因、贩运的类型、华工罢工、清政府对华工的政策以及华工的分布进行探讨。[①] 同时,也有少数学者聚焦于非洲中国移民的移民史、奋斗史,华人移居非洲的原因,非洲中国移民的爱国活动、生活情况等[②]。

改革开放以来,随着中国经济的发展与国际地位的提升,大量中国人移居海外,同改革开放前的移民相比,他们具有新的特征,一般被称为"新移民"。对于"中国新移民"的概念,学界没有统一明确的规定,中国新移民最初被称为"海外新移民""大陆新移民""华人新移民"等。[③] 21世纪初,王赓武、曾少聪等正式提出"中国新移民"概念,时间上,多采用1978年改革开放以后的界定[④];空间上,逐步明确中国新移民应是来源于中国大陆的公民,不包括港澳台地区。"中国新移民"的概念和特征与时代发展密切相关。共建"一带一路"倡议提出后,"中国新移民"的移民类型、移民流向、移民动机、移民主体来源等特征不断发生转变,对海外"中国新移民"的特征及其内涵外延的研究成为学术界关注的热点

[①] 周海金:《非洲华侨华人生存状况及其与当地族群关系》,《东南亚研究》2014年第1期,第79~84页。

[②] 梅显仁:《华人移居非洲溯源》,《八桂侨史》1998年第2期,第20~22页;葛公尚:《非洲华人研究的若干问题》,《世界民族》1999年第1期,第3页;郑家馨:《17世纪至20世纪中叶中国与南非的关系》,《西亚非洲》1999年第5期,第28~35页;李安山:《论清末非洲华侨的社区生活》,《华侨华人历史研究》1999年第3期,第18页;李安山:《非洲华人华侨史的外文史料及其利用》,《西亚非洲》1999年第2期,第8页;李安山:《炎黄子孙在非洲》,《西亚非洲》2000年第1期,第55~59页。

[③] 李其荣:《1965年以来美国华人新移民的特点》,《华中师范大学学报》(哲学社会科学版)1997年第5期,第9页。

[④] 张秀明:《国际移民体系中的中国大陆移民——也谈新移民问题》,《华侨华人历史研究》2001年第1期,第22~27页。

问题。

　　本文试图对改革开放40多年来国内外学界对非洲中国新移民的研究进行梳理，本文所称的"中国新移民"主要指1978年以后迁居海外，居留时间在一年以上的来自中国大陆的中国公民，以及加入所在国国籍的原中国公民，不包括政府派遣的外事人员及港澳台移民。总体来说，学界对非洲中国新移民的研究大致分为三大类：非洲中国新移民的背景研究，非洲中国新移民的生活状态与发展状况研究，非洲中国新移民的影响研究。本文希望通过回顾梳理发现现有研究的不足，提出完善建议，从而拓展中国新移民研究的视角，为中国新移民推动构建人类命运共同体提供中国经验与中国理论。

一　非洲中国新移民研究的历史与现状

（一）非洲中国新移民的历史与背景研究

　　学者们对非洲中国新移民的移民历史、形成背景、移民流向、人口规模、分布格局等情况进行了研究，并进一步揭示了不同时间和空间下非洲中国新移民主体特征的差异性和共同性。

　　国外学者对于非洲中国新移民的研究中，英国开放大学的学者贾尔斯·莫汉（Giles Mohan）等是比较杰出的代表，他们指出，中国对非洲经济影响深远，华人社区的规模很可能在未来几十年内影响非洲大陆的经济、社会和政治关系。作者概述了有关非洲中国新移民的现状，关注了非洲中国新移民的历史和未来趋势。贾尔斯·莫汉和May Tan-Mullins教授探究了移民动因和发展进程。他们在一篇论文中评估了有关移民趋势的现有数据，梳理了中国的国际化政策和非洲政策，并从经济和社会政治层面进行了分析。在经济层面，许多大型中国企业在关键资源领域开展业务，但对大多数非洲人来说，中国只是市场上的贸易商。在社会层面，中国人在非洲受到欢迎。[①] 另外莫汉等人在其书《中国移民与非洲发展：新帝国主义

[①] Giles Mohan, May Tan-Mullins, "Chinese Migrants in Africa as New Agents of Development? An Analytical Framework," *European Journal of Development Research* 21 (2009): 588-605.

者还是变革推动者》中指出，中非关系日益加强，中国在专业知识和技术方面援助非洲，非洲依赖中国物资援助的情况有望终结。该书是第一本系统研究中国移民的动机、关系和影响的著作。作者不仅关注中国移民，也关注他们对非洲的看法及其与非洲的联系。通过对这种日常互动的研究，该书可以使读者更全面地了解中国非洲移民所涉及的更为复杂的关系。[1]

此外，来自金山大学的菲利普·哈里森（Philip Harrison）等探讨了南非约翰内斯堡中国新移民的历史和当代空间，描述了一个高度差异化的移民群体。研究发现，中国新移民的空间实践不仅与强势群体的策略有关，还与社会中其他从属个体和群体的竞争与威胁有关。[2]

朱迪斯·佐特里夫（Judith Zoetelief）对加纳塔马利（Tamale）的中国新移民群体进行了研究。[3] 王杰（音译）和乔希·斯滕伯格（Josh Stenberg）对利比亚的中国新移民进行了研究。21世纪以前，中国在利比亚的存在感微乎其微。然而，在卡扎菲政权的最后几年，一个大规模的中国新移民社区迅速形成。之后，随着利比亚局势的动荡，2011年初，中国首次组织大规模撤侨行动。王杰（音译）和乔希·斯滕伯格对这个短暂的移民社区进行了个案研究，研究了利比亚内战前的华人社会，涉及非洲中国新移民在利比亚的移民轨迹及生存情况、国有企业、中国民营企业家、中国同利比亚的关系等。[4]

汉娜·波斯特尔（Hannah Postel）博士以赞比亚为研究对象，在其研究中指出中非双边贸易与投资关系促进了商品和资本的流动，揭示了中国向非洲移民的规模和性质。作者依据国家移民管理局近两年的就业许可统计数据，首次对非洲的中国人进行定量分析，揭示了人口流动的多样性。该文否定了非洲中国新移民日益增长是国家有计划实施的新殖民主义战略

---

[1] G. Mohan et al., "Chinese Migrants and Africa's Development: New Imperialists or Agents of Change?" *Zed Books London*, 2014.

[2] Philip Harrison et al., "Strategy and Tactics: Chinese Immigrants and Diasporic Spaces in Johannesburg," *South Africa Journal of Southern African Studies* 38 (2021).

[3] Judith Zoetelief, "Dragons in the Savannah, A Case Study of New Chinese Migrants in Tamale," Ghana, Leiden University Thesis, 2011.

[4] Jie Wang, Josh Stenberg, "Localizing Chinese Migrants in Africa: A Study of the Chinese in Libya before the Civil War," *China Information* 28 (2014): 69-91.

的说法，批驳了某些政治言论。①

对于移民历史及其形成背景，国内也有很多学者对此进行探讨。李安山教授从历史的角度，对传统目标国毛里求斯、马达加斯加、留尼汪和南非华人人数和性别进行统计，研究发现，第二次世界大战以来，非洲华人数量的增长成为一种常态，在人口变化方面有三种表现，即非洲中国新移民数量增长出现三次小高潮，非洲中国新移民的性别比例逐渐平衡，老一辈华人中持有中国国籍者日益减少。同时，随着中非文化、贸易、经济关系的加强，非洲中国新移民的数量仍会增加。②

厦门大学的付亮探究了非洲中国新移民的形成背景。在其硕士学位论文《南非的中国新移民——以福清新移民为例》中，作者以福清新移民为个案，以在侨乡实地走访调查获得的一手问卷资料和访谈笔录为基础，从经济、政治、文化、移民传统等方面对福清人移民南非的原因加以分析。作者研究了移民迁移的动机、移民方式的选择、移民在南非当地的概况及其与所在国民族的关系。同时，通过对福清新移民在南非的现状描述，讨论了中国新移民在南非的整体状况及所面临的问题。③

福建师范大学的高哲在其博士学位论文《安哥拉中国新移民雁阵迁移研究》中，遵循地理学"过程—格局—机制"传统研究范式，综合运用地理学、社会学、经济学等学科的理论与方法，在系统梳理国内外关于"南—南"国际移民、传统移民及中国新移民研究的基础上，以安哥拉为案例国，通过田野及问卷调查，探讨安哥拉中国新移民迁移的过程、格局及影响机制，并将其与传统移民和生活在其他国家和地区的中国新移民进行比较，归纳出具有时代特征和非洲特色的迁移规律。④

（二）非洲中国新移民的生活状态与发展状况研究

对于非洲中国新移民的生活状态与发展状况，学界有很多深入的探讨，主要通过文献梳理与实地调研，呈现非洲中国新移民的生活、生计、

---

① Hannah Postel, "Moving Beyond 'China in Africa': Insights from Zambian Immigration Data," *Journal of Current Chinese Affairs* 46 (2017): 155-174.
② 李安山：《试析二战以后非洲华人宗教意识的变迁与融合》，《华侨华人历史研究》2017年第3期，第5~66页。
③ 付亮：《南非的中国新移民——以福清新移民为例》，厦门大学硕士学位论文，2009。
④ 高哲：《安哥拉中国新移民雁阵迁移研究》，福建师范大学博士学位论文，2022。

交往和适应方式。

1. 生活方式

如今学界对非洲的中国新移民的生活方式的研究涉及对华人家庭的研究，还有社会文化生活的演变、宗教信仰、华人教育、华人安全问题等维度的研究。

学界对于华人家庭的研究较少，其中北京大学的许亮较为客观地回顾了南非中国新移民家庭的构建、培养与维护。作者通过搜集历史文献、个人回忆录，以实地调查为基础，探讨了南非华人移民如何在不同的政治环境中积极维护、培养和重建家庭，得出的结论是，南非华人移民家庭形式随着资本主义经济、种族隔离政策以及华人移民社区内部的变迁而变化。在南非种族隔离的黑暗岁月里，勤劳和教育始终是南非华人家庭社会融入的支柱，新形式的家庭模式对南非华人移民争取社会包容和安全至关重要。该文不仅使我们更好地理解华人散居社区在争取物质和情感生存方面的韧性，而且也有助于我们关注世界上其他边缘化的移民群体。[1]

李安山教授探析了非洲中国新移民社会文化生活的演变。研究表明，随着非洲中国新移民数量的增加，其在社会生活与文化生活方面呈现双重特征。在社会生活上，青年组织和文化中心的创建，表明华人更加注重体育竞技和文艺演出等。在文化生活上，华文教育有起有落，由于华人对当地文化的陌生和社会环境及习俗上的不同，他们处于各种文化困境之中，同时，作者剖析了华人文化生活中的一些不良倾向，如学业有长进但道德水平下降。[2]

此外，李安山教授还运用当地华人报刊及相关资料，研究了非洲华人宗教信仰的历史，拓展了非洲中国新移民的研究范围。他指出，宗教信仰是华人在海外保持自身族群认同的一种重要方式，非洲华人多种宗教信仰并存，相互渗透，非洲华人在皈依基督教、天主教的同时，仍保留了中国的传统文化与宗教习惯，佛教在非洲影响也很大。[3]

---

[1] Liang Xu, "The Comforts of Home: A Historical Study of Family Well-being among Chinese Migrants in South Africa," *Asian Ethnicity* 21 (2020): 507-525.

[2] 李安山:《浅析战后非洲华侨华人文化生活的演变》,《八桂侨刊》2017 年第 3 期, 第 3~13 页。

[3] 李安山:《浅析战后非洲华侨华人文化生活的演变》,《八桂侨刊》2017 年第 3 期, 第 3~13 页。

关于非洲华人教育的研究，值得一提的是学者贺鉴、黄小用于2001年撰写的《非洲华人教育浅探》，他们指出，非洲华人教育是指非洲拥有中国血统的人所接受的教育。它包括通常所称的非洲华人、华侨、华裔在祖籍国、居留国以及第三国等地所受的教育。他们梳理了非洲华人教育的相关历程，从历时的角度探究了非洲华人教育的发展情况，凝练出非洲华人教育在艰难中起步、在困难中前进、在挫折中变化的特点，并对非洲华人教育的发展提出了新的期待。①

华人安全问题研究也受到了学界的关注。浙江师范大学的学者周海金指出，受到所在国的政治和党派斗争，非洲国家经济低迷、失业率居高不下，在非华人自身的行为及分布状况等因素的影响，在非华人安全问题日益凸显，华人遭遇各种安全事件的频率大大增加，人为因素导致的安全风险增大，安全威胁种类增多，恶性安全事件数量剧增，因此，需要从国家、企业和个人三方入手，解决华人在非安全问题。②

2. 生计方式

对于生计方式的研究，学者们以华商、华工、华人企业为切入点，探索了非洲中国新移民的生计方式。

胡安·巴勃罗·卡德纳尔（Juan Pablo Cardenal）自 2003 年以来一直在中国和亚太地区进行新闻报道，赫里贝托·阿劳霍（Heriberto Araújo）于 2007 年初来到北京，专注于研究中国和亚洲的社会与经济问题。在《中国的沉默大军：用北京的规划改造世界的先驱、商人、修理工与工人》一书中，他们详细描述了随中国对非投资热潮而出现在非洲大陆的中国人，引起了人们的关注，他们指出，中国的"沉默的军队"，通过辛勤劳动、聪明才智和商业行为，将世界大部分地区迅速纳入中国政府的合作轨道。③ 尼娜·希尔瓦娜斯（Nina Sylvanus）研究了多哥的华商群体。④ 多米尼克·马泽（Dominique Mazé）和克劳德·查兰（Claude Chailan）集中于

---

① 贺鉴、黄小用:《非洲华人教育浅探》，《比较教育研究》2001 年第 12 期，第 38~41 页。
② 周海金:《在非华人的安全风险与规避策略探析》，《社会主义研究》2013 年第 5 期，第 138~144 页。
③ Juan Pablo Cardenal, Heriberto Araújo, *China's Silent Army: The Pioneers, Traders, Fixers and Workers Who Are Remaking the World in Beijing's Image*, Allen Lane, 2013.
④ Nina Sylvanus, "Commerçantes Togolaises Et diables Chinois Une Approche Par La Rumeur," *Politique Africaine* 1 (2009): 55-70.

对华人企业的探讨。他们采用了案例研究的方法,探讨了中信、中石化和中铝三家中国跨国公司在提交国际投标书之后,如何与阿尔及利亚、加蓬和几内亚共和国这些非洲发展中国家开展非市场合作,其研究从制度理论领域拓展到国际商业领域。①

3. 交往方式

关于非洲中国新移民的交往方式的研究,学者宁润东从"相遇的民族志"的视角出发,对非洲国家 K 国的中国志愿者进行定性研究,从志愿者的个体经验角度出发,研究了以下几个问题:当代中国人为什么去海外做志愿者?当代中国人与国外人士交往的过程对其做志愿者有何影响?他们做志愿者的经历对他们如何看待当地社会有什么影响?作者反思了部分中国志愿者给当地社会留下负面印象的原因及当地居民对中国人负面认知产生的原因,揭示了非洲中国新移民群体与当地社会的交往本质并为改善华人与当地社会的关系提出了建议。②

4. 适应方式

非洲中国新移民的适应方式是学者们关注的热点,国内外学者主要从社会融入、华人社团、身份认同的角度进行探究,在此基础上,学者们对于在非中国新移民的形象的改善提出了建议,这对于促进中国新移民在非洲的适应与融入有很大作用。

在对在非中国新移民的融入的研究中,有的学者从整体的角度看非洲的中国新移民的社会融入问题,有的学者则从具体国别对非洲中国新移民进行研究。

从整体的角度看,浙江师范大学的学者李鹏涛从新移民的规模、特点、构成类型及其与当地社会的关系等方面,简要分析了中国在非新移民群体普遍存在的问题。得出的结论是,中国新移民与当地社会某些阶层经济利益上的竞争关系、中国新移民相对封闭的文化和生活方式、所在国的政治斗争和政治动员以及西方媒体的渲染歪曲等因素,影响到新移民与当

---

① Dominique Mazé, Claude Chailan, "A South-South Perspective on Emerging Economy Companies and Institutional Coevolution: An Empirical Study of Chinese Multinationals in Africa", *International Business Review* 30 (2021).

② 宁润东:《好个体,坏社会? 在非华人对非洲认知的两面性——以孔子学院志愿者为例》,载于李安山主编《中国非洲研究评论(2017)》,社会科学文献出版社,2018,第 199~213 页。

地社会的关系。① 此外,周海金指出,非洲中国新移民主要分为劳工移民、创业移民和过境移民,他们为非洲的经济社会发展贡献很多,普遍为非洲民众所认可。但由于非洲中国新移民自身封闭的生活习惯,西方媒体的煽风点火,以及所在国的政治和党派斗争等因素,非洲中国新移民在融入当地社会和当地族群方面存在困难。②

在对具体国别非洲中国新移民的社会融入问题的研究中,李安山教授探究了华人和印度移民两个移民群体融入的异同点及面临的困境。他指出,南非华人与印度移民有如下不同点:南非的印度移民数量要远多于华人;印度移民曾为南非政府法定的四个种族集团之一,而华人的民族地位则始终不明确;印度移民由于其宗教传统,社会生活更加丰富充实;印度移民社区整合度强,有利于其为自身权利而斗争。同时,华人和印度移民仍面临种族歧视、经济困境、社会地位和政治权利困境。③ 徐薇以博茨瓦纳为例,探究了非洲中国新移民面临的困境,她指出,非洲中国新移民在非洲的影响力与受关注程度在不断提高,他们在非洲的处境变化取决于中国同非洲各国经济形势发展变化以及中国新移民能否审时度势,适应和满足非洲的发展需求。④ 沈晓雷探究了中国新移民融入津巴布韦的困境。他介绍了中国在津巴布韦新移民概况、津巴布韦华人社区的形成历程及华人社区对新移民造成的障碍,还提出了新移民应通过规范自身行为、积极履行社会责任、携手当地举办大型文体活动等措施以融入社会的建议。⑤

在华人社团的研究方面,李安山教授阐述了 20 世纪后期华人社团的发展及特点,21 世纪以来华人社团功能的延伸和拓展及新移民社团的崛起,同时就华人社团的国际化与地方化的双重进程提出了自己的看法。他指出,华人社团的国际化取决于三个条件,即社团领导人的国际视野、社团

---

① 李鹏涛:《中非关系的发展与非洲中国新移民》,《华侨华人历史研究》2010 年第 4 期,第 24~30 页。
② 周海金:《非洲华侨华人生存状况及其与当地族群关系》,《东南亚研究》2014 年第 1 期,第 79~84 页。
③ 李安山:《论南非早期华人与印度移民之异同》,《华侨华人历史研究》2006 年第 3 期,第 21~34 页。
④ 徐薇:《华侨华人在非洲的困境与前景展望》,《东南亚研究》2014 年第 1 期,第 85~90 页。
⑤ 沈晓雷:《试析中国新移民融入津巴布韦的困境》,《国际政治研究》2015 年第 5 期,第 129~152 页。

的性质以及社团所在国家的条件或社团自身条件。① 学者刘海方从中观层面出发，选取了南非成熟的华人社区，以及相关非洲国家相对不成熟的华人社区为研究对象，运用了实地调研法、访谈法等探究华人社区及组织的特点，关注了在非华侨华人的生活，考察了华人社团的创建，华人社团如何运作基层社会志愿组织，探究了这些组织如何促进非洲中国新移民同当地社会的融合。②

国外学者聚焦于对非洲中国新移民身份认同的研究。朴尹正的《荣誉至上——南非华人身份认同研究》分析了华人在南非的历史与身份认同构建，主要研究非洲的新华人社区和非洲人对这些社区的看法，南非中国新移民的历史，中国新移民在南非的社会活动、融入情况等问题。③

此外，1996年南非华人叶慧芬和梁瑞来合作出版了《肤色、迷茫与承认——南非华人史》。这部著作基于大量的报纸、档案、访谈所得到的材料等，揭露了一个外来民族在南非的遭遇，是研究南非中国新移民的重要资料。④

鉴于非洲中国新移民存在的社会融入困境与身份认同困境，学者对非洲中国新移民的形象改善提出了建议，这有利于促进非洲中国新移民的社会适应。李安山教授强调从行动与宣传两个方面来塑造中国新移民在非洲的形象。⑤ 李新烽等基于2002~2016年BBC网站的中非关系报道文本进行框架分析，他们认为，要加强对非传播的总体性设计，重构中非交往强势框架，重视非洲利益，实施战略传播，主动塑造和提升中国在非洲的形象，有力应对中国在非洲形象的负面报道，引领中非关系健康发展。⑥

---

① 李安山：《非洲华人社团的传承与演变（1950—2016）》，《世界民族》2017年第5期，第71~89页。
② 刘海方：《当代非洲华人社会的社团发展及在中非关系中的作用》，《中国非洲研究评论（2017）》，社会科学文献出版社，2018。
③ 〔美〕朴尹正：《荣誉至上——南非华人身份认同研究》，吕云芳译，广东人民出版社，2014。
④ Melanie Yapand, Dianne Leong Man, *Colour, Confusion and Concession: The History of the Chinese in South Africa*, Hong Kong: Hong Kong University Press, 1996.
⑤ 李安山：《为中国正名：中国的非洲战略与国家形象》，《世界经济与政治》2008年第4期，第6~15页。
⑥ 李新烽、李玉洁：《冲突框架与中立转向：2002—2016年BBC中非关系报道分析》，《新闻与传播研究》2018年第3期，第6~25页。

朴尹正指出，学术界和媒体对中非关系的兴趣浓厚，但关于中国在非洲移民的报道却少之又少。媒体报道中发表的少量文章往往以不准确和负面的方式介绍中国新移民。作者汇集了现有的少数关于中国新移民在非洲各国的实证研究的信息，试图找到媒体对中国人的负面报道背后的真实信息，她指出，语言、文化和价值观的差异可能成为中国新移民进一步融入非洲的绊脚石并对华人在非洲的生存提出了建议。[1]

（三）非洲中国新移民的影响研究

国内外学者分别从微观的角度探究了在非华文媒体对中国的影响，从中观的角度探究了非洲中国新移民对中非经济、政治、文化的影响，从宏观的角度探究了非洲中国新移民对中非关系的影响。

1. 在非华文媒体对中国的影响

非洲华文媒体与非洲华人紧密相关，是非洲国家多元民族文化的一个组成部分，是非洲国家政府与华裔族群沟通与交流的重要载体，也是非洲中国新移民同母国联系的纽带，与中非关系息息相关，非洲华文媒体也是学者们研究的重点。

李安山教授从历史的角度，根据不同历史阶段对非洲（主要是毛里求斯、南非、马达加斯加和留尼汪）的华人报刊进行类型分析并探讨华文传媒的发展因素及其社会文化功能。[2] 毛里求斯华声报社社长杨茸以毛里求斯华文媒体的发展为例，结合中非关系，分别阐述了非洲华人概况、毛里求斯华人概况、毛里求斯华文媒体的发展历史、毛里求斯华文报纸的现状、非洲华文媒体的现状及发展态势。[3] 孙皖宁、雷伟、邱子桐梳理了华人移民媒体在非洲变迁的历史，将南非的华文媒体同世界其他地方华人社区的华人媒体进行比较，介绍了南非华文媒体的发展轨迹。研究发现，在南非的华文媒体以服务华人移民的政治、文化和社会需要为首要目的，基于此，他们对南非华人媒体的发展提出了建议，认为积极"走出去"的中

---

[1] Yoon Jung Park, "Chinese Migration in Africa," *SAIIA* 24 (2009).
[2] 李安山：《试析非洲华人报刊的历史演变与社会功能》，《华侨华人历史研究》2001 年第 3 期，第 47~57 页。
[3] 杨茸：《非洲华文媒体的现状及发展态势——以毛里求斯华文媒体的发展和前瞻为例》，载于《国际话语体系中的海外华文媒体——第六届世界华文传媒论坛论文集》，香港中国新闻出版社，2011，第 366~374 页。

国媒体应同南非华文媒体加强合作。① 罗俊翀及周聿峨首先对南非中国新移民的概况,南非华人传媒概况进行梳理,接着分析南非华人传媒对南非华人社会的影响。研究发现,南非华人传媒对南非华人了解各种信息、在当地生存、追踪社会治安事件、交流防抢劫经验、增强华人联系、加强中非关系方面扮演了重要角色。②

2. 在非中国新移民对中非经济、政治、文化的影响

暨南大学的陈以定分析了在非中国新移民对中非经济的影响。作者研究了在非中国新移民的经济状况,探究了经济全球化条件下非洲经济的发展、中非经济关系及华商对非投资对非洲华人经济的影响。研究发现,中非经济关系深入发展,中国对非洲投资增加,投资移民增加,非洲中国新移民的数量增多、实力壮大,非洲中国新移民经济实力及经济地位提升。基于此,作者指出,非洲华人经济的生存与发展需要扎根当地,中国与非洲华人应相互独立又互惠互利,非洲中国新移民在中国、非洲和世界华商中应发挥重要的桥梁作用。③ 学者黄小用从居留国(地)政局和政策的改变、祖籍国国际地位和政策的变化、非洲华人社会本身的各种特征等角度探究了影响非洲华人经济发展的主要因素,他指出,战后非洲华人经济变化发展的主要特点是从"唯商独举"到多行业全面发展、经营管理趋于现代化并适时进行技术革新、非洲华人经济融合于当地民族经济、非洲华人经济与中国的经济交往逐渐加强。④

此外,国外学者 S. Cook 等从农业领域探究了在非中国新移民对经济的影响。目前,关于中非农业的研究大多集中于农业援助、国家级合作和大型企业投资上,而中国新移民在非洲粮食和农业领域的作用是一个被忽视的领域。S. Cook 等创新性地通过5个案例,探究了非洲中国新移民在埃塞

---

① 孙皖宁、雷伟、邱子桐:《在南非的华人移民和华文媒体》,《国际传播》2017年第2期,第48~58页。
② 罗俊翀、周聿峨:《南非华文传媒现状及其华人社会的影响》,《西亚非洲》2008年第2期,第63~66页。
③ 陈以定:《试论经济全球化对非洲华人经济的影响》,《世界地理研究》2003年第3期,第14~19页。
④ 黄小用:《二战后非洲华人经济发展探析》,《西南交通大学学报》(社会科学版)2004年第3期,第132~136页。

俄比亚和加纳农业食品行业中的作用。①

浙江师范大学的学者赵俊探究了在非中国新移民对中非政治、文化中的作用。研究发现，非洲中国新移民是中华优秀传统文化在非洲的传播者。非洲中国新移民主办的报纸等媒体可以发挥信息沟通、展示中国对非援助绩效等方面的功能。他指出，非洲中国新移民是培育非洲国家对华友好舆论与民众基础的有力推动者。非洲中国新移民参与对非公共外交的制约因素包括国内国际舆论环境与民众对非认知。非洲中国新移民在各自所在国家的政治参与度、社会融入度均有所差异。非洲中国新移民在非洲国家的经济与政治生活中占有一定的地位，但其在经济领域内的地位要明显高于政治领域内的地位，非洲中国新移民在非洲本土政治上的地位与参与度相对较低。②

3. 在非中国新移民对中非关系的作用

李安山教授从历史与现实的维度，分析了丝绸之路中非洲中国新移民的优势。他指出，非洲中国新移民在中非命运共同体的建构中起着重要作用。同时，他建议在中非合作论坛的框架内加强与非洲国家展开政策磋商，从而使非洲中国新移民成为增进中非关系的重要一环。③ 暨南大学的学者李清全以国际关系、民族社会学等多学科交叉的方式，强调史论结合，将民族问题作为研究视角，梳理了具有民族、种族特质的南非中国新移民在国际关系演变的不同历史阶段的发展历程，分析了南非各时期政府对非洲中国新移民政策的演变、中南关系的演变，并深刻阐释了南非中国新移民的发展与南非的民族、种族政策以及中南关系历史演变之间的互动联系以及这种联系在不同历史阶段的行为关系模式。④ 暨南大学的谭志林的研究同时涉及了中非关系及非洲中国新移民在非洲的生存与发展，他从历时的角度，分别探讨了南非中国新移民的社会地位与斗争并以南非华人

---

① S. Cook et al., "Chinese Migrants in Africa: Facts and Fictions from the Agri-Food Sector in Ethiopia and Ghana," *World Development* 81 (2016): 61-70.

② 赵俊：《论非洲华侨华人与中国对非公共外交》，《非洲研究》2013年第4期，第206~218页。

③ 李安山：《丝绸之路与华侨华人：以非洲为例》，《中央社会主义学报》2019年第4期，第147~154页。

④ 李清全：《国际关系变动中的南非华侨华人：一种历史的分析》，暨南大学硕士学位论文，2008。

协会诉 BEE 案为例，剖析后种族隔离时期南非华人致力于提高社会地位的努力及对中非关系所作的贡献。①

Huynh 等探究了 20 世纪 80 年代后的南非的中国新移民群体，否定了中国人移民非洲是中国国家项目的一部分的说法。作者指出，南非的绝大多数中国新移民都是出于改善生活的愿望，自由移民南非的。中国的政策，中国经济的崛起，中南双边关系的发展，南非的社会、政治和经济发展都是中国居民移民南非的重要因素。②

二　未来研究展望

回顾了学界对非洲中国新移民的研究成果后，笔者认为，目前学界对于非洲中国新移民的研究仍缺乏整体全面的成果，现有研究缺乏对非洲中国新移民的比较性研究；对非洲中国新移民群体多以区域性、个案调查为主，缺乏时间和空间上整体性、概括性的调查。因此，对于非洲中国新移民的研究，有可进一步探讨、发展或突破的空间。笔者认为，第一，学界应当加强非洲中国新移民的"多维度"研究，注重新移民研究的深度与广度；第二，学界应当对非洲中国新移民开展不同角度的对比研究，全面呈现非洲中国新移民的历史与现状；第三，非洲中国新移民具有移民历史短、文化差异大、分布范围广的特征，学界应当对非洲中国新移民群体开展深入的田野调查，全面展示该群体的时空分布和群体特征。

（一）对非洲中国新移民开展"多维度"研究

学者们应当注重非洲中国新移民研究的"深度"。综观国内外非洲中国新移民的现有研究可以发现，大量研究集中在非洲中国新移民生活状况、发展状态、发展途径等方面，相较于西方学者对非洲中国新移民的研究，中国学者在对其移民非洲的原因、移民人数持续增多的原因，以及中

---

① 谭志林：《南非华人社会地位变迁——以南非华人协会胜诉 BEE 为例》，暨南大学硕士学位论文，2015。
② T. T. Huynh, Y. J. Park, A. Y. Chen, "Faces of China: New Chinese Migrants in South Africa, 1980s to Present," *African and Asian Studies* 9 (2010): 286-306.

国新移民在非洲的融合与转型的系统性、整体性研究上，尚存在很大的不足。

学者们也应当注重非洲中国新移民研究的"广度"，拓展对非洲低收入国家中国新移民的研究。中国新移民大规模往非洲迁移是20世纪70年代中后期以来出现的重要跨国人口迁移现象，学术界虽然开展了一些研究，但多集中在对南非华侨华人的研究上，对刚果（金）、尼日利亚、赞比亚、坦桑尼亚、马达加斯加等国的非洲中国新移民也有一些成果，但缺乏对非洲其他低收入国家的中国新移民的研究。低收入国家的主要特征是较低的经济发展水平，落后的生产力；较低的生活水平，落后的基础设施和公共服务，包括较低的教育和医疗水平以及较弱的制度和社会保障等；较低的人均收入水平，较高的贫困率和不平等程度。近年来，低收入国家新移民的数量呈现新的变化，开始成为移民的目的地。因此，学者们应当加强对非洲低收入国家的新移民研究，尤其是要加强对非洲新移民的新模式、新类型、新样态的整体研究。

（二）对非洲中国新移民开展对比研究

非洲中国新移民研究中存在偏向于经验描述而理论分析程度不足的问题。陈礼豪等指出比较研究的方法在新移民研究中的重要性。其中包括第一，国内外的比较，如将国内流动人口与海外移民进行比较；第二，地区比较，如将欧美华人与东南亚华人进行比较；第三，国际比较，如将中国新移民与其他国际移民进行比较三个方面。[①]

非洲中国新移民移民历史较短、数量增长快、移民国别区域广泛、移民类型较新，但目前缺乏对其历史发展的阶段性研究与比较分析研究，进一步开展对比研究有利于获得对非洲中国新移民更清晰的认识。因此，学者可以增加对不同国家、区域、类型的中国新移民及其聚居点的比较研究。例如，对非洲不同国家的中国新移民同全球其他高收入国家、中等收入国家、低收入国家的中国新移民进行对比研究；对非洲不同国家中同一收入水平的中国新移民群体的特征进行异同比较，寻找普遍规律，全面呈

---

① 陈礼豪、张振江：《跨国移民的兴起与东盟国家的应对——基于柬埔寨、菲律宾、印度尼西亚和马来西亚的比较研究》，《东南亚纵横》2021年第3期，第17~30页。

现非洲中国新移民的背景、生活状况、发展状态及影响等情况。

（三）对非洲中国新移民及聚居点开展深入调查

现有的非洲中国新移民的研究田野调查时间较短，多为1~3个月。徐薇指出，在非洲各国摆脱殖民统治，建立民族国家的20世纪后半期，中国人类学界没有把研究触角延伸到非洲大陆，这与中国社会的发展阶段紧密相关。她认为有两方面因素限制了中国人类学者前往非洲进行田野调查：一方面是在调查经费上难以获得足够的支持；另一方面是由于"中国社会尚处于现代化的前期发展阶段，学者们的心胸、志向与抱负也还没有拓展到更广阔的外部世界"。[①] 何明认为，海外民族志研究者必须到国外对其研究对象进行参与式观察，以切身体验与理解其社会文化，获取第一手的研究资料。作为学术文本，民族志既不是对国外社会文化进行概括性的宏观评价和抽象性的理论分析，也不是非学术性地对国外民俗风情的表层描述和感性评议，而是以特定群体或区域为边界对其社会文化进行深入系统的描述与分析，进而呈现与解释特定群体或区域的社会文化的运行逻辑和特征。[②] 因此，在中国提出共建"一带一路"倡议后，越来越多的中国人与企业走出国门，融入世界经济的洪流中。人类学对于他者文化欣赏与理解的立场、对于地方性知识的深刻认识与尊重在中国与外部世界频繁深入的经济合作中显得尤为重要。

非洲的中国新移民作为1978年后出现的大规模移民群体，广泛分布在非洲不同国家和区域，形成了很多海外聚居点，群体内部在文化、来源地、社会等方面存在很大差异。应当增加对对象国的田野调查，只有实地调研才能为研究奠定扎实的基础，更深入地了解当地社会。因此，只有以人类学田野调查为方法，在全面展现非洲中国新移民在海外聚居的历史阶段及空间分布情况基础上，选取典型的非洲中国新移民海外聚居点开展深入研究，才能了解非洲中国新移民的"新"特征。

综上，学界对于非洲中国新移民的研究与时代发展和时代特征密不可

[①] 徐薇：《人类学的非洲研究：历史、现状与反思》，《民族研究》2016年第2期，第111~120页。

[②] 何明：《东南亚民族志研究的价值与困境》，人类学之滇微信公众号，2015年4月11日，https://mp.weixin.qq.com/s/wLPOsU8aF13ZCw0nY4Z2Zg。

分，研究兴起于 20 世纪 70 年代，至今成果颇丰，国内外学者对于非洲中国新移民的研究主要分为非洲中国新移民的历史与背景研究、非洲中国新移民的生活状态与发展状况研究、非洲中国新移民的影响研究三个角度。然而，中国新移民是一个具有复杂时代背景且空间分布广泛的研究对象。现有研究仍缺乏对比研究和时空上整体性、概括性的调查。对于非洲中国新移民现有研究的不足，笔者认为，学者们应当对非洲中国新移民开展"多维度"研究，注重新移民研究的深度与广度，同时，学者们应当对非洲中国新移民开展对比研究，获得对非洲中国新移民更为透彻的认识。此外，学者们应当进行详尽的人类学田野调查，对非洲中国新移民的形成和生活现状，以及历史文化发展情况等开展深入调查，夯实研究基础。笔者相信，这些研究具有较强的学术价值和实用价值。就其学术价值来说，可以厘清中国新移民相关概念与内涵，丰富移民研究的理论体系和研究范式，提升移民研究的学科地位，为移民研究提供新视角与新思路。就其实用价值来说，开展非洲中国新移民研究有利于促进中非政治经济合作，弘扬中华优秀传统文化，构建开放包容、互利共赢的人类命运共同体，为人类和平与发展做出贡献。

哈萨克斯坦移民新变化及思考

——基于哈萨克斯坦阿拉木图市的田野调查[*]

韩佳钰[**]

摘　要：移民是国际性的人口流动现象。在一定意义上，人类社会的历史就是一部移民史，特别是在现代社会，随着全球化的加速，全球范围内的人口流动也在加快，无论是商业移民、教育移民，还是战争移民，世界范围内人口大流动所带来的国际移民规模不断攀升。改革开放以来，除却国内的人口大流动，还出现了大量中国人移居海外的趋势，这一类群体成为连接中国与世界的重要桥梁与纽带。有关国际移民的研究呈现跨学科和多学科综合研究的发展趋势。本文基于哈萨克斯坦阿拉木图市的田野调查，梳理当前哈萨克斯坦移民情状，并结合学界研究现状及个人田野调查体验等对国际移民研究展开思考。

关键词：哈萨克斯坦　海外移民　华侨华人　跨境民族

一　本文相关研究及田野点介绍

本次田野调查由中央民族大学民族学与社会学学院组织，受到国家社会科学基金重点项目"中亚历史与现状研究"（21VXJ033）资助，两位民族学专业的博士生于2024年1月至2月赴哈萨克斯坦阿拉木图市开展了为

---

[*]　本文系国家社会科学基金重点项目"中亚历史与现状研究"（21VXJ033）阶段性成果。
[**]　韩佳钰，中央民族大学民族学与社会学学院2023级博士研究生。

期一个月的田野调查。该项目由中央民族大学中国少数民族研究中心丁宏教授主持。

此次田野调查主要围绕阿拉木图市 ЗаряВосток 地区（音译为扎俩瓦斯淘克地区，意为"东方曙光城"）进行，此外，还在阿拉木图市内进行了较为广泛的考察，并与在新移民社区和主城区核心区域生活工作的居民和移民进行了访谈。

阿拉木图是哈萨克斯坦最大的城市，位于哈萨克斯坦东南部边境，与我国的新疆和吉尔吉斯斯坦相邻。全市面积约 682 平方公里，人口约 230 万人（2023 年统计数据），下辖 8 个区，GDP 约为 380 亿美元（同期我国乌鲁木齐市 GDP 约为 575 亿美元）。1991 年至 1997 年曾为哈萨克斯坦共和国首都，是哈萨克斯坦的金融、工业、科教等中心，"一带一路"重要节点城市，早年因盛产苹果被称为"苹果城"。1991 年，宣告苏联解体的《阿拉木图宣言》在此签署。[①]

扎俩瓦斯淘克位于阿拉木图市西北部阿拉套区，原为阿拉木图市近郊，现已归并为中心城区。近些年，随着中、哈两国边贸繁荣，大批中国商人来到该社区经商居住。扎俩瓦斯淘克在行政区划上虽然靠近中心城区，但实际上属于城市西北部边缘地带，共有 4 所公立学校，4 座清真寺，2 所公立医院，1 个大型小商品市场，绝大部分居民都从事商业。[②]

二 基本概念的梳理与界定

本文主要以中国在哈萨克斯坦的移民群体为总的研究对象，其中可进一步区分为华侨华人群体、跨境民族群体、新移民群体几类，这主要是根据研究对象国存在的复杂移民情况并按照各群体的移民特点和历史时限来划分的，通过细分具体类目，以做到研究更具针对性和更为全面。中国在哈萨克斯坦境内的移民群体主要有东干人、维吾尔族、哈萨克族、商人移

[①] 参见百度百科，https://baike.baidu.com/item/%E9%98%BF%E6%8B%89%E6%9C%A8%E5%9B%BE/363204?fr=aladdin。

[②] 除特殊说明外，文中所有资料与数据均源自 2024 年 1 月至 2 月笔者在哈萨克斯坦的田野调查，下文不再赘述。

民、中资企业驻哈员工、新移民等 6 类。可进一步按照差异性的衡量标准归纳并划分为华侨华人群体（前述的所有群体）、少数民族华侨华人（少数民族华侨华人属于华侨华人群体的范畴，但在中亚地区尤其是在哈萨克斯坦具有规模性聚居的历史与现状，故而为强调其有别于其他华侨华人群体的特征，在本文中单独使用，如前述的东干人、维吾尔族、哈萨克族都属于这一范畴）、跨境民族（也称跨界民族、跨国民族，由于跨境民族作为跨越国/境界的文化群体具有特殊的地理含义和边境安全因素，故在具体研究中也可单独进行划分并有针对性地运用跨境民族的分析框架进行讨论）。下文将从国际移民及其认同研究、跨境民族概念界定与少数民族华侨华人的区别等方面进行具体阐述。

国际移民作为全球化的产物和组成要素，在不同的阶段具有不同的表现与特点。国际移民群体具有不同层次的认同，首先体现为家庭（家族）认同，其次是族群认同，再次是文化认同，最后是政治认同。早在 1885 年，莱文斯坦发表《移民的规律》一文，开了对移民及其规律进行研究的先河。[①] 近年来，在西方学术界中较有影响力的学说有"新经济移民理论""世界体系理论""新古典经济学理论""劳动力市场分割论""移民网络理论""累积因果关系理论""转型论""后现代观"等。[②] 学界有关移民的认同研究著述繁多，归纳起来主要有一组相对的理论，分别是"同化论—熔炉论"和"多元文化论"，这两种理论都在国外进行了理论到实践的转化。从 20 世纪 70 年代开始，"多元文化论"成为西方国家解决国内种族歧视问题和民族矛盾的理论基础。华人学者对国际移民认同问题保持着较高学术兴趣。李剑鸣、杨令侠在《20 世纪美国和加拿大社会发展研究》中认为，为寻求生存方式的同一性，美国、加拿大的华侨华人群体具有双重性民族情感或认同，即他们既认同并积极参与到当地的建设和发展之中，同时也保持对中华文化的认同与传承发展。[③] 董小川在《现代欧美国家民族的同化与排斥》中分析了二战后美国华人移民的职业流动状态，

---

① 李明欢：《20 世纪西方国际移民理论》，《厦门大学学报》（哲学社会科学版）2000 年第 4 期，第 12~13 页；曾少聪、闫萌萌：《海外新移民的回流研究——以闽西北新兴侨乡归县为例》，《世界民族》2019 年第 2 期，第 52~61 页。

② 李明欢：《20 世纪西方国际移民理论》，《厦门大学学报》（哲学社会科学版）2000 年第 4 期，第 12~18 页。

③ 李剑鸣、杨令侠主编《20 世纪美国和加拿大社会发展研究》，人民出版社，2005。

论述了战后美国华人的流动性问题，以及被美国文化同化的情况等。①

跨境（跨界、跨国）民族群体是国际移民群体的组成部分。中国学界存在同时使用"跨境民族""跨界民族""跨国民族"三个称谓的研究现实，为便于表述，本文选择"跨境民族"进行讨论，在进行具体的文献回顾和观点介绍时，遵循原作者的使用称谓。

20世纪八九十年代以来，跨境民族②概念被提出并成为学界研究的一个热点领域。较早提出和使用"跨界民族"概念的金春子和王建民在著作《中国跨界民族》中界定了该概念："跨界民族是指由于长期的历史发展而形成的，分别在两个或多个现代国家中居住的同一民族。"③他们在对跨界民族的内涵进行进一步讨论时，指出跨界民族既指紧靠边界两侧、居住地直接相连、分居于不同国家中的同一民族，也指在相邻国家的边界附近地区活动的同一民族，多数跨界民族的分布地是连在一起的，但也有少数同一民族可能被其他民族相隔，居住地没有直接相连。④ 使用"跨界民族"这一称谓的早期代表还有葛公尚，他认为跨界民族具备两个必不可少的特征，一是原生形态民族本身被政治疆界所分割，二是该民族的传统聚居地被政治疆界所分割。⑤这种分割体现出了跨界民族的民族体与所属的国家并未完全重叠的特性，也反映出跨界民族群体的所指是在近代国家体系建立后，即随着现代国家边界的正式确定而产生并进行讨论的概念。他进一步提出了狭义的跨界民族概念，即"跨界民族应该限定于那些因传统聚居地被现代政治疆界分割而居于毗邻国家的民族"。⑥ 民族学、人类学所讨论和研究的跨境民族应当属于一个特殊的文化群体。综合学者们的观点，本文认为，跨境（跨界、跨国）民族是指跨越国界而居的同一文化民族群体，

---

① 董小川主编《现代欧美国家民族的同化与排斥》，上海三联书店，2008。
② 彭兆荣在《论"跨境民族"的边界范畴》一文中写道：1982年，范宏贵教授在《我国壮族与越南岱族、侬族的古今关系》一文中提出了"跨境民族"这一概念（参见《百色学院学报》2016年第5期，第26页），但是，彭兆荣同时指出，2016年5月15日，在广西百色学院的一次学术会议上，自己专门就此请教了范宏贵教授，范宏贵教授回答，"跨境民族"不是他首先提出的，早在中华人民共和国成立前，我国就使用这个概念（参见《百色学院学报》2016年第5期，第26页脚注④）。
③ 金春子、王建民编著《中国跨界民族》，民族出版社，1994。
④ 金春子、王建民编著《中国跨界民族》，民族出版社，1994。
⑤ 葛公尚：《试析跨界民族的相关理论问题》，《民族研究》1999年第6期，第1页。
⑥ 葛公尚主编《当代国际政治与跨界民族研究》，民族出版社，2006。

他们具有在历史的变迁中形成、原共同居住地被现代国家边界分割或因其他各种原因在历史上跨国而居于两个或多个国家、如今的居住地相连或相近等基本特点。跨境（跨界、跨国）民族既具有同一民族共同的血脉亲缘关系及文化特点，又因分属于不同现代国家而呈现各自的"在地化"特征。因这些跨界而居的群体保留有共同的文化特点和相互之间存在一定的文化认同，可被视作同一个"文化民族"。这些群体分布于不同的现代国家，国籍不同，成员在国家层面的政治认同已然不同，且存在短期跨国流动、季节性跨国流动等各种移民模式。

另外，跨境民族与海外少数民族华侨华人的联系与区别不容忽视。黄文波曾撰文指出跨界民族与海外少数民族华侨华人在8个方面的区别。[1]海外少数民族华侨华人多定居在中国周边国家，与所移居地区具有某种历史或文化上的亲缘关系。历史上少数民族华侨华人的移居过程多取陆路，东南亚、中亚地区是其居住最集中的地区。少数民族移民的一个重要特点是选择移居地时往往注重文化上的联系，如中亚与东南亚一些民族与我国西北和西南诸多少数民族之间共享相同或相近的文化要素。这些文化要素包括语言、宗教与生活习俗等方面，而且，他们移居后也多是聚族而居，这种特点的形成也与中国少数民族传统聚居方式分不开。正因为如此，海外少数民族华侨华人与跨境民族多有重合，但仍然有所区分。首先，跨境民族的跨境（界、国）现象与国家的形成及其边界的划定紧密相连，有着自然地理或政治因素参与其中；其次，海外少数民族华侨华人是一种主动移民类型，虽然旧时也有因为天灾人祸被迫迁移，但主观、主动因素往往发挥着重要作用，他们是从中国迁移出去的少数民族。进而言之，在界定海外少数民族华侨华人时，不宜不加讨论地完全使用"跨境民族"概念涵盖之，而应该根据研究对象和研究目的，将那些以往被归类于"跨境民族"范畴之下的中国少数民族移民及其后裔重新纳入海外华侨华人的讨论之中。这是因为在学术层面上海外华人研究的影响更大，将其纳入其中，不仅能够增强其影响力，更重要的是可以从中更好地诠释"华人"所具有的中华各民族的"多元一体"属性，以此彰显中华文化"和而不同"的丰

---

[1] 黄文波：《少数民族华侨华人与跨界民族区别刍议》，《广西民族研究》2011年第2期，第78~81页。

富内涵及对人类文明发展的价值。①

三 阿拉木图市移民情况的新变化

首先，随着社会经济的发展，海外移民的聚居情况出现新的变化，在迁入国及具体居住城镇内部流动加速。以从中国迁出的维吾尔族为例，从传统的在扎俩瓦斯淘克区域高度聚居，到如今形成了在阿拉木图市内的新聚居点，以及越来越散居化的趋势，这一类新聚居点往往是由哈萨克斯坦规划建设的国际移民社区，如阿拉木图市西部的 AKEN 区域，便成为承载新移民的主要区域，这些新移民包括来自各国的移民，也包括哈萨克斯坦其他地区迁移至阿拉木图市的人群，还包括维吾尔族等少数民族华侨华人群体。这一类国际移民社区的位置距离市中心较远，房租低，配套设施齐全，生活成本低于市中心。在此类移民社区中，有多家中国商店、打印店、理发店等，这里也是此次田野调查过程中笔者在阿拉木图唯一看到有微信支付、支付宝支付二维码的地方。近些年，随着生活水平的提高，维吾尔族多散居于阿拉木图中心城区，他们依然在扎俩瓦斯淘克地区从事商业活动，但会将扎俩瓦斯淘克地区的平房和库房出租。移民群体在城市空间内的再次迁移带来了新的族际交往问题，值得研究者进一步追踪调查。

其次，2023 年 7 月，哈萨克斯坦颁布新版《人口移民法》，实施了新的"血亲同胞"认定标准，进一步号召全世界的哈萨克人回归哈萨克斯坦。②受新的移民政策影响，越来越多的哈萨克人从世界各地移民到哈萨克斯坦，其中包括来自中国的哈萨克族，这些移民被当地人称作"回归者"。这些哈萨克新移民主要流入阿拉木图市及周边地区，投靠亲友，参与当地的商业活动（如市场商贸、手工业、餐饮业等）。这一类基于亲属

---

① 丁宏：《中华文化与少数民族海外华人凝聚力》，《民族研究》2020 年第 6 期，第 67~75 页；丁宏、马宏：《海外民族志与少数民族华侨华人研究》，《贵州民族研究》2022 年第 2 期，第 125~130 页。

② 此版《人口移民法》中关于"血亲同胞"制定了新的认定标准，呈现身份认定范围扩大、移民程序简化、文化认同要求提高等新特点，法案具体内容参见 https://adilet.zan.kz 或 https://www.gov.kz/memleket/entities/qmpt。

网络关系的依赖性移民现象，并不是新现象，早些年便有中国的哈萨克族父母将子女送到哈萨克斯坦读书，然后举家移民的案例。但这些哈萨克新移民也面临诸多困境，如哈萨克斯坦政府承诺政策与实际实施有差别，导致这些来自各国的哈萨克人移民哈萨克斯坦后无法购买土地和住房。在访谈过程中，笔者还了解到哈萨克斯坦的部分哈萨克民众对于来自中国的"回归者"存在一定的偏见，其中以雇主的雇佣偏见最为明显。此外，哈萨克斯坦国民对于涌入的外国哈萨克人获取就业机会并享有部分国家资源存在不满情绪。哈萨克斯坦国家层面希望哈萨克人"回归"的意愿不变，对此，中国加强有关边境地区、民族地区跨境民族群体的中华民族共同体意识教育显得尤为关键，针对跨境民族具体议题的深入研究既是国内建设中华民族共同体的必要组成部分，也是进行跨国移民研究的重要组成部分。

再次，再移民、多次移民等移民现象越来越普遍、多样且呈现复杂趋势。如哈萨克"回归者"从哈萨克斯坦再移民到土耳其等国，东干人中的部分年轻人移民至俄罗斯寻找务工机会。近几年，随着俄乌冲突的持续，我们需要更为关注再移民发生的动因、环境、影响。并且，在移民群体或个体选择二次移民过程中，其身份主体的再转变和文化层面的重新适应更是需要关注的重要议题。

最后，随着共建"一带一路"倡议的落实，中资企业走向中亚以及中国与哈萨克斯坦之间的免签政策所带来的跨国旅游现象等因素的推动，中华文化在中亚地区产生越来越广泛的影响。哈萨克斯坦是古代陆上丝绸之路的节点，是"一带一路"共建国家之一，中国小商品的受欢迎程度在提高，跨境贸易的影响持续扩大，中国新能源汽车的出口数量不断增加，中华饮食的多样化呈现，都为中华文化的海外传播研究提供了丰富的素材和研究方向。例如，以中餐馆为载体的中华美食的影响力在阿拉木图市不断提升。在各国美食齐聚的阿拉木图，中餐馆占有一席之地。其中由哈萨克斯坦老板创立并推广的"Lanzhou"品牌拉面馆在哈萨克斯坦实现了连锁经营，仅阿拉木图市就有十几家，受到当地人的喜爱，这一类由当地人开设并进行复制的中餐馆成为新兴的研究对象。在今后的中亚研究或中亚移民研究中，研究者可不断挖掘中华文化的国际传播路径并通过美食、旅游等不断为人民之间的友好交流打下基础，充分发挥跨国移民群体进行中华文化符号表达的优势，尤其需要重视跨国移民群体在共建"一带一路"倡议实践过程中发挥的特殊桥梁作用。

四 对国际移民研究现状及出现新变化的思考

就当前出现的这些新变化、新趋势以及通过对学界有关研究的梳理，本文针对国际移民研究展开以下几点思考。

第一，需要注意的是，在进行具体研究时，应当明确移民群体和移民问题是有着密切关联但分属于不同层次和架构的概念所指，在逻辑上，不能从"移民群体"直接推导出"移民问题"，即有关移民的现象并不都是问题，而存在的问题也不都是移民问题。另外，国际移民问题突出表现为政治层面的问题、文化的适应和融入问题以及社会经济等具体矛盾，这些问题多是由国家利益、社会利益、民族利益、个人利益之间的张力关系导致的，在进行研究时，需要将移民的社会性危机、文化性危机等与政治性危机进行区分，不能用同一种自上而下的国家中心主义视角看待和处理所有与移民群体有关的问题、危机和隐患。需要在正确、客观、全面的认识基础上，再进行深入研究。

第二，有学者认为，移民群体被不同国家环境分割的时间越长，与迁出国或祖籍地的群体的差异性就越大，分属不同国家的移民群体在未来的发展过程中或许会呈现越来越大的差别，当这些移民群体的文化共性降低、文化认同感趋弱时，是否考虑重新对这些群体进行界定和有效区分是值得研究的。

第三，全球化时代的人口大流动已呈现迁出和回流并存的现象，其中回流可分为短时性回流和长期性回流，其中跨国移民群体的回流现象值得进一步关注和探讨。新移民的回流交织于各国的向外移民潮中，其中就包括我国和周边国家的跨境民族群体以及一些短期的新移民个体。学者们对涉及中国的跨国移民的历史形成过程，如何时迁出、为何迁出、如何迁出等问题进行了较为丰富的研究，而对跨国移民群体成员的持续性回流现象产生动因、回流后这些人群与当地社会及社区同一文化群体和其他民族成员的互动、牵涉跨国移民回流的有关地区的社会治理等议题研究较少，需要进一步关注和追踪调查。

综上，国际移民研究应当紧密结合世界移民流动之情势，以回应现实问题为己任，以多学科交叉视角进行深入调查研究。学者们在分析跨国移民群体所面临的风险时均提到了泛民族主义和国家主义相对抗的存在和消极影响，值得学者们进一步关注并总结原因、分析现状、探讨风险、提出对策。同时，应全面认识到跨国移民所具有的历史性、复杂性和动态性，进一步借助多学科的研究视角和方法，打破专业壁垒，将研究对象置于具体国别、社会、社区等现实语境和场域中进行观察、认识、深入剖析，并基于调查研究的第一手资料和后续研究提炼出服务于我国做好移民工作的相关成果，担负起本研究领域紧贴时代脉搏和服务国家现实需要的使命与责任。

五　进入海外开展田野调查的个人体会

走向海外是中国人类学未来发展的必由之路。[①] 中国的民族学、人类学向来有关注海外社会文化的传统，进行"以小见大"的田野调查和书写海外民族志是民族学、人类学海外社会文化研究者的努力方向所在，接下来，笔者将结合此次海外田野调查经历分享几点体会。

第一，开展田野调查前需要进行充分准备。进入海外田野点之前，需要进行充分的行前准备，包括专业理论的掌握、实践经历的经验积累、对当地情况的了解。对研究对象与田野点的最新情况的掌握不够充分将会耗费大量时间成本和精力。在田野调查过程中应掌握总体、重视细节、建立长期联系。

第二，海外移民研究需长时段深入田野。长期调研的经历和材料获取是完成一篇真正的民族志的重要基础和支撑。在全球化人口大流动时代，受到各类因素的影响或叠加作用，国际移民的频次加快，新移民的数量增加，跨国再移民现象增多，这些大趋势和新现象都要求研究者长时段深入田野。随着时间和人口流动，研究者的研究轨迹也应当是流动的，不应

[①] 周大鸣、龚霓：《海外研究：中国人类学发展新趋势》，《广西民族大学学报》（哲学社会科学版）2018年第1期，第122页。

局限于一个固定的小区域，而应当与研究对象的流动同频，参与并观察研究对象的日常流动、多点实践与再移民情况，更为完整地描绘出海外移民群体的生活图景，更加完整地考察移民群体的适应与变迁情况，进而完成一篇理论扎实、结构完整、材料翔实、论证充分、可读性强的民族志文本。

在此，需要特别强调的是，首先，民族学知识的掌握不足与基本训练的欠缺使得笔者进行田野调查尤其是开展海外田野调查时出现了难以融入的困难。因此，无论是民族学有关理论的专业书籍，还是经典民族志，都应常常阅读，牢牢掌握。此外，研究者在国内进行扎实的田野训练和经验积累是进行海外田野调查的重要基础。其次，需深刻认识到掌握研究对象语言的重要性。进行人类学的海外研究或者区域国别研究，掌握研究对象通用语已成为进行海外田野调查的必要基础。即使现如今的 AI 软件、翻译设备功能齐全，但对于需要与田野对象进行即时交流的民族学、人类学研究者而言，能够熟练掌握研究对象语言仍是完整开展田野调查不可或缺的一环。最后，需要重视实地田野调查前的论证假设工作。民族学研究者开展田野调查并非走马观花，书写民族志也非撰写抒情散文。在进入田野前，研究者需要与同事就现有材料进行探讨和分析，树立研究的问题意识，无论是证实还是证伪，或是在田野调查过程中发现新的问题，都是田野调查的意义所在。

结　语

海外华侨华人研究与包含其中的新移民研究已有相当丰富的成果出现，但整体性与具体性相结合的研究成果较少，对某一新移民聚居区内部的划分和华侨华人社会、社区内部具有的差异性的把握还有进步的空间。新冠疫情后，世界经济形势出现巨大变化，随着电商、短视频、新中式餐饮等新商业形式、传媒形态在海外的广泛传播，海外社会中的华侨华人群体的日常生活也出现了新的变化和样态，对于新、老移民及海外华人社会的新样态的深度参与观察并进行海外民族志的书写具有积极意义，这也是利用民族学方法与理论进行区域国别研究的重要路径和了解海外社会"他者"的必要途径。作为欧亚大陆的腹心之地,共建"一带一路"倡议的重要实践地,中亚地区是中国学者了解中亚国家各民族文化、经济社会发展的重要通道,也是相关领域研究者充分利用民族学、人类学理论与方法优势进行区域国别研究的重要地域。

墨西哥恰帕斯州华人移民的历史与现状：
兼论海外华人研究的他者化

张青仁[*]

摘　要：墨西哥恰帕斯州华人移民已褪去华人身份、融入恰帕斯地方社会，成为恰帕斯多元族群社会的组成部分。墨西哥大革命后华人之间交往的疏离以及当前华人移民的同质性竞争关系加速了华人融入恰帕斯地方社会的进程。恰帕斯州华人移民的生存状况提醒我们：在经历了"去汉人社会"后，重新融入异域社会的华人已经成为不同于我们的"他者"。当前华人研究亟须摆脱弗里德曼模式下将海外华人视为汉人社会衍生与折射的理念，在异域社会的结构和脉络中理解作为主体的海外华人的生存形态。

关键词：墨西哥　华人　多元族群　他者

恰帕斯州（Chiapas）位于墨西哥东南部，自然条件较为恶劣，是墨西哥印第安人分布较为集中的州，也是墨西哥较为贫困的地区。自 19 世纪末华人开始在此落脚，20 世纪初，恰帕斯州便形成了塔帕丘拉（Tapachula）这一墨西哥南部华人聚居的中心。时至今日，恰帕斯州的所有城镇都有了华人的身影，并形成了塔帕丘拉、图斯特拉古铁雷斯（Tuxtla Gutiérrez）、圣克里斯托瓦尔-德拉斯卡萨斯（San Cristóbal de las Casas）、科米坦（Comitán）等多个华人聚居区。结合笔者在恰帕斯州圣克里斯托瓦尔-德拉斯卡萨斯、塔帕丘拉等地的田野调查，本文对恰帕斯州华人移民的历史与现状进行梳理，并以此为切入点，对当前海外华人研究的学术

---

[*] 张青仁，中央民族大学民族学与社会学学院教授。

取向予以反思。

一 墨西哥华人移民简史

华人移民墨西哥的历史可以追溯到 16 世纪，最早抵达墨西哥的华人是通过海上丝绸之路，经菲律宾抵达的。第一艘到达墨西哥太平洋港口城市阿卡普尔科（Acapulco）的中国帆船名为圣·巴勃罗号，时间是 1565 年 10 月 18 日。[①] 此后，不断有中国帆船满载瓷器和丝绸制品，越过太平洋，经过马尼拉，到达墨西哥，开启了中国与墨西哥长期交往的历史。

文献显示，1635 年，墨西哥城的华人理发师受到了西班牙理发师们的抗议，引起了墨西哥政府的注意。这是殖民时代的墨西哥对于华人移民为数不多的记载。[②] 19 世纪 70 年代后，受到革命战争和瘟疫影响的墨西哥启动了开发建设进程，急缺劳动力资源，华人因此成为墨西哥移民的重要来源。1899 年，墨西哥与清政府签订《中墨友好通商条约》，规定两国人民彼此可以侨居，双方以最惠国待遇相互对待[③]，从法律层面上为墨西哥大规模引进华人劳工创造了条件。随着 19 世纪 70 年代美国经济的萧条，以及针对华人的暴力、抢劫等排华行为的发生，尤其是在 1882 年美国《排华法案》通过后，作为美国后花园的墨西哥成了华人劳工新的移民地。据不完全统计，仅 1910 年，墨西哥索诺拉州的卡纳亚内铜矿区和南太平洋铁路线上的华人劳工就有 14000 人，在瓦哈卡州参与筑路的华人有 3000 多人，在下加利福尼亚州墨西卡利附近开垦土地和种植棉花的华人劳工有 6000 多人。[④] 契约到期后，大部分华人劳工留在了当地，从事诸如餐饮、洗衣等工作，形成了包括坦皮科（Tampico）、托雷翁（Torreón）、墨西卡

[①] Xu Shicheng, "Los Chinos a lo Largo de la Historia de México," Enrique Dussel Peters y Yolanda Trápaga Delfín, *China y México: Implicaciones de Una Nueva Relación*, México: Editorial Nuestro Tiempo, 2007.

[②] 〔美〕塔玛·戴安娜·威尔逊：《拉丁美洲的东亚移民》，万红译，《世界民族》2005 年第 5 期，第 56~62 页。

[③] 陈翰笙主编《华工出国史料汇编》第 7 辑，中华书局，1984。

[④] 萨那、张玉玲：《论墨西哥华侨社会的变迁》，《华人华侨历史研究》1989 年第 1 期，第 32~39 页。

利（Mexicali）、墨西哥城等在内的多个华人聚居中心。

20世纪初迪亚斯统治末期，受美国经济危机影响，加之粮食歉收，墨西哥社会的紧张局势日益加剧，引起了墨西哥底层民众的不满与抗议。在社会秩序崩溃的情形下，墨西哥国内的社会矛盾被转移到了外国人的身上。与欧美移民在墨西哥开办资本密集型企业不同，华人多从事餐饮、洗衣等中等规模的商业活动。① 在生存空间狭小的情况下，墨西哥人将华人视为直接的竞争对手，由此引发了一系列种族主义排华运动。

1911年5月，革命武装在弗朗西斯科·伊·马德罗的带领下，屠杀了托雷翁城303名手无寸铁的华人，拉开了墨西哥排华运动的序幕。第二年，反对派在墨西哥其他城市屠杀了324名华人。1916年，齐瓦瓦州的200名华人被杀害。② 1919年，129名华人在墨西哥城被杀害。在彼德拉斯内格拉斯（Piedras Negras），亦有373名华人惨遭屠杀。1927年，墨西哥卡列斯政府废除了《中墨友好通商条约》③，这一政策调整进一步激化了国内业已存在的排华氛围。在反华情绪最为激烈的索诺拉州，州政府分别于1924年和1931年两度颁布法令，企图禁止华侨与墨西哥妇女通婚，规定企业必须有超过80%的雇员为墨西哥人。④ 在一系列排华运动的波及下，华人在墨西哥社会的影响日渐式微。

二 融入混血的恰帕斯：早期华人移民的生存状态

自然条件恶劣的恰帕斯并非华人移民的直接目的地。19世纪50年代，一家美国财团控制了巴拿马铁路的修建工程，开始从中国南方招募劳工。此后，巴拿马运河的开凿又招募了大批华人劳工。在合同结束后，华人劳

---

① 胡其瑜、李善东：《移民与发展中的社会——墨西哥北部的华人》，《华人华侨历史研究》1988年第4期，第43～50页。
② Grace Pea Delgado, *Making the Chinese Mexican: Global Migration, Localism, and Exclusion in the U S-MexicoBorderlands*, Redwood City: Stanford University Press, 2012.
③ 林被甸、董经胜：《墨西哥的现代化进程和居墨华人的命运》，载于《文明的和谐与共同繁荣：对人类文明方式的思考——北京论坛（2006）论文选集》，北京大学出版社，2007。
④ 萨那、张玉玲：《论墨西哥华侨社会的变迁》，《华人华侨历史研究》1989年第1期，第32～39页。

工或是留在巴拿马，或是以巴拿马为中心，向周围国家迁徙。第一批到达恰帕斯州的华人就来源于此，他们于1884年从巴拿马自南而上，到达恰帕斯沿海地区的塔帕丘拉。① 位于恰帕斯州西南部的索克诺斯克地区（Soconusco）是一片狭长的沿海平原。由于地势平坦，加之紧靠太平洋，该地区很早便是美国、墨西哥与中美洲国家物资集散的中心，吸引华人来此定居。1895年，恰帕斯州内的华人共有14名；1910年，恰帕斯州的华人数量已达到478人②；到了1920年，州内的华人增至715名③。

墨西哥社会有着浓厚的混血传统，这一传统的形成与西班牙殖民者密切相关。从公元8世纪开始，穆斯林摩尔人对西班牙长达8个世纪的统治以及在此基础上的混血通婚，造就了西班牙人对待混血人的宽容态度。当殖民者到达墨西哥时，西班牙王室与罗马教皇并不反对他们与本土印第安人通婚，甚至"几乎是在欢迎'天使'的第一天，印第安人就给西班牙人送去了女人"。④ 殖民者与印第安人的通婚造就了墨西哥的主体人种——印欧混血的梅斯蒂索人。早期前往恰帕斯的华人多是青壮年男子，他们勤劳、聪明的品质受到当地女子的关注，成为恰帕斯社会理想的通婚对象。塔帕丘拉的华人后裔路易斯·李回忆指出，他的曾祖父李琼山1922年来到塔帕丘拉。当年与他一同来到塔帕丘拉的华人约有40人。这些华人从事零售、餐饮等工作，在塔帕丘拉属于高收入阶层，许多本土女子非常乐于与他们交往。李琼山于1926年与当地女子玛利亚结婚。⑤

由于自然环境和经济发展水平的差异，恰帕斯州的政治精英分化为高地政治精英组成的保守派和低地农场主组成的自由派。在大革命爆发的20世纪初，保守派与自由派之间爆发了激烈的政治斗争。在当地政治斗争风起云涌的背景下，旅居恰帕斯州的华人也成立了政治组织。1911年，华人聚居的中心塔帕丘拉成立了华人移民组织。当地的华人还参加了塔帕丘拉

---

① Diana Ramírez, "Los Chinos en el Soconusco," http://www.moradachiapas.com/08/para_recordar.html.
② Miguel Lisbona Guillén, "Obras, Festejos y Besamanos en la Integración de los Chinos en Chiapas. Del ProcederHistórico a la DefiniciónÉtnica Presente," *Revista de Estudios Históricos* 2（2013）.
③ Miguel Lisbona Guillén, "Obras, Festejos y Besamanos en la Integración de los Chinos en Chiapas. Del ProcederHistórico a la DefiniciónÉtnica Presente," *Revista de Estudios Históricos* 2（2013）.
④ 索飒：《丰饶的苦难——拉丁美洲笔记》，云南人民出版社，1998。
⑤ 访谈人：张青仁，访谈对象：路易斯·李；访谈时间：2015年3月12日；访谈地点：墨西哥恰帕斯州图斯特拉古铁雷斯州议会。

墨西哥恰帕斯州华人移民的历史与现状：兼论海外华人研究的他者化

工商联盟（Asociación Comercial e Industrial de Tapachula）。中国国民党亦在恰帕斯沿海地区成立了分部，并在此基础上建立了恰帕斯州中国农商联合会（La Cámara China de Comercio y Agricultura）。[①] 这些组织均以华人移民为服务对象，目的在于捍卫华人的合法权益，帮助华人融入恰帕斯地方社会。

在政治组织的引导下，恰帕斯州的华人积极参与各项政治活动与地方社会的建设。"华人移民恢复了维斯塔拉的学校，并且在镇广场旁捐赠了一个钟表。"[②] 在塔帕丘拉，至今仍保留着华人移民捐赠的中国公园。由于包括塔帕丘拉在内的不少恰帕斯市镇存在对华人过度征税的现象，这些政治组织帮助华人移民聘请律师，同政府部门过度征税的行为抗争。[③] 恰帕斯华人政治组织的成立及其对地方政治的参与，既是华人对恰帕斯州贫富差距、阶层分化过大的社会状况的回应，亦表明华人融入恰帕斯地方社会的愿望。如同本土的印第安人一样，华人移民通过建立自己的政治组织，以合法抗争的方式捍卫自身的合法权益，标志着华人移民自身身份认同的转变，即华人移民不再将其自身定义为中国公民，而是将自身认同为恰帕斯多元族群社会的组成部分，进而遵照墨西哥法律，捍卫其作为墨西哥国家公民的合法权益。

恰帕斯州多元族群通婚的悠久历史及其对待混血的宽容态度使得早期的华人移民得到了恰帕斯地方社会的接纳，华人政治组织的成立及其对地方社会的参与，以及华人自身身份认同的变化加速了华人融入恰帕斯社会的进程。在这一背景下，恰帕斯华人在经济领域取得了突出的成就。1914年，塔帕丘拉80%的商业贸易被华人垄断。[④] 在塔帕丘拉、阿里亚加（Arriaga）等城市，更形成了华人聚居的唐人街，涌现出了雷·利昂（Lay Le-

---

[①] Miguel Lisbona Guillén, "Obras, Festejos y Besamanos en la Integración de los Chinos en Chiapas. Del ProcederHistórico a la Definicióntnica Presente," Revista de Estudios Histricos 2 (2013).

[②] Miguel Lisbona Guillén, "Obras, Festejos y Besamanos en la Integración de los Chinos en Chiapas. Del ProcederHistórico a la Definicióntnica Presente," Revista de Estudios Histricos 2 (2013).

[③] Miguel Lisbona Guillén, "Obras, Festejos y Besamanos en la Integración de los Chinos en Chiapas. Del ProcederHistórico a la Definicióntnica Presente," Revista de Estudios Histricos 2 (2013).

[④] Benjamín Lorenzana Cruz, "El comercio chino en la costa de Chiapas durante los aos del mapachismo: 1914-1920," Esaú Márquez Espinosa, Rafael de J. Araujo González y María del Rocío Ortiz Herrera, Estado-Nación enMéxico: Independencia y Revolució n, Tuxtla Gutiérrez: Universidad de Ciencias y Artes de Chiapas, 2011.

on)、沃·塔伊·洪（Woo Tay Hong）、李·浪奇（Lee Louch）等杰出的华商代表。[1] 在经济上取得突出成就的同时，华人在政治上也得到了当地民众的认可。1910年，在塔帕丘拉庆祝墨西哥独立100周年的庆典上，华人成为庆典队伍中的重要成员。[2] 这也意味着，华人得到了恰帕斯地方社会的认可，并已经转变为墨西哥多元族群社会的重要组成部分。

三 排华事件后恰帕斯华人的脱离与再融入

20世纪初大革命期间，墨西哥出现了一系列排华运动。这一运动也波及了南部边境的恰帕斯。早在1911年6月，美国驻塔帕丘拉的领事亨利·威尔逊（Henry Wilson）就在一篇报道中对在北部革命影响下恰帕斯州的反华、反美形势表示了担忧。[3] 当时的恰帕斯，高地地区的政治精英和平原地区的资本家正围绕土地问题发动战争。[4] 战争的发生转移了恰帕斯社会对于华人的不满情绪。革命之初，恰帕斯州内的反华形势并不突出。随着恰帕斯局势的日渐平稳，北部的反华情绪逐渐蔓延到恰帕斯州。在全国反华思潮的影响下，恰帕斯当地也出现了一系列反华运动。反政府组织"浣熊"（Mapaches）在恰帕斯州成立。"浣熊"组织的领导者是恰帕斯平原地区的庄园主、农场主与他们的工人。他们代表新兴的资产阶级利益，反对总统卡兰萨在这一地区推进土地改革。[5] "浣熊"发动了一系列针对华人的抢劫行动。1917年7月19日，"浣熊"袭击了塔帕丘拉中央广场华人何塞·阿里·张的商店，造成了数千比索的损失；1918年9月15日，他们洗劫了阿里亚加的华人商店；1919年5月17日，他们再一次抢劫了阿

---

[1] Diana Ramírez, "Los Chinos en el Soconusco," http://www.moradachiapas.com/08/para_recordar.html.
[2] Miguel Lisbona Guillén, "Obras, Festejos y Besamanos en la Integración de los Chinos en Chiapas. Del ProcederHistórico a la Definicióntnica Presente," *Revista de Estudios Histricos* 2（2013）.
[3] Miguel Lisbona Guillén, *Allí Donde Lleguen las Olas del Mar—Pasado y Presente de los Chinos enChiapas*, México：UNAM, 2014.
[4] Miguel Lisbona Guillén, "Obras, Festejos y Besamanos en la Integración de los Chinos en Chiapas. Del Proceder HistóRico a la Definición éTnica Presente," *Revista de Estudios Histricos* 28（2013）：132–135.
[5] 董经胜：《玛雅人的后裔》，北京大学出版社，2009。

墨西哥恰帕斯州华人移民的历史与现状：兼论海外华人研究的他者化

里亚加的华人社区。[1]

此外，在"浣熊"组织的怂恿下，当地不少民众多次向政府投诉华人商店。[2] 随着反华局势的愈演愈烈，恰帕斯的多个城镇成立了一系列反华组织。1930年，名为"墨西哥人反中国联盟"（La Liga Mexicana Anti-china）的组织在塔帕丘拉成立；反华组织"种族国家主义联盟"（Liga Nacionalista Pro-Raza）于1932年在阿里亚加成立；托纳拉（Tonalá）也于1938年成立了反华组织。这些组织在恰帕斯发动了一系列反华运动。譬如，"墨西哥人反中国联盟"在塔帕丘拉沿海一带租了一间房子，他们使用各种策略为难中国移民，具体表现为：对中国商业的直接攻击，在当地的一些地方媒介和小册子上进行公开宣传，声称直到中国商人消失为止。对华人经济活动的指控主要包括：不雇用或者虐待墨西哥人，造成一些传染病的广泛传播，与中国人混血带来的危害，等等。[3]

1931年至1932年，在恰帕斯的新普韦布洛（Pueblo Nuevo）、弗洛雷斯（Villalores）、圣·佩德罗（San Pedro）、阿里亚加、图斯特拉·齐科（Tuxtla Chico）、科斯胡阿坦（Coshuatán）、韦韦坦（Huehuetán）和吐逊尔坦（Tuzuntlán）等多个城镇发生了屠杀华人的事件。[4] 在这一背景下，恰帕斯州的华人开始了逃亡之旅。恰帕斯州的华人均是从墨西哥南边的危地马拉越境而来，这一状况使他们在遭遇排华运动时有着较大的活动空间。20世纪30年代，处于乌维科独裁统治下的危地马拉吸引外资发展经济，也带动了危地马拉对于劳动力的需求。恰帕斯与危地马拉边境管控的松懈极大地方便了华人在两国间的自由游走。从20世纪30年代初开始，

---

[1] Lorenzana Cruz, Benjamín, "El Comercio Chino en la Costa de Chiapas Durante los Años del Mapachismo: 1914-1920," En Esaú Márquez Espinosa, Rafael de J. *Araujo González y María del Rocío Ortiz Herrera, Estado-Nación en México: Independencia y Revolución*, Universidad de Ciencias y Artes de Chiapas, 2011. pp. 292-302.

[2] Benjamín Lorenzana Cruz, "El comercio chino en la costa de Chiapas durante los aos del mapachismo: 1914-1920," Esaú Márquez Espinosa, Rafael de J. Araujo González y María del Rocío Ortiz Herrera, *Estado-Nación enMéxico: Independencia y Revolución*, Tuxtla Gutiérrez: Universidad de Ciencias y Artes de Chiapas, 2011.

[3] Miguel Lisbona Guillén, "La Liga Mexicana Anti-China de Tapachula y la xenofobia posrevolucionaria en Chiapas," *LiminaR* 2 (2013).

[4] Miguel Lisbona Guillén Obras, "Festejos y Besamanos en la Integración de los Chinos en Chiapas. Del ProcederHistórico a la Definicióntnica Presente," *Revista de Estudios Histricos* 2 (2013).

大量的华人从恰帕斯迁徙至局势缓和的危地马拉，在当地农村落脚。前述的李琼山也于1932年跟随20多名同乡来到危地马拉的一个咖啡种植园，以做苦力为生。①

随着墨西哥土地改革的完成，恰帕斯州的局势日渐缓和，社会内部反华情绪日渐平息。另外，由于危地马拉经济发展较为落后，种植园的劳动收入非常微薄，加之从20世纪30年代末开始，危地马拉开始了民主化革命的进程，国内局势也日益动荡，因此，不少搬迁至危地马拉的华人又陆续迁回恰帕斯。1940年，恰帕斯州的华人已经达到了311人。②

恰帕斯社会的多元族群及其对待混血的宽容态度，使华人再次从危地马拉迁回。出于对排华事件的恐惧，重新返回恰帕斯的华人多采取了分散居住的方式，彼此之间日益疏远。在华人交往日渐减少的背景下，恰帕斯社会的多元文化表现出了强大的渗透性，并将境内的华人彻底塑造为墨西哥多元族群社会的成员。华人李琼山便是一个典型的个案。1942年，李琼山从危地马拉返回塔帕丘拉。通过妻子玛利亚，李琼山与此前熟识的墨西哥朋友迅速恢复了联系。李琼山的曾孙路易斯·李回忆，其曾祖父生前经常与他的墨西哥朋友们一起喝酒，也会参与他们的家庭聚会，并成为一个天主教徒，每周都会去教堂做礼拜，圣诞节成为李琼山家庭中最重要的节日。随着对恰帕斯社会的重新融入，李琼山逐渐淡去了华人移民身份。路易斯记得，曾祖父李琼山在世时从未说过中文，也很少提及此前在中国生活的经历，甚至在华人最为盛大的节日——春节，李琼山一家也从未举行过任何节日庆典。在李琼山家中，唯一保留的只有源于中国的李姓了。③

在华人再次迅速融入地方社会的同时，恰帕斯境内的华人数量迅速减少，1970年，当地登记在册的华人仅有128人。④

---

① 访谈人：张青仁，访谈对象：路易斯·李；访谈时间：2015年3月12日；访谈地点：墨西哥恰帕斯州图斯特拉古铁雷斯州议会。
② Benjamín Lorenzana Cruz, "El comercio chino en la costa de Chiapas durante los aos del mapachismo: 1914-1920," Esaú Márquez Espinosa, Rafael de J. Araujo González y María del Rocío Ortiz Herrera, *Estado-Nación en México: Independencia y Revolución*, Tuxtla Gutiérrez: Universidad de Ciencias y Artes de Chiapas, 2011.
③ 访谈人：张青仁，访谈对象：路易斯·李；访谈时间：2015年3月12日；访谈地点：墨西哥恰帕斯州图斯特拉古铁雷斯州议会。
④ Diana Ramírez, "Los Chinos en el Soconusco," http://www.moradachiapas.com/08/para_recordar.html.

墨西哥恰帕斯州华人移民的历史与现状：兼论海外华人研究的他者化

四　全球化语境下恰帕斯新华人移民的生存状态

从20世纪80年代开始，中国出现了一批新的国外移民浪潮。由于经济并不发达，加之负面新闻的困扰，墨西哥并非华人新移民的直接目的地。墨西哥移民局的统计数据显示，在1990年、2000年和2010年，中国移民的总数仅占墨西哥新移民的0.3%、0.4%和0.8%[①]，远低于来自欧美国家的移民人数。虽然如此，墨西哥低廉的消费水平，相对宽松的移民条件，仍然吸引了一定数量的中国居民。当前，恰帕斯州华人新移民的数量在500人左右[②]，他们大多来自广东，以台山、惠东人为主。恰帕斯州的新华人移民多从事餐饮、零售等行业，分布在恰帕斯州首府图斯特拉古铁雷斯，以及圣克里斯托瓦尔-德拉斯卡萨斯、塔帕丘拉、科米坦、帕伦克等州内的几个大城镇。与老移民相比，恰帕斯州华人新移民的生存状态与之极为相似，但又有新的特点。

定居在高地城镇圣克里斯托瓦尔-德拉斯卡萨斯的李强是恰帕斯州华人移民中的一员。2000年，李强不远万里，从家乡广东惠东来到墨西哥阿卡普尔科，在当地一家华人制衣厂担任技术指导。由于经营不善，制衣厂搬迁至恰帕斯州的圣克里斯托瓦尔-德拉卡萨斯，但仍然无法摆脱倒闭的命运。制衣厂倒闭后，一同过来的几十名中国劳工选择了回国，李强与另一名同乡选择在圣克里斯托瓦尔-德拉斯卡萨斯定居，成为恰帕斯州华人新移民的代表。来到墨西哥时，李强已年近四十。在当地包容的环境中，勤奋、踏实、聪明的李强得到了当地社会的接纳与认可。墨西哥本地女子罗萨大胆向李强示爱，并最终与之组建了新的家庭。在罗萨的帮助下，李强在圣克里斯托瓦尔-德拉斯卡萨斯开设了中餐馆和工艺品店，生意日渐兴隆，并且很快适应了当地的生活，他熟练地掌握了西班牙语，更成了一名天主教徒，每周都会前去教堂做礼拜。如今，李强在当地已经形成了自己的社交圈。每逢年节庆典，李强或是邀请当地朋友来到家中，或是参加

[①] INEGI, "Muestras del Diez por Ciento del XII Censo General de Población y Vivienda, 2000, y Censo de Población yVivienda," México: INGEL, 2010.

[②] 此数据为笔者与塔帕丘拉、圣克里斯托瓦尔-德拉卡萨斯的老移民访谈得知。

朋友的聚会，与之共同庆祝。当初与他一同来到恰帕斯的同乡，也已与当地女子结婚，在恰帕斯安家落户了。①

在融入当地社会的同时，恰帕斯州华人新移民之间的交往却日趋疏远。与老移民不同，当前恰帕斯州华人新移民之间交往的疏远是因为彼此存在竞争关系。移民墨西哥的新华人仍然以底层人员居多，他们多从事餐饮、工艺品等行业，彼此之间存在激烈的竞争关系。因此，恰帕斯州的华人新移民之间并没有太多往来。

与老移民面临的处境不同，恰帕斯州的新华人移民仍然在一定程度上保留着国家认同。另外，通信技术的进步也使他们能够维持与祖国和家乡亲人的联系，从而在一定程度上维系着他们的华人身份与华人文化认同。然而，恰帕斯社会对待华人的包容态度、当地多元文化的强大渗透力，以及华人之间交往的疏离，使得墨西哥新华人移民身份与文化认同的维系仅仅停留在新移民个体本身，并不具备文化传承的可能。与老移民李琼山的后裔一样，包括李强在内的诸多新移民的子女身上已经没有多少中华文明的痕迹，他们已经基本转变为墨西哥多元族群社会中的一员。

余论：华人研究的他者化

尽管曾在墨西哥大革命期间遭遇过排华事件的困扰，然而无论老移民还是新移民，他们均选择了融入当地社会。恰帕斯州华人移民的融入是通过褪去华人身份、融入恰帕斯地方社会，转变为恰帕斯多元族群一员的方式实现的。恰帕斯州华人移民的生存状况与墨西哥社会对待混血宽容的社会环境密切相关。大革命后华人之间的主动疏离以及当前恰帕斯州华人移民同质性的竞争关系，也使得当地并没有形成大规模的华人社团，没有建立中华文化的传承场域，这在无形中推动了华人融入恰帕斯地方社会的进程。

恰帕斯华人的这一存在形态对当前海外华人研究提出了新的思考。诚

---

① 访谈人：张青仁，访谈对象：李强，访谈时间：2014年9月22日；访谈地点：墨西哥恰帕斯州圣克里斯托瓦尔德拉斯卡萨斯英雄儿童大街香港饭店。

墨西哥恰帕斯州华人移民的历史与现状：兼论海外华人研究的他者化

如蔡春荣所言，既往的华人研究多是立足于弗里德曼的模式，将海外华人视为中国社会的衍生与折射，其实质是从汉人社会的视角出发，在功能主义的立场下探寻中华文明在异域社会的适应、生存机制，关注的是汉人社会文化形态在异域社会的延伸与发展。[1] 如果说早期海外华人研究的这一取向是由海外学者无法直接研究汉人社会造成的，那么，当前海外华人研究对这一取向的延续则体现出强烈的文化中心主义色彩。

恰帕斯州华人移民的生存现状提醒我们，华人在海外社会的生存固然是对异域社会融入与适应的过程，却更是异域社会对弱势的、边缘的、少数族群的华人移民接纳的过程，是主流的、强大的异域社会与文化对作为少数族群的华人文化与身份的重塑，并将其转变为异域社会中多元族群文化的一部分。这也意味着，在经历了"去汉人社会"后，海外华人仍尽可能保留着中华文化的认同，但融入异域社会的华人早已成为不同于我们的"他者"。因此，当前海外华人研究亟须打破文化中心主义的束缚，改变将海外华人视为汉人社会延伸的取向，而将其视为异域社会中具备独立社会与文化特征的"他者"，唯有如此，才能真正深化对于海外华人的认知和研究。

另外，海外华人研究不仅需要树立"他者"意识，也需要对异域社会的历史脉络与现实情境有所把握，并在此基础上理解海外华人的存在形态与社会文化特征。同时，在对海外社会历史与现状进行把握的同时，我们也需要对海外华人与异域文明形态之间的互动关系予以关注。如此，方能在深化对海外华人认知的同时，丰富对华人参与全球人类命运共同体建设的多样路径与多元意义的认知。

---

[1] 蔡春荣：《人类学的海外华人研究：兼论一个新的方向》，《"中央研究院"民族学研究所集刊》1993年第75期。

南非华人的历史、现状与文化适应[*]

徐 薇[**]

摘 要：南非华人是非洲54个国家中人口数量最多的华人群体，现有35万人左右，大多集中在商业中心约翰内斯堡、行政首都比勒陀利亚，以及伊丽莎白港和开普敦等沿海城市。本文先从历时视角考察华人社群在南非形成发展的过程及特点，再通过多次赴南非调研访学的田野调查经历，呈现南非华人的生存现状，包括经济生活、政治生活、社团组织等，最后，探讨华人调整自身以适应、融入南非社会的艰辛历程，以及华人通过教育、传媒和信仰来坚守自身族群与文化认同的努力。随着中国与南非在政治、经济、文化领域的深度合作，南非华人将发挥更大的沟通与纽带作用。

关键词：南非华人 种族隔离 文化适应

为印度洋和大西洋所环抱的南非共和国一直是非洲经济最发达的国家。尽管2014年尼日利亚首次调整了国内生产总值（GDP）的统计方法后，一举超过南非，成为非洲最大经济体[①]，但南非凭借优越的地理位置、宜人的气候、健全的法制、先进的科技与金融市场以及多元的文化等成为很多国际移民特别是非洲大陆移民的首选地。根据南非2011年人口统计结果，1996年以来迁移至南非的国际移民高达1400万人，绝大多数是非洲

---

[*] 本文系浙江师范大学非洲研究院2017年赴非调研项目"当代南非种族与族群关系现状调研"（FF201701）研究成果，原载于《广西民族大学学报》（哲学社会科学版）2018年第3期。

[**] 徐薇，人类学博士，浙江师范大学非洲研究院副研究员，浙江师范大学中国南非人文交流研究中心执行主任，浙江师范大学非洲研究院中国非洲人类学研究中心执行主任。

[①] 宋方灿：《尼日利亚GDP超越南非 成非洲第一大经济体》，中国新闻网，2014年4月7日，http://www.chinanews.com/gj/2014/04-07/6035098.shtml。

人。① 与此相比，华人②在南非的人口构成中仅占很小的比例，即使按照目前最大估计的五六十万人的数据，也只占南非人口总数的 1% 左右。③ 因此，总体来看，华人在南非社会的影响力仍比较微弱，有关南非华人的研究亦很缺乏，然而在南非这样一个种族关系异常复杂与敏感的国家，华人亦是种族建构的一分子，白人在南非寻求统治地位几百年，如何将这个来自古老文明国度的移民小群体归类并给予相应的待遇，这是一个时常令白人统治者感到困惑的问题。而今，废除了种族隔离制度、由广大黑人当家作主的新南非，如何将华人归类？怎样处理台湾与大陆的关系？如何容纳、对待中南建交后大批涌入的中国新移民？华人怎样调整自身以适应南非社会？怎样在多元文化的社会坚守自身的族群与文化认同？……随着华人在南非数量的日益增多与影响力日益增强，有关南非华人历史与现实的研究亟待开展。

一 南非华人的历史：在黑白夹缝之间求生存

在全世界种族关系最为复杂敏感的南非，华人作为一个人数较少的少数族群，一直对南非的经济与政治生活产生着重要影响。但对于南非华人的史料记载与系统研究并不多见，且在很长时间里人们错误地认为南非华人的祖先是 20 世纪初的契约矿工。对此，两位南非华裔女作者叶慧芬④与梁瑞来⑤历时 9 年，在缺少官方资料的情况下，通过查阅开普殖民地早期

---

① 南非政府官方公布的 2011 年人口统计数据，详见 http://www.statssa.gov.za/publications/P0302/P03022011.pdf。
② 南非华人是一个复杂的历史概念，且在不同时期有着不同的内涵与意义。本文中，为了表述方便，华人泛指那些有着中国人血统和文化认同的人，既包括世代定居南非获得南非国籍的华人，也包括种族隔离时期大量移民南非的台湾地区居民，以及目前南非华人的主体即 20 世纪 90 年代中南恢复邦交后涌入的中国大陆地区、香港地区新移民。
③ 根据南非 2011 年的人口普查数据，南非总人口为 5177 万人，多数有关南非华人华侨的研究都认为目前在南非的华人华侨总数在 30 万~35 万人，也有说法是 60 万人。参见李安山《战后非洲中国移民人口状况的动态分析》，《国际政治研究》2017 年第 6 期，第 9~42 页。
④ 叶慧芬女士是第三代南非华人，出生在约翰内斯堡，毕业于罗德斯大学新闻系，曾从事新闻行业多年。
⑤ 梁瑞来女士是华裔南非人，曾供职于金山大学图书馆。

的报纸和档案资料，进行多次采访与搜集华人家族口述史，终于在1996年末出版了英语世界第一本系统论述南非华人历史的专著《肤色、迷茫与承认——南非华人史》（Colour, Confusion and Concessions: The History of the Chinese in South Africa）。① 该书指出，早在300多年前，华人的足迹就已涉及非洲最南端这片广袤的土地。受限于年代，这本书对华人的论述终结于1994年种族隔离政策被废止之前，对于后来大批涌入的大陆新移民没有涉及。两年后，南非大学凯伦·哈里斯（Karen Leigh Harris）发表了题为《1912年以前的南非华人史》（A History of the Chinese in South Africa to 1912）的博士学位论文，系统梳理了1660~1912年南非华人的历史，并与同时期的美国、澳大利亚华人进行比较，详细论述了20世纪初兰德金矿里契约华工的生活以及开普地区作为自由民的华人的生活，两相对比，反映出同时期不同地域华人的不同境遇，从一个侧面认识南非当时复杂紧张的种族关系。② 美籍韩裔学者朴尹正女士在2008年出版了其历时14年完成的博士学位论文《荣誉至上：南非华人身份认同研究》，这是研究华人在南非的历史与身份认同建构过程的力作。③ 以上是国外学者对南非华人历史的梳理与研究，国内学界则鲜有涉猎，李安山教授的《非洲华侨华人史》内有部分南非华人早期历史的研究，填补了国内的研究空白。④ 21世纪以来，暨南大学国际关系学院/华侨华人研究院以及厦门大学利用自身优势，指导学生完成了多篇有关南非华侨华人的硕士学位论文⑤，为人们了解南非华人提供了多元的视角。

自1998年1月1日中南正式建交以来，短短20年间有至少30万名中国大陆移民在南非工作生活，南非是非洲唯一有大规模且自成一体的华人

---

① Melanie Yap, Dianne Leong Man, *Colour, Confusion and Concessions: The History of the Chinese in South Africa*, Hong Kong University Press, 1996.
② Karen Leigh Harris, "A History of the Chinese in South Africa to 1912," Dissertation for the Degree of Doctor of Literature and Philosophy at the University of South Africa, 1998.
③ 〔美〕朴尹正：《荣誉至上：南非华人身份认同研究》，吕云芳译，广东人民出版社，2014。
④ 李安山：《非洲华侨华人史》，中国华侨出版社，2000。
⑤ 李清全：《国际关系变动中的南非华侨华人：一种历史的分析》，暨南大学硕士学位论文，2008；谭志林：《南非华人社会地位变迁——以南非华人协会胜诉BEE为例》，暨南大学硕士学位论文，2015；卜一村：《社会网络分析视角下的南非华人家庭移民网络》，暨南大学硕士学位论文，2015；付亮：《南非的中国新移民——以福清新移民为例》，厦门大学硕士学位论文，2009。

社群和本土出生的华人的国家，本文在前人研究的基础上结合近几年笔者赴南非的实地考察①对南非华人的历史进行简要梳理与回顾。

（一）早期的南非华人（17世纪中期至19世纪末期）

很多发现与研究都有力地指出中国人与南非的接触远早于在开普定居的欧洲殖民者。李约瑟在《中国科学技术史》中提到，14世纪初元代地理学家朱思本在其绘制的《舆地图》中标出了非洲大陆，比首个发现南非的葡萄牙探险家迪亚士早了150多年。1405~1433年明代郑和七次下西洋，据传抵达过南非德班并与当地人进行瓷器贸易，因为在津巴布韦与南非都发现了宋代的瓷器碎片。②另有研究指出，南非原住民科伊桑人（又称布须曼人）有中国人血统，他们的皮肤呈褐色，五官更像亚洲人，甚至语言里的一些发音与中国话有相似之处，在他们的岩画中也刻画了戴着尖顶中国式斗笠的人形。著名人类学家雷蒙德·达特（R. A. Dart）指出："很多发现都高度说明了中国古代文化对土著布须曼人的影响。"③当然影响是一回事，真正的接触融合又是另一回事。

历史上有记录以来的第一批华人于1660年抵达南非，这是一小批中国男子，主要来自爪哇、巴达维亚和中国华南，以罪犯和荷属东印度公司奴隶的身份进驻开普新建的转换站。此后直至18世纪，同一身份的中国人陆续到达，但每次从未超过100人。服务期满后一些人返回中国或者东南亚，另一些人最终成了"自由移民"④，在开普定居下来，主要做一些小生意。南非政府1830年绘制的地图上标有开普敦一处早期华人公墓，证明小部分华人葬于南非。⑤由于华人吃苦耐劳节俭能干，他们迅速在尚未开发的土

---

① 笔者分别于2011年、2012年、2015年、2017年四次赴南非访学调研，累计7个月，搜集到大量南非社会与南非华人历史与现状的第一手资料。

② K. S. Chang, "Africa and the Indian Ocean in Chinese Maps of the Fourteenth and Fifteenth Centuries," *Imago Mundi* 24 (1970): 21-25; O. I. Norwich, *Maps of Africa*, Johannesburg: Donker, 1983, p. 15.

③ R. A. Dart, "The Historical Succession of Cultural Impacts upon Southern Africa," *Nature* 115 (1925): 425-429.

④ 自由移民指所有具有非洲和亚洲血统的自由人，主要来自印度、暹罗（泰国）、印度尼西亚和中国。

⑤ Melanie Yap, Dianne Leong Man, *Colour, Confusion and Concessions: The History of The Chinese in South Africa*, Hong Kong University Press, 1996, p. 12.

地上有所成就，华人的成功引起了开普殖民地白人的关注和不满，他们向殖民地政府请愿，要求政府干预并限制华人的商业活动。① 因此，17世纪中叶至19世纪末期的两三百年间，华人在南非的数量一直较少且分散，无法形成真正的社区与社群。19世纪70年代，南非在德兰士瓦发现规模巨大的金矿。南非金矿的开采促进了华人第一个移民高峰的到来，当时来到南非淘金的自由移民主要是广东人，因为种族歧视，华人不可能拿到采矿许可证，只能以在矿区做些苦力或小本生意为生。这些华人被视为如今南非第三代或第四代华人的祖先。

（二）契约劳工、自由移民及其争议（20世纪初至20世纪中叶）

英布战争②之后，南非经历了战后重建与金矿业的飞速发展，急需大量劳工，矿业资本家提出引进中国劳工，1904年中国与英国签订《保工章程》，1904～1910年，约6.4万名华工来到德兰士瓦③，与此同时，还有一些华人作为自由移民来到南非。然而，契约矿工们遭受了非人的折磨与歧视，过着奴隶般的炼狱生活，不时用罢工和骚乱来表示对当局的不满，随着华人矿工的增加，华人亦引起了南非白人与当地土著的不满与仇视。从1907年开始，英国殖民政府开始分批遣返华工，到1910年所有华工被遣返，"直到今日为止尚未发现有矿工留居南非的证据"。④ 因此，20世纪初期的"契约华工并不是现在非洲华侨华人的祖先，也不是早期非洲华侨社团的重要组成部分"。⑤ 尽管契约华工在南非的时间很短暂，但他们也是南非华人不可分割的一部分。他们的到来给其所在地区的经济发展做出了不可磨灭的贡献，他们让非洲人开始了解中国，间接影响了南非华侨华人在当地的发展。

如前所述，真正构成早期南非华人社群主体的是自由移民。20世纪上

---

① E. A. Walker, *A History of Southern Africa*, London: Longmans, 1964, pp. 101–102.
② 英布战争，又称第二次布尔战争、南非战争，是英国同荷兰裔布尔人建立的两个共和国为争夺南非领土和资源而进行的战争。时间是1899～1902年，最终布尔人战败，被迫将德兰士瓦、奥兰治两个共和国并入英国。
③ 相关学者对华工人数有不同看法，笔者更认同李安山老师的结论，相关争论参见李安山《非洲华侨华人史》，中国华侨出版社，1999。
④ 欧铁：《南非共和国华侨概况》，正中书局（台湾），1991。
⑤ 李安山：《非洲华侨华人史》，中国华侨出版社，1999。

半叶，南非经历了两次大规模的华人自由移民。一次是从民国初年（1912年始）因军阀混战所导致的移民潮；另一次是20世纪三四十年代，日本侵华导致的居民外流。1936年，南非华人人数达2944人，到1946年，南非华人已达4340人。[1] 种族隔离政策在南非由来已久，华人最初被划分为有色人，接着在1905年南非政府制定的种族隔离法中被划分为亚洲人，处在白人与黑人的夹缝中艰难生存。针对华人的种族歧视法令更是随着华人人数的增加而增多，华人在入境、经商、居住区域、教育等方面均受限制。同一时期的中国，一直处于积贫积弱、内忧外患之中，根本无暇顾及海外华人事务，没有一个强大的祖籍国做支撑，南非华人不可避免地沦为种族歧视的牺牲品。

（三）种族隔离时期的台湾、香港移民（1948~1994年）

第二次世界大战之后，南非政局发生了重大变化，由阿非利卡人组成的南非国民党高举"白人至上"的种族主义大旗在1948年大选中以微弱优势赢得选举，从此南非走上了极端的种族主义分化道路，成为世界上唯一一个通过立法程序以种族歧视为基础将种族隔离合法化和全面制度化的国家。1949年新中国成立后，中国政府即旗帜鲜明地反对南非白人当局推行的种族歧视政策，并支持参与国际社会针对南非的制裁行动。1950年南非当局出台《镇压共产主义条例》，中国政府毅然断绝与南非的政治关系，从1960年7月起，又断绝了与南非的经贸关系。直至20世纪80年代末，中国政府都"坚持在外交上、政治上和经济上不同南非当局发生任何关系的立场"[2]。与此同时，台湾地区国民党当局与南非国民党当局保持着官方关系，并在1962年建立了"领事级外交关系"，1976年升级为"大使级外交关系"。在此政治背景下，南非华人在境遇与观念认同上发生了很大的转变。首先，南非华人在南非种族隔离法律不断出台的情况下，其经济活动与社会生活都受到越来越多的限制，生计与处境更为艰难。其次，由于新中国与南非之间的关系全部切断，这一时期大陆到南非的移民急剧减少，留在南非的华人失去了祖籍国的庇护与联系，在观念认同上完成了从

---

[1] 李安山：《非洲华侨华人史》，中国华侨出版社，1999，第248~250页。
[2] 《中国代表团出席联合国有关会议文件集》，世界知识出版社，1984，第40页。

"叶落归根—华侨"到"落地生根—华人"的重大转变,这是南非华人的一大特色。因此绝大多数在南非出生的第二代华人都选择加入南非国籍,在政治上认同南非。最后,南非国民党执政期间,尤其20世纪90年代之前建立的所有华人社团都表现出强烈的亲台倾向。[1]

20世纪70年代起,南非移民政策转变和优越的投资政策,吸引了大批台湾、香港居民,以及东南亚华人前往南非"淘金"。新增的华人绝大多数是来自台湾与香港的投资移民。对南非来说,20世纪80年代经济的一个重要推动力是来自台湾的投资,南非华人经济的壮大也主要来自台商的投资。1984年9月,李登辉率团访问南非,南非就势宣布华人为"荣誉白人",从此,华人在政治与社会地位上享有同白人一样的待遇。华人从事的行业也从小商店、餐饮等传统行业扩展到纺织、制衣、珠宝、贸易、电脑等新兴行业。到了20世纪90年代,南非华人已普遍跻身富裕阶层。据20世纪90年代的一项调查,居住在南非的华人总数有27500多人,其中当地出生的华人人数为6612人,来自中国内地和香港的移民分别为4971人和2756人,来自台湾的移民为13176人。[2] 1994年,种族隔离政策被废除,国民党下台,代表广大黑人权益的非洲人国民大会(以下简称"非国大")执政,随后终止了与台湾地区的"外交关系"。

(四)后种族隔离时代的大陆新移民(1994年至今)

1998年1月1日,中国与南非正式建交,此后两国高层互访不断,关系全面发展。特别是2008年国际金融危机之后的十年(2008~2017年),中国与南非的外交关系从战略伙伴关系提升为全面战略伙伴关系。经贸合作方面,中国已是南非最大贸易伙伴,南非是中国在非洲最大贸易伙伴。2017年4月,中国与南非建立首个非洲国家人文交流发展机制,把中南关系从政治互信、经贸合作推向更高层次的文化交流层面。

20世纪90年代中后期至2000年前后,大批来自中国大陆的新移民涌入南非,他们大都是赤手空拳到南非打拼的普通中国人,从摆地摊、开商店开始,逐渐实现了资本的原始积累,转而从事批发、贸易及小型生产加

---

[1] 温宪:《闯荡南非》,当代世界出版社,2002。
[2] 温宪:《闯荡南非》,当代世界出版社,2002,第253页。

工业。随着中国改革开放与制造业的不断发展，越来越多中国企业到南非投资建厂，海信、华为、中兴、北汽、一汽……这些大型中国制造业公司在南非发展得都很好。由于2005年以后南非内政部便停止公布各国移民的统计报告，目前南非和中国官方都没有关于南非华人的确切统计数据。当前南非华人基本上分三个群体：第一个群体是早期移民南非的华人后代，俗称老侨，又称当地华人、南非华裔（South Africa-born Chinese，SABCs）；第二个群体来自中国台湾，目前有6000人左右；第三个群体是从20世纪90年代中期开始到目前仍在增加的来自中国大陆的新移民，这批人人数目前有20万~35万人。[1] 中国大陆新移民的到来，壮大了南非华人的社群力量，也改变了华人中新老构成比例，据南非当地华人估计，来自中国大陆的新移民已占南非华人总数的90%以上。这些新移民集中生活在南非的主要城市，如约翰内斯堡、开普敦、德班、比勒陀利亚、布隆方丹、伊丽莎白港等。

二 南非华人的现状：在适应与转变中求发展

笔者分别于2011年、2012年、2015年、2017年四次访问南非，累计7个月，对南非华人的现状有一定的了解，并进行了深度访谈与参与观察，现通过经济、政治与社团三个方面来论述当代南非华人如何在适应与转变中谋求更好的发展。

（一）华人的经济生活

笔者在调研中了解到，20世纪90年代至2000年前后，华人在南非的经济活动比较单一，以零售、餐饮服务和轻工业商品贸易为主，同时也少量涉及旅游、清关、运输等服务行业。随着华人经营规模的扩大和经济实力的增强，2003年开始，由华人投资兴建的华人商城拔地而起，遍布南非

---

[1] T. T. Huyun et al., "Faces of China: New Chinese Migrants in South Africa, 1980s to Present," *Africa and Asian Studies* 9（2010）：286-306. 广东省侨办的调研统计数字是30万人，见《广东省侨办副主任率团出访南非 调研侨情谋合作》，国务院侨务办公室网站，2011年6月22日，http://www.gqb.gov.cn/news/2011/0622/23330.shtml。

主要城市以及同南非接壤的周边非洲国家的边境城市。近年来，中国商场里的商户呈现多元化、本土化趋势，不只有华人商户。随着某些经济实力雄厚的华商的崛起，他们在深入了解南非国内需求与中国—南非经济互补性的基础上，逐步参与到南非经济的重要领域，比如矿产投资与贸易、房地产开发、建筑与制造业、新能源、旅游、农业、渔业、科技与金融投资咨询等行业。

旅南学者陈颖对最近十年来华商经济活动的变化进行了总结[1]，笔者归纳如下。

第一，从单一贸易型活动转而进入多种行业，更广泛深入地参与南非当地的经济活动；投资和经营呈现多元化趋势。

第二，很多接受了当地高等教育的华人新移民的第二代逐渐成长，开始扮演接班人的角色。他们没有语言障碍，与当地文化融合较好，了解南非当地的市场需求和变化，为传统的华商贸易带来了很多新的经营理念和模式。比如，走出中国商城，进入当地大型购物中心，开设网店，引进电商和搭建电子支付平台，等等。

第三，很多南非华商不满足于在南非一地的发展，把业务扩展到赞比亚、安哥拉、津巴布韦和莫桑比克等国。

第四，新老华商在南非打拼奋斗多年积累的各种经验是一笔宝贵财富，可为新进入南非市场的中国企业借鉴，也可为中国和南非两国的深入交往做出贡献。

据中国驻南非大使馆估计，截至2016年底，中国到南非投资的各类企业已经超过300家，其中大型中资企业达到160家，对南非累计投资额已超过130亿美元。[2] 中国与南非两国政府之间不断深化的伙伴关系是华商在南非扩大投资的基础与底气。虽然近年来南非经济下滑、兰特大幅贬值、失业率上升以及治安状况不断恶化，不少华人打工者和开店小业主不堪重负，不得不放弃南非选择回国，但南非华人的整体经济地位与实力仍

---

[1] 陈颖：《中国人在南非发展报告（2008—2017）》，载于刘鸿武、徐薇主编《中国—南非人文交流发展报告（2016—2017）》，浙江人民出版社，2018，第3~12页。

[2] 鲁安琪：《中国连续8年成为南非最大贸易伙伴、出口市场和进口来源地》，《中国与非洲》网站，2017年3月1日，http://www.chinafrica.cn/chinese/focus/201703/t20170301_800088783.html。

处在上游。

(二) 华人的政治生活

相较于华人在商界取得的成就，华人在南非政界的表现则相对滞后。由于南非种族隔离的历史，华人在1994年之前都没有参政的资格，且华人本身作为一个边缘少数族群，一直把经商致富放在首位，对政治少有兴趣。在2004年南非国会选举中，执政党非国大的黄士豪、因卡塔自由党的张希嘉以及最大反对党民主联盟的陈阡蕙、王翊儒当选为国会议员，成为南非首批华人议员，改写了南非议会没有华人的历史。[①] 2006年3月，孙耀亨当选约翰内斯堡首位华人市议员。自此，孙耀亨一直以议员身份活跃在约翰内斯堡政坛，并在很多场合成为华人利益的代言人。2016年8月，南非地方选举，民主联盟在约翰内斯堡获胜后，孙耀亨被任命为约翰内斯堡公共安全局局长，成为华人的骄傲，他在媒体采访中特别强调会在今后的工作中着重关注涉及华人的各类案件，设立华人专线，集中治理约翰内斯堡警察针对华人的敲诈、刁难和犯罪行为。[②] 孙耀亨以华人特有的绅士儒雅、亲民低调等作风一改往日警界浮夸奢侈之风，如一股清流让人们对约翰内斯堡有了新的希望。但也有人指出："律师和议员出身的孙耀亨并没有主持警界工作的经验，而约翰内斯堡警界内部关系盘根错节，大批前执政党的黑人或呼朋引类，或钩心斗角，一个民盟的华人局长能够摆得平他们吗？……要么萧规曹随照样无所作为地混日子，要么就得实行铁腕治警，冒很大风险，搞不好都不知道怎么死的。"[③] 可见，华人想在由黑人、白人强势主导的南非政界立足不仅艰难还危机四伏。

上述5名步入南非政坛的华人均是中国台湾地区移民，具备雄厚的财力并受过良好的高等教育，能够深入了解南非的民主宪政并能向选民发表演讲拉选票，这些参政的基本要素非短时间能够获得。另外，来自中国大陆的新移民在南非打拼已近30年，人数渐多、根基渐稳，在2016年的南非地方选举中，豪登省有3名来自中国大陆的华人参与竞选南非执政党候

---

① 张伟杰：《未来5—10年非洲华侨华人发展趋势及对策》，《侨务工作研究》2010年第6期。
② 吴合琴：《南非约堡新任华裔公安局长：设专线处理涉华人案件》，中国新闻网，2016年8月29日，http://www.chinanews.com/hr/2016/08-29/7986985.shtml。
③ 笔者2017年在南非调研时对当地居民的访谈。

选人，他们是姒海、张晓梅和赵建玲，尽管最终因反对党民盟获得胜利而落选，但他们在中国大陆新移民参政的道路上迈出了坚实的第一步，具有划时代的意义。笔者于 2017 年 4 月访问南非时与姒海先生交谈，他强调越来越多的中国大陆新移民意识到要真正融入南非主流社会就必须参政议政，不仅要及时准确地了解南非政坛变化、政策走向，还要在政界发出代表华人社会力量与利益的声音。他也积极鼓励受过西方高等教育、外语好、擅长交往、社会活动能力强的华人下一代参政，并为年轻人提供更多锻炼的机会。①

（三）华人的社团组织

华人社团在南非华人社会生活中发挥着重要作用，是凝聚华人力量的重要纽带，但相关研究比较薄弱，国内仅有几篇文章涉及南非社团发展的历史与现状②，21 世纪以来南非华人社团蓬勃发展，数量已过百，主要集中在约翰内斯堡和开普敦。早期华人社团多以血缘与地缘纽带建立起来的同乡会和商会为主，起到守望相助、共谋发展的作用，比如成立较早的南部非洲中华福建同乡总会、南部非洲上海工商联谊会、南非洲粤港澳总商会、南非顺德联谊会等。种族隔离时期的华人社团表现出亲台湾国民党倾向，进入 21 世纪，中国大陆新移民创立的社团不断涌现，呈现多元化与专业化的趋势，包括南非—中国文化艺术交流协会、南部非洲中国专家学者工程师联合会、南非华文教育基金会、南部非洲中国视觉艺术协会以及高尔夫、乒乓球、篮球、羽毛球、足球等民间体育组织。这些社团因其专业性特点，更能凝聚华人中各领域的精英与资源，进而加深中国与南非当地的文化交流与理解融合。

笔者 2017 年在南非调研时，与南部非洲中国专家学者工程师联合会（以下简称"联合会"）有较深入的沟通。该联合会成立于 2015 年，拥有来自南部非洲、中国和世界各地的专家学者 222 人。联合会成立后利用各领域的人才优势在微信平台上创办了公众号"非洲深度观察"，对南非的工业、教育、法律、人文、医学等领域进行了深入研究与评述，受到南非

---

① 笔者 2017 年 4 月 25 日在南非约翰内斯堡某餐厅对姒海先生的访谈。
② 付亮：《今日南非华人社会》，《八桂侨刊》2009 年第 1 期，第 26~31 页；李安山：《非洲华人社团的传承与演变（1950—2016）》，《世界民族》2017 年第 5 期，第 71~89 页。

华人的一致好评,有效地帮助华人认识和理解南非社会。2017年4月24日,时值中国在非洲首个高级别人文交流机制建立,浙江师范大学非洲研究院院长刘鸿武与笔者参加了由联合会主办的"南非华人在中南人文交流合作中地位与作用"座谈会,联合会秘书长陈家基指出,联合会在促进中国南非高校间的合作、举办南非知识讲座、开展中南人文交流方面做了很多工作,今后联合会将加强与国内高校科研机构的合作,共同出版南非译著、举办中南人文交流活动、开展联合研究等,通过人文交流促进中南两国间的理解与信任。

可见,随着时代变迁,华人社团的数量与功能也在不断扩大与延伸,从传统的以经济活动为主的地缘、血缘组织转向更加丰富多彩的文体、娱乐、慈善领域。南非华人学者叶慧芬指出:以前的南非华人内聚力相当强,因为他们要集中力量对付种族隔离制带来的各种困境。新南非诞生后,从中国台湾、香港和大陆涌进来的大批移民使华人社区人数大增,多元倾向增强,华人社团也丰富多彩,包括妇女组织、艺术文化组织、宗教组织、体育组织和贸易促进组织。由这些社团组织的各项活动,将华人丰富多彩的文化与传统展示给南非社会,从而促进和提升了南非社会对华人的整体认知,有效地推动了中南人文交流,积极承担了民间外交的重任。[①]

三 南非华人的文化适应:在融入与坚守中求认同

华人移居海外,首先面临对当地文化的适应以及与当地族群的交流与融合问题,文化人类学研究中的"同化"(assimilation)与"涵化"(acculturation)理论即是对少数族群或移民融入主流社会的不同程度的概括。"同化"强调少数族群逐渐融入主体社会,认同主流族群的价值观与生活方式,并趋向一致,最终放弃自己的文化特征与族群认同。[②]"涵化"指因

[①] 笔者2017年在南非调研时对叶慧芬女士的访谈。
[②] S. K. Brown, Frank D. Bean, "Assimilation Models, Old and New: Explaining a Long-Term Process," http://www.migrationinformation.org/feature/display.cfm? =442.

多种不同文化相互接触,从而导致的文化变动及心理变化的过程[1],也可以是两个族群在日常交流中相互影响,最终促成彼此文化的转变。如今,人类学界的学者更倾向于使用"涵化"来强调族群之间的互动与交融,移民对主流社会的文化适应会随着移居国和祖籍国的政治、经济、社会发展进程的改变而变动,这会对族群认同的建构与转变产生重大的影响。

(一)融入南非社会:从"有色人"到"荣誉白人"再到"黑人"

作为多种族多族群社会中的一个小群体,南非华人一直在白人与黑人之间的夹缝中谋求生存与发展。由于南非特殊的种族隔离历史,早期华人被白人政府划分为有色人,不论是自由移民还是契约劳工,都遭到当局的歧视与不公平对待,且始终被视为外来者,社会地位极其低下。1948年,南非国民党大选获胜以及1949年中国国民党败退台湾构成了20世纪中叶南非华人历史的转折点。由于中国政局的变化,以及中国共产党与南非国民党、台湾当局之间不可调和的矛盾与斗争,南非华人不得不接受一个现实:返乡之路被阻断,即使种族隔离不断深化与加剧,南非也将是他们永远的家。因此,为了在南非生存下去,华人不得不主动向白人文化靠拢,主动学习英语与阿非利卡语,甚至改变宗教信仰,从而获得主流社会的接纳与认可。

种族隔离时期,南非当局对华人的界定与分类不清晰,导致华人一方面遭受歧视与限制,另一方面也能获得一定的特许和例外。但实际上,这种情况使他们处于进退两难的状态。比如伊丽莎白港一位50多岁的华人说:"小时候去一些公共服务部门,排队时通常有两支队伍,一队是白人,另一队是黑人,我站哪个队都不行,不得不求别人来帮忙。"[2] 由于南非当局与台湾地区的"亲密"关系,台湾人不断涌入南非,加之南非政府优惠政策的出台,华人最终同日本人、韩国人一样被授予了"荣誉白人"身份。然而,就是这个"荣誉白人"身份,使华人在转型时期的新南非处境尴尬。

新南非诞生之后,为了实现民主、平等,新政府制定了一系列的扶持

---

[1] D. L. Sam, J. W. Berry, "Acculturation When Individuals and Groups of Different Cultural Backgrounds Meet," *Perspectives on Psychological Science* 5 (2010): 472.

[2] 笔者2017年3月25日在南非伊丽莎白港对一位老华侨的访谈。

法案，包括《就业平等法案》与《黑人经济授权法案》，赋予"曾经的弱势群体"（主要指黑人[①]、有色人、印度人）优先发展经济的补偿权，但在实施的过程中，华人群体被排斥于扶持计划之外。从历史来看，华人在南非长期遭受歧视与限制，属于有色人且同黑人一样没有选举权，随后"荣誉白人"的身份转变，增强了华人身份的不确定性，加之华人规模较小且居住分散，导致很多南非人都不知道有这样一个群体存在。面对在新南非遭遇的歧视与不平等，华人社群团结一致，共同收集了包括教育、就业、财产及选举权等在内的详细证据，用法律手段进行维权并最终获胜。2008年6月18日，比勒陀利亚高等法院做出裁决："正式声明华人属于2003年颁布的《黑人经济授权法案》和《就业平等法案》所规定的'黑人'范围。同时，南非劳工部、贸易与工业部和司法部支付南非华人协会总会的诉讼费用。"[②] 为了达成此目标，南非华人斗争了8年，耗费了巨大的人力、财力与精力，其胜诉的意义与影响重大而深远。

华人自17世纪中叶移居南非以来，历经300多年的沉浮演变，从不被认可接受的"外来者"到种族隔离中的"有色人"再到"荣誉白人"最终到"黑人"，可谓走过了一条艰难而曲折的适应与融入南非主流社会之路，这是个人生存欲望与国家建设转型之间的斗争与博弈。尽管南非法院的判决表明只有那些在1994年4月27日之前成为南非公民的华人才是真正的"黑人"，有资格享受《黑人经济授权法案》所赋予的权利，但在现实中，中国新移民与中资公司同样可以间接地享受该法案的各项优惠条件。南非主流社会终于认可了作为少数族群的华人的历史作用与社会地位，华人早已成为南非多种族多族群社会中不可分离不可忽视的一部分。

（二）建构华人认同：教育、媒体与信仰

由华人在南非身份与社会地位的转变可知，华人的族群认同也并非静

[①] 这里的"黑人"不是简单肤色上的定义，而是代表着一个利益群体，即历史上受到不公平待遇的群体。被划为"黑人"的群体将在就业、竞标、贷款以及购买股票等方面享受优先权。

[②] 张贵余：《南非华人终获与黑人同等权利》，新浪网，2008年6月24日，http://news.sina.com.cn/w/2008-06-24/152415807366.shtml。

止不变，而是受国家、社会、阶级等各方面因素的影响，并在不同语境中呈现动态多样的特征。受到政治与国际关系的影响，种族隔离时期的华人在族群认同上比较亲台湾，台湾地区移民的涌入大大提升了华人在南非的社会地位。后种族隔离时代，随着中国经济的发展与中南全面战略伙伴关系的确立，南非华人对中国的认同感在逐渐加深，并通过教育、传媒、信仰等多种方式来不断强化与深化对中国的认同。

笔者在调研中深刻感受到，不论是开餐厅的老板，还是中资公司的技术精英，在聊起子女教育时，无不强调对中文及中国文化培养的重视。时常听到老一辈南非华人谆谆告诫年轻华人学好中文的重要性，并懊悔自己年轻时没让儿女学好中文。对于土生华人来说，尽管他们不会说中文却并不意味着自己丧失了对中国文化的认同，且这种认同随着中国的日益强盛而不断增强。在南非，建立中文学校是培养华人中国认同的重要方式。最近十年，由华人出资兴建的中文学校开始在南非主要华人聚居城市发展壮大，约翰内斯堡的中文学校从过去的1~2家发展到今天的4~5家，开普敦和德班也出现了中文学校，这些中文学校以教授中文与中国传统文化课程为主，不仅有华人的子弟来学习，也吸引了其他种族的学员。截至2023年，南非已建成6所孔子学院和4所孔子课堂，成为非洲大陆孔子学院与课堂数量最多的国家。这些机构不仅有效地促进了中南两国的文化交流，还将中文教育逐步融入南非的国民教育系统，给南非人提供了认识中国、推动中非合作的资源。2015年3月，南非基础教育部发布《汉语作为南非学校第二语言教学大纲》，自2016年起，南非的中小学校将开设中文课，学生可以选修中文。据前任中国驻南非大使馆教育组负责人宋波介绍，南非中小学汉语教学点已发展到50个，不少教学任务由孔子学院、孔子课堂的老师及志愿者们承担。

媒体在构建华人认同的过程中也起到了沟通与纽带的重要作用。中文媒体在南非不但传播着华人的声音与思想，还承担着资讯传播之外的很多社会功能。近年来，南非中文媒体经历了从报刊等平面媒体到网络新媒体的转型。除了传统纸媒《非洲时报》《华侨新闻报》《虹周刊》以外，南非中文媒体还创办了"南非侨网""SACETA""南非364""南非凤凰传媒"等多个微信公众号，这些公众号每天都会推送南非的时事要闻，增强了资讯传播的有效性、实时性，也促进了华人对南非的了解。微信群与微信朋友圈亦成为华人之间沟通信息的重要工具,在遇到突发事件和紧急情况时,微信群还起到及时广泛通知华人和相互帮助的纽带作用。

宗教信仰是华人在海外保持自身族群认同的另一重要方式。李安山教授对非洲华人宗教信仰的历史研究填补了国内研究的空白。他指出,华人皈依天主教、基督教的主要原因有教会的设立、华人神父的努力、实用主义的需求以及歧视政策等。非洲华人中也有其他信仰者,各种不同信仰存在融合的现象。① 在南非,有近80%的人口信奉基督教②,有些华人也皈依了基督教,具体人数不明。从历史上看,南非华人皈依基督教多是为了避免歧视、寻求庇护。南非华人一方面皈依基督教,另一方面仍然保留着中国人长期形成的文化传统与宗教习俗,比如日常生活中遵循着儒家传统习俗,每年举行拜关帝、祭妈祖等仪式。笔者在约翰内斯堡最大唐人街——西罗汀调研时发现,很多华人经营的店铺里在最显著的位置供奉着关帝像,祭品、香火放置整齐,彰显着华人的信仰习俗。佛教在南非的传播与发展随着中国新移民数量的增加而日渐兴盛,距离约翰内斯堡130公里的布龙克霍斯茨普雷市(Bronkhorstspruit)有一座非洲最大的佛教寺庙——南华寺,也是台湾佛光山在非洲的总部。2017年4月,笔者赴南华寺调研,了解佛教在南非的传播情况。南华寺占地面积2.4平方公里,如今已成为当地重要的文化旅游休闲场所,气势磅礴的庙宇宫殿,高大雄伟的牌坊,巨大的广场,给人的感觉不是到了寺庙而是进了皇宫,一种身为中国人的自豪感油然而生。笔者看到,尽管不是节假日,寺庙里仍有很多华人、印度人在祭拜,也不乏虔诚的白人、黑人佛教徒。让笔者感到惊讶的是,偶遇一位刚果籍的年轻僧人,法号慧彻,中文说得非常流利,他热情善意地提醒笔者:"斋饭时间到了,快去吃吧……"南华寺不仅成立了非洲佛教神学院,招收当地青年学习中文及中国武术,还在每年春节举办中华文化嘉年华会,并在约翰内斯堡等南非大城市举办佛教活动,不但极大地丰富了南非华人的信仰生活,也让佛法在非洲大陆上传播开来。

---

① 李安山:《试析二战以后非洲华人宗教意识的变迁与融合》,《华侨华人历史研究》2017年第3期,第55~66页。
② "South Africa's People," *Pocket Guide to South Africa* (2011/2012 ed.), Government of South Africa, p. 12.

结　语

当下的南非华人生活在南非社会的变革和转型时期，2008年金融危机以后南非经济持续走低，加之2013年以来南非政局乱象丛生，官员贪腐丑闻频出，且政府办事效率低下，再加上不断恶化的社会治安与不断攀升的失业率，南非民主政体的走向与经济变革的趋势仍不明朗，导致整个国家的发展停滞不前。南非华人的处境亦受到影响，不少人对南非未来感到迷茫和困惑，有的移民他国，有的返回中国。2018年2月15日，西里尔·拉马福萨（Cyril Ramaphosa）当选为南非新总统，他强调当前的主要任务是反腐和发展经济，多数人认为南非极有可能经历一个政治相对稳定的时期，经济有希望继续发展。[①] 可以预见，随着中国的崛起与"一带一路"建设的推进，中南关系将持续深化发展，赴南非投资建厂的中资企业会越来越多，南非华人移民的数量也会继续增加。南非华人应把握住新的历史机遇，顺应南非的经济发展趋势与市场变化，积极主动地融入南非社会，参政议政，为南非社会建言献策，为华人在南非的平等权益发声，同时也为中南关系的繁荣稳定贡献更多的力量。

---

① 荆晶：《南非新总统拉马福萨：商界奇才开启"后祖马时代"》，新华网，2018年2月16日，http://www.xinhuanet.com/world/2018-02/16/c_1122423310.htm。

文化的力量：跨国企业家的文化资本与制度调整的机制分析

游天龙　梁兆哲[**]

摘　要：自改革开放以来，跨国企业家已成为中国快速融入全球经贸网络的重要力量。本文聚焦于义乌的跨国企业家群体，探讨他们如何利用文化资本在商业成功、政治认可和制度发展等方面发挥作用。通过对三位具有代表性跨国企业家的深入分析，发现这些企业家的文化资本，特别是教育和跨文化技能，能够促进经济资本与政治资本之间的转化，进而推动当地政治经济制度的发展。此研究为理解中国式现代化提供了新视角，强调了全球化时代跨国企业家在制度创新中的积极作用。

关键词：跨国企业家　文化资本　制度调整　义乌

引　言

改革开放以来，中国经济迅速发展并融入全球经贸网络，众多的跨国企业家（transnational entrepreneur）则成为这一历史转折的重要推动者和参与者。他们不仅极大地促进了我国与世界其他国家在政治、经济、文化等各个层面的交流往来，并且为我国带来了先进技术、管理经验和经营模式。中

---

[*] 原载于《社会科学杂志》2024年第1期（总第2期）。
[**] 游天龙，教育部人文社会科学重点研究基地云南大学西南边疆少数民族研究中心副研究员，云南大学民族学与社会学学院副教授；梁兆哲，德国柏林自由大学社会学系2024级硕士研究生。

国加入 WTO 后，越来越多的外国企业家来中国探寻商机，也有越来越多的中国企业家走出国门驰骋商海，其中不少人的经贸活动牵涉多国。

但针对这一群体的现有文献目前主要是关注在传统移居国经商的企业家群体的英文研究。[1] 虽然这些研究对来自中国的跨国企业家着墨颇多，但相对忽视了随着中国崛起而前往非传统移居国创业经商的中国商人。而在中文研究中，虽然出海的中国企业家所在的国家更加多元，但这个群体在中国学界整体受到的关注较少，且更多集中于华侨华人研究和海外民族志研究等少数领域。[2] 而且，已有文献中出海中国企业家研究和赴华外国企业家研究相互独立、对话较少，未能将两者有效联系以综合分析他们对中国政治、经济、社会等方面的影响。[3]

在对国内外企业家创业经商研究的文献中，绝大多数研究采用了商业管理学创业研究的理论和分析框架，侧重企业家们的个人品质、经营策略、管理思路等要素，更多的是缺少普适性的个案分析。这些研究不仅对企业家的创业经营活动缺少更加深入的、更具有社会科学洞察力的研究探讨，也过于聚焦于他们在移居国的创业经营活动，对他们与祖籍国除侨汇之外的经济往来、对他们在祖籍国与移居国之间的跨国经贸活动缺少足够的学术关切，因而未能全面审视这个群体对祖籍国政治、经济、社会等方面的影响。同时，大多数现有研究集中在市场经济、法治环境相对成熟的发达国家，政策与市场环境更多的是这些研究中相对静态的背景。但在中国等新兴市场国家，各方面制度都在不断完善的过程中，跨国企业家如何克服旧制度的制约，如何推动新制度的建立，这些问题尚待探索。

---

[1] M. Dabi et al., "Immigrant Entrepreneurship: A Review and Research Agenda," *Journal of Business Research* 113 (2020): 25–38; I. Drori, "Transnational Entrepreneurship: An Emergent Field of Study," *Entrepreneurship Theory and Practice* 33 (2009): 1001–1022.

[2] 林胜、赵妲、高哲：《移民跨国创业的形成与困境》，《福州大学学报》（哲学社会科学版）2017年第2期，第88~93页；任娜、刘宏：《归国科技企业家的"跨国文化资本"结构、特征与作用》，《华侨华人历史研究》2019年第4期，第18~28页。

[3] 陈宇鹏：《多元族群社会与互嵌型社会的构建——以义乌的实证研究为例》，《北方民族大学学报》（哲学社会科学版）2018年第6期，第113~118页；牛冬：《"过客社团"：广州非洲人的社会组织》，《社会学研究》2015年第2期，第124~148页；王炳钰、卢燕璨：《移民基础设施与南南流动：在穗非洲人的制度身份困境、日常生活体验与能动性实践》，《广东社会科学》2021年第2期，第190~204页；许涛：《在华非洲商人的双层叠加关系格局及其渗透与转化——广州地区非洲商人社会交往关系的再分析》，《浙江师范大学学报》（社会科学版）2011年第4期，第10~15页。

文化的力量：跨国企业家的文化资本与制度调整的机制分析

基于以上的问题意识与学术关切，本文以义乌为场域分析跨国企业家群体对当地政治经济制度的影响。作为全球最大的小商品批发市场的义乌，不仅是中国参与经济全球化的一个缩影，也是中外跨国企业家的重要舞台。但在对义乌现有的相关研究中，对于义乌如何利用外商实现自身的发展和升级其实着墨不多。现有文献过于突出各级政府和官员的作用，相对淡化了市场主体——企业家，尤其是跨国企业家的才能，以及他们对当地市场经济发展的参与、帮助乃至引领作用，忽略了政府和商界通过互动、协商等一系列方式推动相关制度建设的过程。[1] 虽然义乌的外国企业家群体得到了学界的较多关注，但更多将其视为社会治理对象，研究这个群体的融入、适应、互动和对他们的管理，很大程度上剥离了他们最基本的"企业家"属性，对他们如何在义乌和境外经商实践缺少充分的了解。[2] 而在改革开放过程中成长起来的义乌本地企业家、来义乌经商的外地企业家中的许多人也有着国内外经商创业的丰富经验，不乏后来入籍别国但依旧在义乌的舞台上发挥影响力的海外华商，这个群体在学界却鲜有人问津，未能对他们丰富的生命历程进行学理性的梳理分析。因此，对义乌中外企业家的进一步分析也能深化我们对改革开放时期市场经济建设的历程和机制的认识，丰富我们对中国式现代化的理解。

本文在众多受访企业家中选取了三个极具代表性的案例，结合义乌市场经济发展阶段的历史背景，以口述史的方式再现了他们的生命历程，并从布尔迪厄的实践理论的分析框架出发，结合他们同时嵌入多国跨文化场域中的具体创业经营实践，深入分析他们如何利用文化资本实现事业成功，获得政治身份，并进一步推动义乌的营商环境等制度层面的发展。通过对这三位在义乌发展的跨国企业家的个案分析，我们可以更好地从微观视角理解中国式现代化的独特历程。

---

[1] 刘成斌：《活力释放与秩序规制——浙江义乌市场治理经验研究》，《社会学研究》2014年第6期，第197~220页；甄志宏、高柏、冯秋石：《政府建构还是市场建构：义乌小商品市场的兴起》，《社会科学研究》2016年第3期，第107~114页。

[2] 吕红艳、郭定平：《中国外来移民小社会治理研究——基于上海、义乌和广州的实证分析》，《湖北社会科学》2019年第9期，第38~50页；许涛：《外籍人士管理的创新与实践——基于义乌的经验》，《浙江师范大学学报》（社会科学版）2018年第4期，第33~40页；吴瑞君、吴潇、薛琪薪：《跨国移民的社会空间机制及移民治理启示——以浙江义乌的外国移民为考察对象》，《华东师范大学学报》（哲学社会科学版）2022年第3期，第132~139页。

一 文献综述

（一）来自发展中国家的跨国企业家

作为全球化时代的产物，"跨国企业家"这一群体吸引了许多社会科学研究者的关注。[①] "跨国企业家"是指那些运用自己的创意、信息、实践和人脉，不停地在物理与虚拟空间中穿梭于多国之间，寻求企业发展机遇的行动者。[②]

在这个由跨国商业活动所编织的场域中，跨国企业家们与原籍国、移居国乃至第三国同时保持密切的商业往来。[③] 在此过程中，他们逐渐了解和适应了各国包括政治体制、经济结构、文化实践等在内的各种制度，克服了这些可能对其跨国商业活动产生影响的制度性障碍，并最终在政治、经济、社会等多重社会力量的影响下形成自己独特的经营策略，利用跨国贸易的信息差优势实现企业的发展。[④]

因为跨国企业家面临的制度性制约更多、更大、更具有挑战性，所以他们会更加积极主动地发挥个人能动性，从自身或集体的理念和利益出发，尝试去调整、转变，乃至创造规章、制度和程序，营造更有利的营商环境。[⑤]与从发达国家来到发展中国家的跨国企业家相比，从发展中国家来到发达国家或在发展中国家之间流动的跨国企业家所掌握的各类资本较为有限。

[①] A. Portes et al., "Transnational Entrepreneurs: An Alternative form of Immigrant Economic Adaptation," *American Sociological Review* 67 (2002): 278-298; T. Kuchi, "IT Experience in India: Bridging the Digital Divide," *The Electronic Library* 23 (2005): 147-148.

[②] I. Drori, "Transnational Entrepreneurship: An Emergent Field of Study," *Entrepreneurship Theory and Practice* 33 (2009): 1001-1022.

[③] 游天龙、周敏：《并行嵌入：国际移民创业理论的新模型》，《世界民族》2022年第3期，第1~15页。

[④] S. Vertovec, "Trends and Impacts of Migrant Transnationalism," Oxford, U. K.: Centre on Migration, Policy and Society, 2004; H. W. C. Yeung, "Entrepreneurship in International Business: An Institutional Perspective," *Asia Pacific Journal of Management* 19 (2002): 29-61.

[⑤] F. Déjean et al., "Measuring the Unmeasured: An Institutional Entrepreneur Strategy in an Emerging Industry," *Human Relations* 57 (2004): 741-764; I. Drori et al., "Transnational Entrepreneurship: An Emergent Field of Study," *Entrepreneurship Theory and Practice* 33 (2009): 1001-1022.

不仅他们的原籍国极可能存在较为明显的政治、经济制度缺陷，而且他们在移居国也难享受对企业利好的制度环境。① 因此，这类跨国企业家往往会尝试改进其商业版图所涉及国家的相关制度。

虽然已有文献不乏有关跨国企业家推动制度调整的描述性案例，但甚少有研究将制度调整的结果与跨国企业家所掌握的各类资本相关联，对其具体的运作机制语焉不详。跨国企业家更像是制度调整背景下的客体，两者关系依旧处于黑箱之中。中国的研究文献则突出跨国企业家在其他国家的作为，他们对中国的制度贡献则被淡化。

（二）跨国企业家的文化资本

已有大量研究分析了跨国企业家在推动企业发展和制度建设时所动用的各类资源，如象征资本、物质资源、专业知识、社会地位和家庭关系②，跨国企业家所掌握的"文化"也日渐为研究者所关注。③ 已有研究指出，拥抱了世界主义文化观的跨国企业家，不论是主动还是被动，他们在原籍国和移居国所占据的社会地位都会给他们带来一些独特的文化优势。④ 这不仅增强了他们在商业谈判中的主动权，还能使其更好地识别、把握和利用商业机遇，最终在各个方面重塑了跨国企业家们的经营行为和日常生活。⑤

---

① A. Anderson, S. Ronteau, "Towards an Entrepreneurial Theory of Practice: Emerging Ideas for Emerging Economies," *Journal of Entrepreneurship in Emerging Economies* 9 (2017): 110-120; L. Riddle, "Diasporas: Exploring Their Development Potential," *Journal of Microfinance/ESR Review* 10 (2008): 6.

② P. Davidsson, B. Honig, "The Role of Social and Human Capital Among Nascent Entrepreneurs," *Journal of Business Venturing* 18 (2008): 301-331.

③ L. P. Dana et al., "Family, Community, and Ethnic Capital as Entrepreneurial Resources: Toward an Integrated Model," *Journal of Small Business Management* 58 (2020): 1003-1029; J. Paul & A. Shrivatava, "Do Young Managers in a Developing Country have Stronger Entrepreneurial Intentions? Theory and Debate," *International Business Review* 25 (2016): 1197-1210; D. Urbano et al., "*Socio-cultural Factors and Transnational Entrepreneurship: A Multiple Case Study in Spain*," *International Small Business Journal* 29 (2011): 119-134.

④ K. Nicolopoulou et al., "Cosmopolitanism and Transnational Elite Entrepreneurial Practices: Manifesting the Cosmopolitan Disposition in a Cosmopolitan City," *Society and Business Review* 11 (2016): 257-275.

⑤ M. Chand & M. Ghorbani, "National Culture, Networks and Ethnic Entrepreneurship: A Comparison of the Indian and Chinese Immigrants in the US.," *International Business Review* 20 (2011): 593-606; J. Foreman-Peck, P. Zhou, "The Strength and Persistence of Entrepreneurial Cultures," *Journal of Evolutionary Economics* 23 (2013): 163-187.

但已有对"文化"的研究更多地将其视为可供跨国企业家选择的一些相对静态的、固定的文化编码和行为模式，而非一种可扩展、可修改的且可以将其规则适用于全新情景的能力。从某种程度上来说，已有研究中的"文化"更多的是自上而下地将其理解为跨国企业家所处的社会情境和制度的组成部分，或者如诺斯所主张的那样是一种非正式制度[1]，会极大地影响跨国企业家的行为、态度和价值理念。但在全球化时代，不同国家、情境和制度环境下的文化边界早就因为跨国企业家的商业实践变得模糊，因此需要更多地采取自下而上的视角，以经商实践为导向来分析他们如何将其掌握的文化资源与复杂而动态的企业经营行为相联系，并在此基础上分析文化资源如何通过跨国企业家的经营行为影响和改变当地营商环境。[2]

跨国资本家所掌握的文化资源，包括教育、知识、才智、技术、思维和其他可以进行跨国境转移和转化的文化体验，在某些情况下可以通过教育履历等方式制度化，成为一种跨国文化资本。[3] 已有的研究指出，这种独特的资本不仅如布尔迪厄所指出的那样可以在特定条件下转化为经济资本等其他类型的资本，还提供了单纯依靠经济资本也无法获得的一些商业机遇，让跨国企业家在市场竞争中设定议题、影响潮流、主导舆论乃至重塑文化和社会规范。[4]

文化资本也是跨国企业家用于制度建设的一种重要资源。跨国企业家所具备的知识、技能和所接受的教育让他们可以识别并利用现有的制度结构推动改变，在主张制度调整的时候更具有可信度和权威性，且能更清楚

---

[1] D. North, "Institution, Ideology and Economic Performance," *Cato Journal* 11 (1992): 477-496.

[2] I. Drori, M. Lerner, "The Dynamics of Limited Breaking Out: The Case of the Arab Manufacturing Businesses in Israel," *Entrepreneurship & Regional Development* 14 (2002): 135-154; R. Pütz, "Culture and Entrepreneurship-remarks on Transculturality as Practice," *Tijdschrift Voor Economische en Sociale Geografie* 94 (2003): 554-563.

[3] S. Bagwell, "Transnational Entrepreneurship Amongst Vietnamese Businesses in London," *Journal of Ethnic and Migration Studies* 41 (2015): 329-349; W. Lloyd, "Entrepreneurial Motivation: The Impact of Cultural Capital on the 'Who' is Motivated," *International Journal of Business and Globalisation* 23 (2019): 139-152; N. Ren, H. Liu, "Domesticating 'Transnational Cultural Capital': The Chinese State and Diasporic Technopreneur Returnees," *Journal of Ethnic and Migration Studies* 45 (2018): 2308-2327.

[4] I. Drori, "Transnational Entrepreneurship: An Emergent Field of Study," *Entrepreneurship Theory and Practice* 33 (2009): 1001-1022.

地向其他人阐述自己的愿景并赢得其他人的支持。尽管某些跨国企业家并不是有意识地推动改变,但他们日常的跨国经营活动本身会影响乃至冲击既有制度的规范和价值体系,并为既有制度带来新的行事和思考的方式,为最终的改变积累势能。① 但这一类研究过于突出文化资本对跨国企业家的作用,忽视了他们同时动用多类资本实现商业目的的现实。这种割裂也导致了现有文献未能深入探讨文化资本与其他类型资本转化的机制,以及多种资本同时运用的具体情况。因而,当论及跨国企业家制度贡献的时候,现有研究就面临捉襟见肘的窘境。

(三) 实践理论视域下的跨国企业家研究

一直以来,商业管理研究被批评过于理论化、抽象化、碎片化,且和具体的创业经营现实存在很大的距离。商业管理一般被视为个体层面或组织层面的现象,相关研究也因此集中于个体层面的行为、情绪、意图和思考[2],或是组织层面的战略、风险、导向和管理[3],却忽视了创业经营者从事的具体工作,比如发现机遇、创造价值等。因此,受布尔迪厄的实践理论启发,越来越多的商业管理研究者开始将关注点从企业家本人转移到企业家的日常行为本身。④ 因为实践理论将企业家的日常行为与他们所互动的社会结构相联系,所以该理论很自然地被用于跨国企业家研究,让研究

---

① F. Baltar, I. B. Icart, "Entrepreneurial Gain, Cultural Similarity and Transnational Entrepreneurship," *Global Networks* 13 (2013): 200-220; C. Upadhya, "A New Transnational Capitalist Class? Capital Flows, Business Networks and Entrepreneurs in the Indian Software Industry," *Economic and Political Weekly* 39 (2004): 5141-5151.

② Y. Sarason et al., "How Can We Know the Dancer from the Dance?: Reply to Entrepreneurship as the Structuration of Individual and Opportunity: A Response Using a Critical Realist Perspective," *Journal of Business Venturing* 25 (2010): 238-243; F. Welter, W. B. Gartner (eds.), *A Research Agenda for Entrepreneurship and Context*, U. K.: Edward Elgar Publishing, 2016.

③ D. Golsorkhi et al. (eds.), *Cambridge Handbook of Strategy as Practice*, Cambridge University Press, 2010; D. Nicolini, "Practice as the Site of Knowing: Insights from the Field of Telemedicine," *Organization Science* 22 (2011): 602-620; J. A. Raelin (ed.), *Leadership-as-Practice: Theory and Application*, New York: Routledge, 2016.

④ C. Claire, V. Lefebvre, S. Ronteau, "Entrepreneurship as Practice: Systematic Literature Review of a Nascent Field," *Entrepreneurship & Regional Development* 32 (2020): 281-312; T. J. Watson, "Entrepreneurial Action and the Euro-American Social Science Tradition: Pragmatism, Realism and Looking beyond 'the Entrepreneur'," *Entrepreneurship & Regional Development* 25 (2013): 16-33.

者可以更加全面深入地审视他们的创业经营活动。[1]

(四) 构建"文化资本—制度调整"的分析框架

根据已有文献，商业实践并不限于经商活动本身，而指的是由多个创业实践者采用的且深植于特定历史情境中的一整套意义创造、身份塑造、秩序生成的行为。[2] 基于实践理论这一行动导向的分析视角，本文将创业经营的商业实践视为一个受到惯习和场域这两个互补的概念塑造的过程[3]，并结合文化资本理论构建了一个用以分析跨国企业家推动制度调整的模型。

现有研究认为，惯习是跨国企业家在并行嵌入多国社会情境中所体现的"个体与集体的经验、观念和为其行为提供参考的规范"，反映了他们接受、传播和改进制度的能力；场域则被定义为由两个乃至多个宏观环境所构成的、存在潜在观念和现实冲突的、面临跨国企业家改造乃至挑战的一整套制度架构，由市场环境、文化习俗、监管体系、社交网络、权力关系等多个子系统构成。[4] 本文进一步指出，跨国企业家的惯习需要通过他们对多种资本的综合运用而落实到具体的商业实践中，从而在跨国性场域中对现有制度进行调整，并逐渐汇聚变革的力量。

调研发现，因为制度调整本身的专业性门槛较高，所以跨国企业家所具备的制度调整能力本质上受到他们文化资本多寡的影响。他们先是利用文化资本发现商业机遇，实现个人经济成就，从而转化为较高的经济资本；再结合文化资本与经济资本，得到各级政府的政治认可，获得一定政治资本；再综合运用三类资本，参与政策讨论和制度设计，实现制度层面有利于其企业发展的调整（见图1）。

---

[1] I. Drori, "Transnational Entrepreneurship: An Emergent Field of Study," *Entrepreneurship Theory and Practice* 33 (2009): 1001-1022.

[2] N. A. Thompson et al., "Entrepreneurship-as-Practice: Grounding Contemporary Theories of Practice into Entrepreneurship Studies," *Entrepreneurship & Regional Development* 32 (2020): 247-256.

[3] S. Terjesen, A. Elam, "Transnational Entrepreneurs, Venture Internationalization Strategies: A Practice Theory Approach," *Entrepreneurship Theory and Practice* 33 (2009): 1093-1120.

[4] S. Terjesen, A. Elam, "Transnational Entrepreneurs, Venture Internationalization Strategies: A Practice Theory Approach," Entrepreneurship Theory and Practice 33 (2009): 1093-1120.

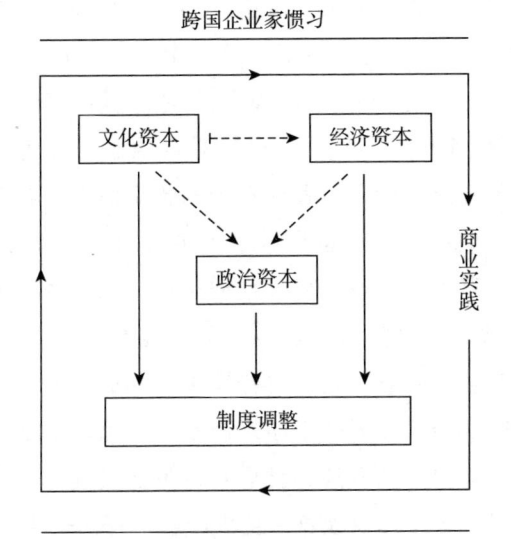

图 1　跨国企业家文化资本与制度调整的分析框架

二　研究设计

(一) 社会学的口述史方法

中国社会自近代以来经历了一系列巨大的社会变迁，而改革开放和中国市场经济的萌发无疑是其中最波澜壮阔的一章，是一次"决定当代中国命运的关键抉择"。[①] 改革开放40多年来，我国实现了从计划经济体制到社会主义市场经济体制的历史性转变，极大地解放和发展了生产力，深刻改变了十几亿人的生活和精神面貌，为中国在世界民族之林的崛起和中华民族伟大复兴提供了澎湃的发展动力和丰厚的物质基础。[②]

但相比于这一段壮阔历史的伟大意义，社会科学界对于改革开放时代

[①] 习近平：《在庆祝海南建省办经济特区30周年大会上的讲话》，《人民日报》2018年4月13日，第2版。

[②] 《故事，从大讨论开始——社会主义市场经济体制确立历程》，中国政府网，2018年11月16日，https://www.gov.cn/xinwen/2018-11/16/content_5341207.htm。

市场经济萌发的研究则相对薄弱，且陷入碎片化境地。改革开放早期，不少国内外学者试图从中国成功转型的经验中总结规律，提出"市场转型论"①、"地方发展型政府"② 和"国家资本主义"③ 等解释；之后的学者则更加专注具体行业，比如 Tsai④ 和 Shih⑤ 对金融业的分析等。在学术界之外，也有许多改革开放政策亲历者的自传和传记面世，各地总结的官方叙事也屡见不鲜，一些成功企业也出版了不少公司的发展史。但遗憾的是，这些林林总总的解释中有相当一部分拘泥于自上而下的分析视角，只见树木不见森林，忽视了微观层面数量庞大的市场参与个体对改革开放的贡献。而关注特定产业的部分研究的解释缺少足够的普遍性。在改革开放的不同阶段，中国市场经济发展的动能来源不一，也让早期的理论很快失去了足够的解释力。而浩如烟海的各种史料，虽然极其珍贵，但更像是改革开放时代的英雄谱，远不能反映这一巨大社会变迁的全貌。

　　针对改革开放和市场经济发展这一主题的口述史可以将曾经被忽视的跨国企业家——普通的市场经济参与者——以叙事主体的身份带回我们的视野，使得已有的宏大叙事得到了具体经验的有效补充。⑥ 通过观察跨国企业家们如何在讲述中表达自我、唤起记忆和展演他们的生活史，我们可以有效地将口述史作为一种理解个体与集体、主体性与结构之间关系的重要分析工具，从他们的个体经验、宏大历史和当下情境的对话中去理解他们。⑦ 因为个体的生命史镶嵌于社会结构之中，他们的叙事必然牵涉他人、

---

① V. Nee, R. Matthews, "Market Transition and Societal Transformation in Reforming State Socialism," *Annual Review of Sociology* 22 (1996): 401-435.
② M. Bateman, "Bringing the Local State Back into Development: The 'Local Developmental State' and the Promotion of Sustainable Economic Development and Growth from the Bottom-up," *Available at SSRN* 3057226 (2017).
③ B. Naughton, K. S. Tsai (eds.), *State Capitalism, Institutional Adaptation, and the Chinese Miracle*, Cambridge University Press, 2015.
④ K. S. Tsai, "Off Balance: The Unintended Consequences of Fiscal Federalism in China," *Journal of Chinese Political Science* 9 (2004): 1-26.
⑤ V. C. Shih, *Factions and Finance in China: Elite Conflict and Inflation* (Vol. 563), Cambridge: Cambridge University Press, 2008.
⑥ 周晓虹：《口述史作为方法：何以可能与何以可为——以新中国工业建设口述史研究为例》，《社会科学研究》2021年第5期，第1~8页；周晓虹：《主持人语：个体经验、集体记忆与中国想象》，《中央民族大学学报》（哲学社会科学版）2021年第6期，第118页。
⑦ 周海燕：《个体经验如何进入"大写的历史"：口述史研究的效度及其分析框架》，《中央民族大学学报》（哲学社会科学版）2021年第6期，第119~127页。

关系和权力，我们可以通过口述史的方法在他们所呈现的集体记忆中找到对这个群体和他们的行为有说服力的分析框架，最终还原他们在跨国经营活动中所身处的社会结构以及所表征的国家与社会的发展脉络。[1] 更重要的是，通过口述史的方法，以及对改革开放时期开拓市场经济的企业家们个人叙事的分析，我们可以在学术上对中国崛起和民族复兴有更丰富、更深刻的认识，重构其当下的价值与意义，获知当代中国的丰富想象，让个体经验进入"大写的历史"。[2]

为了确保受访者回答的完整性和准确性，我们自2021年开始对三位企业家进行多次访谈，每次时间均超过两小时。[3] 我们还应邀随同他们出入商会培训、政商活动、社交活动、纠纷调解等不同场合，通过参与式观察的方式了解他们在社交活动中如何运用他们的跨国文化资本。因为关系的深入，我们也得到了受访者更多的信任，在非正式交流中获悉了他们对各类事务更真实的看法。因为三位受访者在义乌商界都颇有声望，也让我们有机会从社区机构、监管部门等渠道侧面了解他们的具体商业实践。

（二）实践理论视域下的个案研究法

企业经营活动是一种复杂、多元的过程性社会现象，这一现象与企业家本人的行为高度相关，因此质性方法中的个案分析法被认为是这一领域最合适的研究方法。[4] 而且个案研究法也天然地与布尔迪厄的实践理论契合，因为后者不仅是理论也是方法，可以有效地在不同案例中发现彼此的异同之处，从而发现个体与制度之间的互动关系，尤其是不同分析层面上

---

[1] 胡洁：《社会认同：多维呈现与社会建构——基于贵州三线建设者的口述史研究》，《宁夏社会科学》2022年第1期，第188~196页；刘亚秋：《口述史方法对中国社会学研究的意义》，《学习与探索》2021年第7期，第41~47页。
[2] 胡洁：《个人叙事与集体记忆：口述史的多维建构》，《学术月刊》2021年第11期，第140~146页；周海燕：《个体经验如何进入"大写的历史"：口述史研究的效度及其分析框架》，《中央民族大学学报》（哲学社会科学版）2021年第6期，第119~127页。
[3] 王瑞芳：《多轮访谈：口述历史访谈的突出特征》，《史学理论研究》2021年第4期，第142~147页。
[4] P. Davidsson, *Researching Entrepreneurship* (Vol. 5), New York: Springer, 2004; R. K. Yin, "Discovering the Future of the Case Study," *Method in Evaluation Research. Evaluation Practice* 15 (1994): 283-290.

的各个要素之间的关系。① 笔者将过程追踪法与一致性分析法相结合，从已有的 35 个跨国企业家访谈素材中筛选出理想案例。过程追踪法的优势在于通过对机制的探索可以揭示因果关系的存在，而一致性分析法的优势在于能帮助研究者在不同解释之间进行甄别，因此将两种方法结合能有效提升个案研究的内部效度。

通过这两种方法的结合，"个案研究不仅能够提供深描式的叙述，还可以展开逻辑严谨的论证，从而为理论的积累与发展提供可能"。② 笔者借助口述历史的方法采集跨国企业家的创业经营历程，实现"深描式的叙述"；再通过设定相对严格的案例筛选标准，实现"对关键部分的对比"。③ 因此，根据跨国企业家的定义，我们排除了国际旅行次数不多、跨国业务占比不高、与制度环境关联不深、在国外居住时间不长的受访者，再将标准设为自营企业的主要创始人或联合创始人。为了检验文化资本对跨国经营活动的影响，我们特别关注那些在开始创业时其受教育水平远超其祖籍国和移居国平均水平的跨国企业家。为了体现义乌在商贸领域所具备的跨地域包容性，我们最后筛选出了三位跨国企业家：一位为拥有外国永居身份的义乌本地商人 A，一位为留学归国的中国外地商人 B，一位为来华留学后留华创业的中东外籍商人 C。

三　文化资本转化为经济资本

文化资本包含个人基于文化背景和生活阅历所积累的知识、行为和技能，企业家以此形成对消费者行为、市场趋势和社会价值的独特见解，有助于其在复杂的商业世界中发现商业机遇，与关键的利益相关者建立关系和信任，制定与目标受众的文化秉性相一致的经营策略，从而让企业在竞争激烈的市场中站稳脚跟。三位受访者均在 20 世纪八九十年代接受了大学

---

① P. Bourdieu, *Practical Reason*: *On the Theory of Action*, London, U. K. : Polity Press, 1998; R. Chia, R. Holt, "On Managerial Knowledge," *Management Learning* 39 (2008): 141-158.
② 陈超、游宇：《迈向理论导向的个案研究：过程追踪与一致性分析的混合设计》，《公共管理评论》2022 年第 4 期，第 132~148 页。
③ 陈超、游宇：《迈向理论导向的个案研究：过程追踪与一致性分析的混合设计》，《公共管理评论》2022 年第 4 期，第 132~148 页。

教育，其中两位还是留学生，这在当时的中国非常难得。据第五次全国人口普查数据，2000年我国每百人中拥有大专及以上学历的人尚不足5人。这意味着三位跨国企业家在学识、视野上均远超同时代其他人，具备较高的文化资本，有能力在商业活动中将其转化为经济资本。

（一）发现创业契机

文化资本，尤其是语言资本，有助于跨国企业家发现创业的契机。语言能力被视为文化资本的一种形式，它不仅是一种交流工具，更是一种权力与社会控制的载体。有效地、有说服力地运用某种语言，能极大地影响一个人的社会地位和权力，有助于语言使用者获得职业上和事业上的尊重，使其维系或跨越其社会等级并取得经济上的成就。

对三位受访者来说，语言都对他们的跨国经商实践产生了极大的帮助。A在20世纪90年代初毕业于浙江师范大学英语专业，后下海经商。1997年他偶然帮助一位因语言不通而和宾馆前台发生争执的叙利亚商人，意外地赢得了对方的信任并成为他的翻译。这位叙利亚商人当时给一位在沙特教育部工作的王室成员服务，在采购结束后邀请A前往沙特创业，使A成为义乌最早出海闯荡的那一批跨国企业家中的一员。他很自然地认为语言优势为他赢得了创业契机：

> 那位叙利亚商人有语言障碍，他觉得在义乌需要一个本地人（辅助），他就向他老板，即在沙特阿拉伯的老板汇报了，说在义乌有一个人会说英语，语言交流比较方便……我觉得出去也还可以，在语言方面又方便，所以一拍即合。

B在1998年前往沙特国王大学留学，在校结识了沙特政商要人，通过为他们处理对华经贸上的联络工作而积累了实务经验。他是当时极少数在沙特的中国留学生，受邀帮助义乌商人拓展在沙特的业务，推销一款水晶香水瓶。在B顺利推销产品之后，他又受邀在毕业后以合伙人的身份加入为其成立的新公司，顺利走上经商之路。

1990年，C来到同济大学建筑系留学，熟练掌握中文。毕业后C回母国工作数年，2000年回上海从事外贸工作。之后C在深圳等多地辗转，最后在义乌落脚开创事业。由于自身受益于语言优势，C要求子女都学好中文，其女儿就读于华东师范大学汉语言专业，外甥也在其建议下转学到浙江工商大学学中文。

（二）拓展社交网络

在许多职业领域，共同的文化兴趣、专业知识和教育背景是社交网络中个体间建立联系的基础；良好的语言表达能力和沟通技巧让个体在社交场合更为得心应手；参与文化类社交活动的能力和兴趣为个人提供了拓展社交网络的机会；特定的文化资本可以增强个人对特定群体的认同感，使其更倾向于与群体内部成员建立联系。

比如，掌握某些语言的特定发音是较高社会地位的象征，对跨国企业家拓展关系有极大助益。B曾分享一则逸事：

> 我去埃及主持节目的时候，埃及文化部部长问我是不是沙特人，我说我在沙特待过，他说我有沙特口音。实际上，埃及的阿拉伯语与沙特的阿拉伯语截然不同。在发音上，沙特更接近普通话，埃及相当于河南话……

具备双语能力、有着大学文凭的跨国企业家很容易从同行中脱颖而出，更受他人尊重。B就解释过高学历的社交价值：

> 我从沙特国王大学毕业的时候，内政部部长兼王储当时给我们在毕业典礼上披上有黑金边的那种黑袍，这是一种身份的象征，在他们国家也比较受尊重，所以他们（沙特商人）天然地更相信我们一些。

掌握较多文化资本的跨国企业家们可以从异国生活经历中更深切地体验和解读当地独特的社会文化，这让他们在跨国商业活动中如鱼得水，拥有隐性竞争优势。A在创业初期选择外国合作人的方式就折射出他对当地社会的深刻理解：

> 在沙特，人们常以家门口有几棵树来衡量富裕程度。很小的一棵

树，平均算起来要 5000 块钱，你条件好到哪种程度，看你门口的树就知道了。

而避开对方的文化禁忌也是与外商进行交流时的重要一课，高学历、有丰富外国生活经历的跨国企业家更具文化敏感性：

> 我包机请了 105 个（外商）过来，全部是政府掏钱去把他们接过来入住酒店。我把沙特的客商带去会场，赶快叫酒店把那些酒类全部清理，因为他们是很忌讳的。

（三）企业发展战略

文化资本是跨国企业家在制定和执行发展战略时的一个关键因素。通过理解和利用文化资本，比如提供符合消费者文化偏好的产品和服务，制定有文化共鸣力的品牌营销策略，在文化多样性的商业环境中开展国际化经营等，企业家能提高战略成功的可能性。

酷爱字画、对传统文化造诣颇深的 A 曾和我们分享过他的"文化生意经"：

> 所以说做销售、做生意不是你所理解的简单的钱跟物的关系，而要看你给产品赋予一种什么样的文化属性。很简单的，比如一包纸，你嫌它太糙了，人家把这包纸做成了过年烧香拜佛上祖坟用的纸，还要做成元宝一样的形状，你要花大价钱买。为什么？因为这包纸被赋予了一种不同的属性……所以我们做贸易的人、做品牌设计的人一定要抓住这种文化属性并把它融入产品中去。

B 的产品营销策略也受益于他的文化教育背景。他从一开始就明确了品牌化战略，抓住中东、北非目标市场的文化特征，给自家的香水命名为"古莱氏"。"古莱氏"是曾经统治麦加城的一个阿拉伯氏族部落，穆罕默德与后世哈里发均来自该氏族。该词从"格尔什"一词转化而来，原意为"钱币"，在阿拉伯语中意为"聚敛财富"。很快，B 的香水得到外国消费者的认可，在伊斯兰世界和古驰、香奈儿等品牌齐名。

四　文化资本、经济资本转化为政治资本

"政治资本"（political capital）这一概念多见于政治学研究，指个体或团体在政治领域内为影响决策、获得权力或实现特定政治目标所拥有的资源和影响力。现有社会学研究对政治资本的认识较为模糊，布尔迪厄也仅仅将其视为社会资本的一个变种，并没有讨论其与文化资本、经济资本之间的关系与转化。[①] 部分中国研究学者则另辟蹊径，认为政治资本是中国各级党政机关所拥有的权力以某些方式具象化的产物，比如官方信贷、官方背书、官方身份等，再根据一定标准将其赋予某些值得信赖的个体或团体。[②] 本文认为，积累到一定程度的经济资本是在中国的跨国企业家获取政治资本的基础条件，而水平较高且具有个人特性的文化资本则会影响他们所获得的政治资本的类型。

（一）以文化传播为核心的统战工作

相较于 B 和 C，A 是一位具有深厚传统文化积淀的跨国企业家，在出海闯荡之前曾多年收藏经营古玩字画，赴沙特经商之后也利用业余时间系统学习中国传统文化。当他在义乌商界积累相当声望以后，政府希望他能发挥他在中华优秀传统文化上的学识，在海外、在商界开展相关工作，邀请他担任中华文化海外促进会常务副主任。他曾介绍过他在这一领域的大致工作：

> 我们中华文化海外促进会就是通过统一战线把我们在海外的这些从商者发展起来，来传播我们的文化。我们经常给侨眷人员授课，给留学生也上课。一定要讲中华文化跟西方文化的差异，在差异当中找

[①] P. Bourdieu, *Practical Reason: On the Theory of Action*, London, U.K.: Polity Press, 1998.
[②] N. Ren, H. Liu, "Domesticating 'Transnational Cultural Capital': The Chinese State and Diasporic Technopreneur Returnees," *Journal of Ethnic and Migration Studies* 45 (2018): 2308-2327.

出一个公约数来。

A也在统战部管理的世界义商总会担任秘书长，其中一项重要工作就是当地文化的海外传播。

> 世界义商总会跟浙江非物质文化遗产保护中心对接。义乌非物质文化遗产非常多，民间的某一个手工艺品被列为非物质文化遗产后，老百姓就会关注这个东西，有了关注就会促进商贸业的发展，商贸业发展的背后有资本的支撑才能够发扬光大，然后社会就对它有认知，有认知就会为认知买单，买单的背后就是收益，有收益才会带动该产品再往前走。

（二）以联络外商为核心的商界交往

B因为曾经在沙特留学多年，所以在语言、文化上有着其他人所不具备的独特优势，按照他的话说：

> 能跟他们谈笑风生的不多，你们可能也学英语或者有些学阿拉伯语的，但是不能跟他们开玩笑，但我可以……

凭借这一优势，加上业务涉及地产、农业、医疗设备、高精制造、跨境电商等多个领域，已经担任义乌市政协委员的B经常受邀去和义乌的各国外商协会交流：

> 阿拉伯人在义乌比较松散，也门商会、叙利亚商会、约旦商会……名字叫商会，实际上政府没批。一些商人带头搞了个俱乐部论坛，叫阿拉伯商人论坛，等于联合商会。我一年给他们讲几次课，就讲一些比较先进的东西，阿拉伯人不知道我们的电商发展情况，他们不知道我们AI的发展情况，我就跟他们讲讲。

（三）以外商治理为核心的调解机制

C 是某国商会会长，精通中英阿三种语言，在中国工作生活近 30 年，早就是义乌的一张老面孔了。他所在的金城社区居住了数百位外籍商人，他热心公益，因此，负责金城社区日常管理工作的同悦社工和当地派出所邀请他担任社区调解员，利用他的语言文化优势帮助社区调解中外居民之间的矛盾纷争。C 解释了他做这个工作的优势：

> 我最初参与的调解工作大多数是双方因为信仰、风俗、文化不同而产生的误解，有一些误解光靠中国的朋友是无法解决的，他们可能不清楚其他国家的文化。有些外国人觉得中国人肯定帮中国人，所以他们对于中国人来调解也不理解和不接受，不容易达到调解效果。

在义乌这个商贸城市，更常见的问题是跨国商业纠纷。义乌盛行赊账贸易，经常会遇到不法商人骗钱骗货的情况，而我国缺少域外管辖权，追查这类商人的执法成本极高、收效极低，如果不幸遇到了，商家只能自认倒霉。这时候，拥有海外社交网络的外籍商人正好有用武之地，C 曾有帮助解决类似纠纷的经历：

> 那一次其实是双方之前的沟通有理解偏差，那个叙利亚商人没有收到自己想要的规格款式，而中国商家认定对方收货不给钱。这个叙利亚人经常来义乌，不至于做这样的事情，后来我出面调解，那边先处理积压货物，钱也马上给一部分，后来就没事了。

因为 C 为义乌做出的突出贡献，义乌市政府授予他多项荣誉，还邀请他旁听义乌的政协会议，并为他开辟专门渠道向地方政府反映情况。

五　三种资本叠加推动制度调整

跨国企业家一向被认为是制度调整的催化剂。凭借在不同国家的商业实践经验，他们逐渐具备了理解和适应各种制度环境的能力。这让他们不仅成为连接不同制度的桥梁，还成为把不同国家有相对优势的制度引进、扩散到其他国家的一股变革力量。在商界，他们会积极推动新的商业模式、管理实践和技术创新；在政界，他们会尝试推动法律和政策调整，以便商业活动的进行。他们承担企业社会责任，可以促进社会福利等方面的制度变化。

本文研究发现，在中国要推动制度层面的调整变化，跨国企业家需要综合利用其掌握的经济资本、文化资本、政治资本。

我们以 B 在 2023 年参与政策咨询的一个案例为例：

> 年初某网红经济学家有个帖子转得很多，他说中国的沿海港口城市集装箱堆积成山，一季度外贸完蛋了。政府就找我去了，领导们问这个事怎么弄，义乌是不是跟着完了。我说你们不要听他瞎掰，企业家听这种专家的，肯定会把企业干倒闭。因为这种专家是对过去的事情感兴趣，企业家对未来的事情做预判，各司其职……多种原因导致集装箱空置率300%，这是个正常的商业现象，并不影响一季度的贸易数据。

从以上这段话中可以看出，B 是如何综合运用三类资本来影响政策的。首先，B 自己从事外贸多年，有着广阔的商界社交网络，对外贸实务、业界动态、国内外局势了如指掌，所以才能敏锐地了解市场趋势；其次，B 在表述他的观点时逻辑非常清晰有条理，论据充分且有数据支持，对听者来说非常有说服力；最后，作为政协委员，B 拥有政治身份，且有制度性的渠道和关系可以直接向相关部门和机构反映他掌握的情况，从而能在一定程度上影响当地政府对其所关切事务的决策判断。

即使跨国企业家掌握并综合运用了这三类资本，也未必会导致制度调整的结果。B 就有一些政策建议屡屡碰壁，直到最近才得到重视。如果说 B 作为中国人在推动制度调整方面有天然优势的话，以 C 为代表的外籍商人要推动制度调整则需付出更多努力，尤其是在文化资本的积累上。他们只有更加充分地了解中国文化和历史，才能和本地人做到思维上的同频共振。C 在和笔者讨论义乌的外籍管理存在的不足之处时说：

> 我们之前反映了很多次……接触的主要是义乌市政府外事办公室，这些事情我们会跟他们反映……有时候人大也会邀请我们去参加，有时候他们也想听听外国人有什么问题，我们有这个机会就会说……有一些老外只会说政府喜欢听的话，有些老外，比如我，我会说实话……

而后，C 则从两国的历史友谊、古代中东和东亚帝国的包容性、当今西方文化霸权对中东和中国的妖魔化等视角论证制度调整的合理性，并不时利用中医理论、共建"一带一路"倡议乃至习近平总书记建党百年讲话等内容来贴近中国受众。作为某国商会会长、20 年跑了 1 万个货柜的 C 拥有极高的经济资本，在这番交流中他也展现了其在当地拥有的政治资本，但真正让人意外的是他为了推动政策调整所储备的文化资本以及他在表达诉求的时候所展现出的高超的跨文化沟通能力。相信假以时日，在时机成熟的时候，他的一些合理建议将有机会得到地方政府的采纳。

结论和讨论

改革开放 40 余年来，中国市场经济体制不断完善，全球经贸网络中的中国色彩越发鲜明。跨国企业家群体在这一历史进程中发挥了不可或缺的作用。案例中的三位企业家凭借其文化资本优势在跨国商业活动中展现了极强的竞争力，为他们在义乌乃至更广阔的平台上驰骋奠定了坚实的基础。本文通过对三位有代表性的跨国企业家的深入分析，探讨了其利用文化资本影响当地政治经济制度的机制，进而从微观层面理解中国式现代化的历程。

首先，本文指出，跨国企业家利用其文化资本，在跨国商业活动中不仅捕捉机遇、建立信任，更是通过其独特的跨文化视野，推动了社交网络的拓展和经营策略的制定。在商业实践中，他们不断学习和适应新的文化环境，将个人的文化资本转化为经济价值。结合文化资本和经济资本，他们在中国争取政府的政治认可。雄厚的经济资本是他们获得政治资本的基础，不同企业家所独有的文化资本影响了他们所获得的政治资本的类型。最终，通过三类资本的综合运用，跨国企业家获得了参与政策讨论和制度设计的机会，帮助协同推动制度层面，尤其是营商环境的调整。

其次，通过对三位具有代表性的跨国企业家的深度分析，可以看出，跨国企业家利用文化资本推动制度调整的过程是多维且复杂的。他们在政治、经济、社会各个层面上的活动和互动，不仅影响了个体与企业的发展，也对所涉国家乃至全球的政治经济产生了深远的影响。虽然他们的影响力有其局限性，但他们的努力和成就为中国及其他发展中国家在全球化浪潮中寻求自身发展道路提供了宝贵经验。

最后，本文扭转了已有研究对跨国企业家群体在移居国创业经营活动的过分关注，更多地凸显了他们对祖籍国各方面的影响。未来的研究应更加深入地探讨跨国企业家如何在不同国家和文化环境中运用其文化资本，以及这些活动如何影响全球经济和社会的演变。通过这种方式，我们可以更好地理解全球化时代跨国企业家的角色和贡献，对改革开放40余年的历史进程有更深刻的认识。